आँधी (कहानी संग्रह)
और
आकाशदीप (कहानी संग्रह)

आँधी (कहानी संग्रह)
और
आकाशदीप (कहानी संग्रह)

जयशंकर प्रसाद

ISBN: 978-93-90112-01-2

Published: -

LECTOR HOUSE LLP
E-MAIL: lectorpublishing@gmail.com

आँधी (कहानी संग्रह)
और
आकाशदीप (कहानी संग्रह)

जयशंकर प्रसाद

अनुक्रम

आँधी
(कहानी संग्रह)

आँधी

चंदा के तट पर बहुत-से छतनारे वृक्षों की छाया है, किन्तु मैं प्राय: मुचकुन्द के नीचे ही जाकर टहलता, बैठता और कभी-कभी चाँदनी में ऊँघने भी लगता। वहीं मेरा विश्राम था। वहाँ मेरी एक सहचरी भी थी, किन्तु वह कुछ बोलती न थी। वह रहट्टों की बनी हुई मूसदानी-सी एक झोपड़ी थी, जिसके नीचे पहले सथिया मुसहरिन का मोटा-सा काला लड़का पेट के बल पड़ा रहता था। दोनों कलाइयों पर सिर टेके हुए भगवान् की अनन्त करुणा को प्रणाम करते हुए उसका चित्र आँखों के सामने आ जाता। मैं सथिया को कभी-कभी कुछ दे देता था; पर वह नहीं के बराबर। उसे तो मजूरी करके जीने में सुख था। अन्य मुसहरों की तरह अपराध करने में वह चतुर न थी। उसको मुसहरों की बस्ती से दूर रहने में सुविधा थी, वह मुचकुन्द के फल इकट्ठे करके बेचती, सेमर की रुई बिन लेती, लकड़ी के गट्ठे बटोर कर बेचती पर उसके इन सब व्यापारों में कोई और सहायक न था। एक दिन वह मर ही तो गई। तब भी कलाई पर से सिर उठा कर, करवट बदल कर अँगड़ाई लेते हुए कलुआ ने केवल एक जँभाई ली थी। मैंने सोचा-स्नेह, माया, ममता इन सबों की भी एक घरेलू पाठशाला है, जिसमें उत्पन्न होकर शिशु धीरे-धीरे इनके अभिनय की शिक्षा पाता है। उसकी अभिव्यक्ति के प्रकार और विशेषता से वह आकर्षक होता है सही, किन्तु, माया-ममता किस प्राणी के हृदय में न होगी! मुसहरों को पता लगा-वे कल्लू को ले गये। तब से इस स्थान की निर्जनता पर गरिमा का एक और रंग चढ़ गया।

मैं अब भी तो वहीं पहुँच जाता हूँ। बहुत घूम-फिर कर भी जैसे मुचकुन्द की छाया की ओर खिंच जाता हूँ। आज के प्रभात में कुछ अधिक सरसता थी। मेरा हृदय हलका-हलका सा हो रहा था। पवन में मादक सुगन्ध और शीतलता थी। ताल पर नाचती हुई लाल-लाल किरनें वृक्षों के अन्तराल से बड़ी सुहावनी लगती थीं। मैं परजाते के सौरभ में अपने सिर को धीरे-धीरे हिलाता हुआ कुछ गुनगुनाता चला जा रहा था। सहसा मुचकुन्द के नीचे मुझे धुँआ और कुछ मनुष्यों की चहल-पहल का अनुमान हुआ। मैं कुतूहल से उसी ओर बढ़ने लगा।

वहाँ कभी एक सराय भी थी, अब उसका ध्वंस बच रहा था। दो-एक कोठरियाँ थीं, किन्तु पुरानी प्रथा के अनुसार अब भी वहीं पर पथिक ठहरते।

मैंने देखा कि मुचकुन्द के आस-पास दूर तक एक विचित्र जमावड़ा है। अद्भुत शिविरों की पाँति में यहाँ पर कानन-चरों, बिना घरवालों की बस्ती बसी हुई है।

सृष्टि को आरम्भ हुए कितना समय बीत गया, किन्तु इन अभागों को कोई पहाड़ की तलहटी या नदी की घाटी बसाने के लिए प्रस्तुत न हुई और न इन्हें कहीं घर बनाने की सुविधा ही मिली। वे आज भी अपने चलते-फिरते घरों को जानवरों पर लादे हुए घूमते ही रहते हैं! मैं सोचने लगा-ये सभ्य मानव-समाज के विद्रोही हैं, तो भी इनका एक समाज है। सभ्य संसार के नियमों को कभी न मानकर भी इन लोगों ने अपने लिए नियम बनाये हैं। किसी भी तरह, जिनके पास कुछ है, उनसे ले लेना और स्वतन्त्र होकर रहना। इनके साथ सदैव आज के संसार के लिए विचित्रतापूर्ण संग्रहालय रहता है। ये अच्छे घुड़सवार और भयानक व्यापारी हैं। अच्छा, ये लोग कठोर परिश्रमी और संसार-यात्रा के उपयुक्त प्राणी हैं, फिर इन लोगों ने कहीं बसना, घर बनाना क्यों नहीं पसन्द किया?-मैं मन-ही-मन

सोचता हुआ धीरे-धीरे उनके पास होने लगा। कुतूहल ही तो था। आज तक इन लोगों के सम्बन्ध में कितनी ही बातें सुनता आया था। जब निर्जन चंदा का ताल मेरे मनोविनोद की सामग्री हो सकता है, तब आज उसका बसा हुआ तट मुझे क्यों न आकर्षित करता? मैं धीरे-धीरे मुचकुन्द के पास पहुँच गया। एक डाल से बँधा हुआ एक सुन्दर बछेड़ा हरी-हरी दूब खा रहा था और लहँगा-कुरता पहने, रुमाल सिर से बाँधे हुए एक लडक़ी उसकी पीठ सूखे घास के मट्ठे से मल रही थी। मैं रुक कर देखने लगा। उसने पूछा-घोड़ा लोगे, बाबू?

नहीं-कहते हुए मैं आगे बढ़ा था, कि एक तरुणी ने झोपड़े से सिर निकाल कर देखा। वह बाहर निकल आई। उसने कहा-आप पढऩा जानते हैं?

हाँ, जानता तो हूँ।

हिन्दओं की चिट्ठी आप पढ़ लेंगे?

मैं उसके सुन्दर मुख को कला की दृष्टि से देख रहा था। कला की दृष्टि; ठीक तो बौद्ध-कला, गान्धार-कला, द्रविड़ों की कला इत्यादि नाम से भारतीय मूर्ति-सौन्दर्य के अनेक विभाग जो है; जिससे गढऩ का अनुमान होता है। मेरे एकान्त जीवन को बिताने की साम्रगी में इस तरह का जड़ सौन्दर्य-बोध भी एक स्थान रखता है। मेरा हृदय सजीव प्रेम से कभी आप्लुत नहीं हुआ था। मैं इस मूक सौन्दर्य से ही कभी-कभी अपना मनोविनोद कर लिया करता। चिट्ठी पढऩे की बात पूछने पर भी मैं अपने मन में निश्चय कर रहा था, कि यह वास्तविक गान्धार प्रतिमा है, या ग्रीस और भारत का इस सौन्दर्य में समन्वय है।

वह झुँझला कर बोली-क्या नहीं पढ़ सकोगे?

चश्मा नहीं है, मैंने सहसा कह किया। यद्यपि मैं चश्मा नहीं लगाता, तो भी स्त्रियों से बोलने में न जाने क्यों मेरे मन में हिचक होती है। मैं उनसे डरता भी था, क्योंकि सुना था कि वे किसी वस्तु को बेचने के लिए प्राय: इस तरह तंग करती हैं कि उनसे दाम पूछने वाले को लेकर ही छूटना पड़ता है। इसमें उनके पुरुष लोग भी सहायक हो जाते हैं, तब वह बेचारा ग्राहक और भी झंझट में फँस जाता। मेरी सौन्दर्य की अनुभूति विलीन हो गई। मैं अपने दैनिक जीवन के अनुसार टहलने का उपक्रम करने लगा; किन्तु वह सामने अचल प्रतिमा की तरह खड़ी हो गई। मैंने कहा-क्या है?

चश्मा चाहिए? मैं ले आती हूँ।

ठहरो, ठहरो, मुझे चश्मा न चाहिए।

कहकर मैं सोच रहा था कि कहीं मुझे खरीदना न पड़े। उसने पूछा-तब तुम पढ़ सकोगे कैसे?

मैंने देखा कि बिना पढ़े मुझे छुट्टी न मिलेगी। मैंने कहा-ले आओ, देखूँ, सम्भव है कि पढ़ सकूँ-उसने अपनी जेब से एक बुरी तरह मुड़ा हुआ पत्र निकाला। मैं उसे लेकर मन-ही-मन पढऩे लगा।

लैला.....,

तुमने जो मुझे पत्र लिखा था, उसे पढ़ कर मैं हँसा भी और दु:ख तो हुआ ही। हँसा इसलिए कि तुमने दूसरे से अपने मन का ऐसा खुला हुआ हाल क्यों कह दिया। तुम कितनी भोली हो! क्या तुमको ऐसा पत्र दूसरे से लिखवाते हुए हिचक न हुई। तुम्हारा घूमनेवाला परिवार ऐसी बातों को सहन करेगा? क्या इन प्रेम की बातों में तुम गम्भीरता का तनिक भी अनुभव नहीं करती हो? और दुखी इसलिए हुआ कि तुम मुझसे प्रेम करती हो। यह कितनी भयानक बात है। मेरे लिए भी और तुम्हारे लिए भी। तुमने मुझे निमन्त्रित किया है प्रेम के स्वतन्त्र साम्राज्य में घूमने के लिए, किन्तु तुम जानती हो, मुझे जीवन की ठोस झंझटों से छुट्टी नहीं। घर में मेरी स्त्री है, तीन-तीन बच्चे हैं, उन सबों के लिए मुझे खटना पड़ता है, काम करना पड़ता है। यदि वैसा न भी होता, तो भी क्या मैं तुम्हारे जीवन को अपने साथ घसीटने में समर्थ होता? तुम स्वतन्त्र वन-विहंगिनी और मैं एक हिन्द गृहस्थ; अनेकों रुकावटें, बीसों

बन्धन। यह सब असम्भव है। तुम भूल जाओ। जो स्वप्न तुम देख रही हो-उसमें केवल हम और तुम हैं। संसार का आभास नहीं। मैं संसार में एक दिन और जीर्ण सुख लेते हुए जीवन की विभिन्न अवस्थाओं का समन्वय करने का प्रयत्न कर रहा हूँ। न-मालूम कब से मनुष्य इस भयानक सुख का अनुभव कर रहा है। मैं उन मनुष्यों में अपवाद नहीं हूँ, क्योंकि यह सुख भी तुम्हारे स्वतन्त्र सुख की सन्तति है! वह आरम्भ है, यह परिणाम है। फिर भी घर बसाना पड़ेगा। फिर वही समस्याएँ सामने आवेंगी। तब तुम्हारा यह स्वप्न भंग हो जायगा। पृथ्वी ठोस और कंकरीली रह जायगी। फूल हवा में बिखर जायेंगे। आकाश का विराट् मुख समस्त आलोक को पी जायगा। अन्धकार केवल अन्धकार में झुँझलाहट-भरा पश्चाताप, जीवन को अपने डंकों से क्षत-विक्षत कर देगा। इसलिए लैला! भूल जाओ। तुम चारयारी बेचती हो। उससे सुना है, चोर पकड़े जाते हैं। किन्तु अपने मन का चोर पकडऩा कहीं अच्छा है। तुम्हारे भीतर जो तुमको चुरा रहा है, उसे निकाल बाहर करो। मैंने तुमसे कहा था कि बहुत-से पुराने सिक्के खरीदूँगा, तुम अबकी बार पश्चिम जाओ तो खोजकर ले आना। मैं उन्हें अच्छे दामों पर ले लूँगा। किन्तु तुमको खरीदना है, अपने को बेचना नहीं, इसलिए मुझसे प्रेम करने की भूल तुम न करो।

हाँ, अब कभी इस तरह पत्र न भेजना क्योंकि वह सब व्यर्थ है।

रामेश्वर

मैं एक साँस में पत्र पढ़ गया, तब तक लैला मेरा मुँह देख रही थी। मेरा पढऩा कुछ ऐसा ही हुआ, जैसे लोग अपने में बरति हैं। मैंने उसकी ओर देखते हुए वह कागज उसे लौटा दिया। उसने पूछा-इसका मतलब?

मतलब! वह फिर किसी समय बताऊँगा। अब मुझे जलपान करना है। मैं जाता हूँ। कहकर मैं मुड़ा ही था कि उसने पूछा-आपका घर, बाबू!-मैंने चंदा के किनारे अपने सफेद बँगले को दिखा दिया। लैला पत्र हाथ में लिये वहीं खड़ी रही। मैं अपने बँगले की ओर चला। मन में सोचता जा रहा था। रामेश्वर। वही तो रामेश्वरनाथ वर्मा! क्यूरियो मर्चेण्ट! उसी की लिखावट है। वह तो मेरा परिचित है। मित्र मान लेने में मन को एक तरह की अड़चन है। इसलिए मैं प्राय: अपने कहे जानेवाले मित्रों को भी जब अपने मन में सम्बोधन करता हूँ, तो परिचित ही कहकर! सो भी जब इतना माने बिना काम नहीं चलता। मित्र मान लेने पर मनुष्य उससे शिव के समान आत्म-त्याग, बोधिसत्व के सदृश सर्वस्व-समर्पण की जो आशा करता है और उसकी शक्ति की सीमा को प्राय: अतिरञ्जित देखता है। वैसी स्थिति में अपने को डालना मुझे पसन्द नहीं। क्योंकि जीवन का हिसाब-किताब उस काल्पनिक गणित के आधार पर रखने का मेरा अभ्यास नहीं, जिसके द्वारा मनुष्य सबके ऊपर अपना पावना ही निकाल लिया करता है।

अकेले जीवन के नियमित व्यय के लिये साधारण पूँजी का ब्याज मेरे लिए पर्याप्त है। मैं सुखी विचरता हूँ! हाँ, मैं जलपान करके कुरसी पर बैठा हुआ अपनी डाक देख रहा था। उसमें एक लिफाफा ठीक उन्ही अक्षरों में लिखा हुआ-जिनमें लैला का पत्र था-निकला। मैं उत्सुकता से खोलकर पढऩे लगा- भाई श्रीनाथ तुम्हारा समाचार बहुत दिनों से नहीं मिला। तुम्हें यह जानकर प्रसन्नता होगी कि हम लोग दो सप्ताह के भीतर तुम्हारे अतिथि होंगे। चंदा की वायु हम लोगों को खींच रही है। मित्रा तो तंग कर ही रहा है, उसकी माँ को और भी उत्सुकता है। उन सबों को यही सूझी है, कि दिन भर ताल में डोंगी पर भोजन न करके हवा खायेंगे और पानी पीयेंगे। तुम्हें कष्ट तो न होगा?

तुम्हारा-रामेश्वर

पत्र पढ़ लेने पर जैसे कुतूहल मेरे सामने नाचने लगा। रामेश्वर के परिवार का स्नेह, उनके गधुर झगड़े; मान-मनौवल-समझौता और अभाव में भी सन्तोष; कितना सुन्दर! मैं कल्पना करने लगा। रामेश्वर एक सफल कदम्ब है, जिसके ऊपर मालती की लता अपनी सैकड़ों उलझनों से, आनन्द की छाया और आलिंगन का स्नेह-सुरभि ढाल रही है।

रामेश्वर का ब्याह मैंने देखा था। रामेश्वर के हाथ के ऊपर मालती की पीली हथेली, जिसके ऊपर जलधारा पड़ रही थी। सचमुच यह सम्बन्ध कितना शीतल हुआ। उस समय मैं हँस रहा था-बालिका मालती और किशोर रामेश्वर! हिन्द-समाज का यह परिहास-यह भीषण मनो-विनोद! तो भी मैंने देखा, कहीं भूचाल नहीं हुआ-कहीं ज्वालामुखी नहीं फूटा। बहिया ने कोई गाँव बहाया नहीं। रामेश्वर और मालती अपने सुख की फसल हर साल काटते हैं। ...मैंने जो सोचा-अभी-अभी जो विचार मेरे मन में आया, वह न लिखूँगा। मेरी क्षुद्रता जलन के रूप में प्रकट होगी। किन्तु मैं सच कहता हूँ, मुझे रामेश्वर से जलन नहीं, तो भी मेरे उस विचार का मिथ्या अर्थ लोग लगा ही लेंगे। आज-कल मनोविज्ञान का युग है न। प्रत्येक ने मनोवृत्तियों के लिए हृदय को कबूतर का दरबा बना डाला है। इनके लिए सफेद, नीला, सुर्ख का श्रेणी-विभाग कर लिया गया है। उतनी प्रकार की मनोवृत्तियों को गिनकर वर्गीकरण कर लेने का साहस भी होने लगा है।

तो भी मैंने उस बात को सोच ही लिया। मेरे साधारण जीवन में एक लहर उठी। प्रसन्नता की स्निग्ध लहर! पारिवारिक सुखों से लिपटा हुआ, प्रणय-कलह देखूँगा; मेरे दायित्व-विहीन जीवन का वह मनोविनोद होगा। मैं रामेश्वर को पत्र लिखने लगा- भाई रामेश्वर!

तुम्हारे पत्र ने मुझ पर प्रसन्नता की वर्षा की है। मेरे शून्य जीवन को आनन्द कोलाहल से, कुछ ही दिनों के लिए सही भर देने का तुम्हारा प्रयत्न, मेरे लिए सुख का कारण होगा, तुम अवश्य आओ और सबको साथ लेकर आओ!

तुम्हारा-श्रीनाथ

पुनश्च-

बंबई से आते हुए सूरन अवश्य लेते आना! यहाँ वैसा नहीं मिलता। सूरन की तरकारी की गरमी में ही तुम लोग चंदा की ठंडी हवा झेल सकोगे और साथ-साथ अपनी चलती-फिरती दूकान का एक बक्स, जिस पर हम लोगों की बातचीत की परम्परा लगी रहे।

श्रीनाथ

दोपहर का भोजन कर लेने के बाद मैं थोड़ी देर अवश्य लेटता हूँ कोई पूछता है, तो कह देता हूँ कि यह निद्रा नहीं भाई, तन्द्रा है, स्वास्थ्य को मैं उसे अपने आराम से चलने देता हूँ! चिकित्सकों से सलाह पूछकर उसमें छेड़-छाड़ करना मुझे ठीक नहीं जँचता। सच बात तो यह है कि मुझे वर्तमान युग की चिकित्सा में वैसा ही विश्वास है, जैसे पाश्चात्य पुरातत्त्वज्ञों की खोज पर। जैसे वे साँची और अमरावती के स्तम्भ तथा शिल्प के चिह्नों में वस्त्र पहनी हुई मूर्तियों को देखकर, ग्रीक शिल्प-कला का आभास पा जाते हैं और कल्पना कर बैठते हैं कि भारतीय बौद्ध कला ऐसी हो ही नहीं सकती, क्योंकि वे कपड़ा पहनना जानते ही न थे। फिर चाहे आप त्रिपिटक से ही प्रमाण क्यों न दें कि बिना अन्तर्वासक, चीवर इत्यादि के भारत का कोई भी भिक्षु नहीं रहता था; पर वे कब माननेवाले! वैसे ही चिकित्सक के पास सिर में दर्द होने की दवा खोजने गये कि वह पेट से उसका सम्बन्ध जोड़कर कोई रेचक औषधि दे ही देगा। बेचारा कभी न सोचेगा कि कोई गम्भीर विचार करते हुए, जीवन की किसी कठिनाई से टकराते रहने से भी पीड़ा हो सकती है। तो भी मैं हल्की-सी तन्द्रा केवल तबीयत बनाने के लिए ले ही लेता हूँ।

शरद्-काल की उजली धूप ताल के नीले जल पर फैल रही थी। आँखों में चकाचौंधी लग रही थी। मैं कमरे में पड़ा अँगड़ाई ले रहा था। दुलारे ने आकर कहा-ईरानी-नहीं-नहीं बलूची आये हैं। मैंने पूछा-कैसे ईरानी और बलूची?

वही जो मूँगा, फिरोज़ा, चारयारी बेचते हैं, सिर में रुमाल बाँधे हुए।

मैं उठ खड़ा हुआ, दालान में आकर देखता हूँ, तो एक बीस बरस के युवक के साथ लैला। गले

में चमड़े का बेग, पीठ पर चोटी, छींट का रुमाल। एक निराला आकर्षक चित्र! लैला ने हँसकर पूछा-बाबू, चारयारी लोगे?

चारयारी?

हाँ बाबू! चारयारी! इसके रहने से इसके पास सोना, अशर्फी रहेगा। थैली कभी खाली न होगी। और बाबू! इससे चोरी का माल बहुत जल्द पकड़ा जाता है।

साथ ही युवक ने कहा-ले लो बाबू! असली चारयारी; सोना का चारयारी! एक बाबू के लिए लाया था। वह मिला नहीं।

मैं अब तक उन दोनों की सुरमीली आँखों को देख रहा था। सुरमे का घेरा गोरे-गोरे मुँह पर आँख की विस्तृत सत्ता का स्वतन्त्र साक्षी था। पतली लम्बी गर्दन पर खिलौने-सा मुँह टपाटप बोल रहा था! मैनें कहा-मुझे तो चारयारी नहीं चाहिए।

किन्तु वहाँ सुनता कौन है, दोनों सीढ़ी पर बैठ गये थे और लैला अपना बेग खोल रही थी। कई पोटलियाँ निकलीं, सहसा लैला के मुँह का रंग उड़ गया। वह घबराकर कुछ अपनी भाषा में कहने लगी। युवक उठ खड़ा हुआ। मैं कुछ न समझ सका। वह चला गया। अब लैला ने मुस्कराते हुए, बेग में से वही पत्र निकाला। मैंने कहा-इसे तो मैं पढ़ चुका हूँ।

इसका मतलब!

वह तुम्हारी चारयारी खरीदने फिर आवेगा। यही इसमें लिखा है-मैंने कहा।

बस! इतना ही?

और भी कुछ है।

क्या बाबू?

और जो उसने लिखा है, वह मैं नहीं कह सकता-

क्यों बाबू? क्यों न कह सकोगे? बोलो।

लैला की वाणी में पुचकार, दुलार, झिडक़ी और आज्ञा थी।

यह सब बात मैं नहीं ......

बीच में ही बात काटकर उसने कहा-नहीं क्यों? तुम जानते हो, नहीं बोलोगे?

उसने लिखा है, मैं तुमको प्यार करता हूँ।

लिखा है, बाबू!-लैला की आँखों में स्वर्ग हँसने लगा! वह फुरती से पत्र मोड़कर रखती हुई हँसने लगी। मैंने अपने मन में कहा-अब यह पूछेगी, वह कब आवेगा? कहाँ मिलेगा?-किन्तु लैला ने यह सब कुछ नहीं पूछा। वह सीढ़ियों पर अर्द्ध-शयनावस्था में जैसे कोई सुन्दर सपना देखती हुई मुस्करा रही थी। युवक दौड़ता हुआ आया; उसने अपनी भाषा में कुछ घबरा कर कहा पर लैला लेटे-ही-लेटे कुछ बोली। युवक भी बैठ गया। लैला ने मेरी ओर देखकर कहा-तो बाबू! वह आवेगा। मेरी चारयारी खरीदेगा। गुल से भी कह दो। मैंने समझ लिया कि युवक का नाम गुल है। मैंने कहा-हाँ, वह तुम्हारी चारयारी खरीदने आवेंगे। गुल ने लैला की ओर प्रसन्न दृष्टि से देखा।

परन्तु मैं, जैसे भयभीत हो गया। अपने ऊपर सन्देह होने लगा। लैला सुन्दरी थी, पर उसके भीतर भयानक राक्षस की आकृति थी या देवमूर्ति! यह बिना जाने मैंने क्या कह दिया! इसका परिणाम भीषण भी हो सकता है। मैं सोचने लगा। रामेश्वर को मित्र तो मानता नहीं, किन्तु मुझे उससे शत्रुता करने का क्या अधिकार है?

चंदा के दक्षिणी तट पर ठीक मेरे बँगले के सामने एक पाठशाला थी। उसमें एक सिंहली सज्जन रहते थे। न जाने कहाँ-कहाँ से उनको चंदा मिलता था। वे पास-पड़ोस के लड़कों को बुलाकर पढ़ाने के लिए बिठाते थे। दो मास्टरों को वेतन देते थे। उनका विश्वास था कि चंदा का तट किसी दिन तथागत के पवित्र चरण-चिह्न से अंकित हुआ था, वे आज भी उन्हें खोजते थे। बड़े शान्त प्रकृति के जीव थे। उनका श्यामल शरीर, कुञ्चित केश, तीक्ष्ण दृष्टि, सिंहली विशेषता से पूर्ण विनय, मधुर वाणी और कुछ-कुछ मोटे अधरों में चौबीसों घण्टे बसने वाली हँसी आकर्षण से भरी थी। मैं कभी-कभी जब जीभ में खुजलाहट होती, वहाँ पहुँच जाता। आज की वह घटना मेरे गम्भीर विचार का विषय बनकर मुझे व्यस्त कर रही थी। मैं अपनी डोंगी पर बैठ गया। दिन अभी घण्टे-डेढ़-घण्टे बाकी था। उस पार खेकर डोंगी ले जाते बहुत देर नहीं हुई। मैं पाठशाला और ताल के बीच के उद्यान को देख रहा था। खजूर और नारियल के ऊँचे-ऊँचे वृक्षों को जिसमें निराली छटा थी। एक नया पीपल अपने चिकने पत्तों की हरियाली में झूम रहा था। उसके नीचे शिला पर प्रज्ञासारथि बैठे थे। नाव को अटकाकर मैं उनके समीप पहुँचा। अस्त होनेवाले सूर्य-बिम्ब की रँगीली किरणें उनके प्रशान्त मुखमण्डल पर पड़ रही थीं। दो ढाई हजार वर्ष पहले का चित्र दिखाई पड़ा, जब भारत की पवित्रता हजारों कोस से लोगों को वासना-दमन करना सीखने के लिए आमन्त्रित करती थी। आज भी आध्यात्मिक रहस्यों के उस देश में उस महती साधना का आशीर्वाद बचा है। अभी भी बोध-वृक्ष पनपते हैं! जीवन की जटिल आवश्यकता को त्याग कर जब काषाय पहने सन्ध्या के सूर्य के रंग में रंग मिलाते हुए ध्यान-स्तिमित-लोचन मूर्तियाँ अभी देखने में आती है, तब जैसे मुझे अपनी सत्ता का विश्वास होता है, और भारत की अपूर्वता का अनुभव होता है। अपनी सत्ता का इसलिए कि मैं भी त्याग का अभिनय करता हूँ न! और भारत के लिए तो मुझे पूर्ण विश्वास है कि इसकी विजय धर्म में हैं।

अधरों में कुञ्चित हँसी, आँखों में प्रकाश भरे प्रज्ञासारथि ने मुझे देखते हुए कहा-आज मेरी इच्छा थी कि आपसे भेंट हो।

मैंने हँसते हुए कहा-अच्छा हुआ कि मैं प्रत्यक्ष ही आ गया। नहीं तो ध्यान में बाधा पड़ती।

श्रीनाथजी! मेरे ध्यान में आपके आने की सम्भावना न थी। तो भी आज एक विषय पर आपकी सम्मति की आवश्यकता है।

मैं भी कुछ कहने के लिए ही यहाँ आया हूँ। पहले मैं कहूँ कि आप ही आरम्भ करेंगे?

सथिया के लड़के कल्लू के सम्बन्ध में तो आपको कुछ नहीं कहना है? मेरे बहुत कहने पर मुसहरों ने उसे पढ़ने के लिए मेरी पाठशाला में रख दिया है और उसके पालन के भार से अपने को मुक्त कर लिया। अब वह सात बरस का हो गया है। अच्छी तरह खाता-पीता है। साफ-सुथरा रहता है। कुछ-कुछ पढ़ता भी है!-प्रज्ञासारथि ने कहा।

चलिए, अच्छा हुआ! एक रास्ते पर लग गया। फिर जैसा उसके भाग्य में हो। मेरा मन इन घरेलू बन्धनों में पड़ने के लिए विरक्त-सा है, फिर भी न जाने क्यों कल्लू का ध्यान आ ही जाता है-मैंने कहा।

तब तो अच्छी बात है, आप इस कृत्रिम विरक्ति से ऊब चले हैं, तो कुछ काम करने लगिए। मैं भी घर जाना चाहता हूँ, न हो तो पाठशाला ही चलाइए-कहते हुए प्रज्ञासारथि ने मेरी ओर गम्भीरता से देखा।

मेरे मन में हलचल हुई। मैं एक बकवादी मनुष्य! किसी विषय पर गम्भीरता का अभिनय करके थोड़ी देर तक सफल वाद-विवाद चला देना और फिर विश्वास करना; इतना ही तो मेरा अभ्यास था। काम करना, किसी दायित्व को सिर पर लेना असम्भव! मैं चुप रहा। वह मेरा मुँह देख रहे थे। मैं चतुरता से निकल जाना चाहता था। यदि मैं थोड़ी देर और उसी तरह सन्नाटा रखता, तो मुझे हाँ या नहीं कहना ही पड़ता। मैंने विवाहवाला चुटकुला छेड़ ही तो दिया।

आप तो विरक्त भिक्षु हैं। अब घर जाने की आवश्यकता कैसे आ पड़ी?

भिक्षु! आश्चर्य से प्रज्ञासारथि ने कहा-मैं तो ब्रह्मचर्य में हूँ। विद्याभ्यास और धर्म का अनुशीलन कर रहा हूँ। यदि मैं चाहूँ तो प्रव्रज्या ले सकता हूँ, नहीं तो गृही बनने में कोई धार्मिक आपत्ति नहीं। सिंहल में तो यही प्रथा प्रचलित है। मेरे विचार से यह प्राचीन आर्य-प्रथा भी थी! मैं गार्हस्थ्य-जीवन से परिचित होना चाहता हूँ।

तो आप ब्याह करेंगे?

क्यों नहीं; वही करने तो जा रहा हूँ।

देखता हूँ, स्त्रियों पर आपको पूर्ण विश्वास है।

अविश्वास करने का कारण ही क्या है? इतिहास में, आख्यायिकाओं में कुछ स्त्रियों और पुरुषों का दुष्ट चरित्र पढ़कर मुझे अपने और अपनी भावी सहधर्मिणी पर अविश्वास कर लेने का कोई अधिकार नहीं? प्रत्येक व्यक्ति को अपनी परीक्षा देनी चाहिए।

विवाहित जीवन! सुखदायक होगा?-मैंने पूछा।

किसी कर्म को करने के पहले उसमें सुख की ही खोज करना क्या अत्यन्त आवश्यक है? सुख तो धर्माचरण से मिलता है। अन्यथा संसार तो दुःखमय है ही! संसार के कर्मों को धार्मिकता के साथ करने में सुख की ही सम्भावना है।

किन्तु ब्याह-जैसे कर्म से तो सीधा-सीधा स्त्री से सम्बन्ध है। स्त्री! कितनी विचित्र पहेली है। इसे जानना सहज नहीं। बिना जाने ही उससे अपना सम्बन्ध जोड़ लेना, कितनी बड़ी भूल है, ब्रह्मचारीजी!- मैंने हँस कर कहा।

भाई, तुम बड़े चतुर हो। खूब सोच-समझकर, परखकर तब सम्बन्ध जोड़ना चाहते हो न; किन्तु मेरी समझ में सम्बन्ध हुए बिना परखने का दूसरा उपाय नहीं। प्रज्ञासारथि ने गम्भीरता से कहा। मैं चुप होकर सोचने लगा। अभी-अभी जो मैंने एक काण्ड का बीजारोपण किया है, वह क्या लैला के स्वभाव से परिचित होकर! मैं अपनी मूर्खता पर मन-ही-मन तिलमिला उठा। मैंने कल्पना से देखा, लैला प्रतिहिंसा भरी एक भयानक राक्षसी है, यदि वह अपने जाति-स्वभाव के अनुसार रामेश्वर के साथ बदला लेने की प्रतिज्ञा कर बैठे, तब क्या होगा?

प्रज्ञासारथि ने फिर कहा-मेरा जाना तो निश्चित है। ताम्रपर्णी की तरंग-मालाएँ मुझे बुला रही हैं! मेरी एक प्रार्थना है। आप कभी-कभी आकर इसका निरीक्षण कर लिया कीजिए।

मुझे एक बहाना मिला, मैंने कहा-मैंने बैठे-बिठाये एक झंझट बुला ली है। मैं देखता हूँ कि कुछ दिनों तक तो मुझे उसमें फँसना ही पड़ेगा।

प्रज्ञासारथि ने पूछा-वह क्या?

मैंने लैला का पत्र पढ़ने और उसके बाद का सब वृतान्त कह सुनाया। प्रज्ञासारथि चुप रहे, फिर उन्होंने कहा-आपने इस काम को खूब सोच-समझ कर करने की आवश्यकता पर तो ध्यान न दिया होगा, क्योंकि इसका फल दूसरे को भोगने की सम्भावना है न!

मुझे प्रज्ञासारथि का यह व्यंग अच्छा न लगा। मैंने कहा-सम्भव है कि मुझे भी कुछ भोगना पड़े।

भाई मैं देखता हूँ, संसार में बहुत-से ऐसे काम मनुष्य को करने पड़ते हैं, जिन्हें वह स्वप्न में भी नहीं सोचता। अकस्मात् वे प्रसंग सामने आकर गुर्राने लगते हैं, जिनसे भाग कर जान बचाना ही उसका अभीष्ट होता है। मैं भी इसी तरह ब्याह करने के लिए सिंहल जा रहा हूँ।

अन्धकार को भेद कर शरद् का चन्द्रमा नारियल और खजूर के वृक्षों पर दिखाई देने लगा था। चंदा का ताल लहरियों में प्रसन्न था। मैं क्षण भर के लिए प्रकृति की उस सुन्दर चित्रपटी को तन्मय होकर देखने लगा।

कलुआ ने जब प्रज्ञासारथि को भोजन करने की सूचना दी, मुझे स्मरण हुआ कि मुझे उस पार जाना है। मैंने दूसरे दिन आने को कह कर प्रज्ञासारथि से छुट्टी माँगी।

डोंगी पर बैठकर मैं धीरे-धीरे डाँड़ चलाने लगा।

मैं अनमना-सा डाँड़ चलाता हुआ कभी चन्द्रमा को और कभी चंदा ताल को देखता। नाव सरल आन्दोलन में तिर रही थी। बार-बार सिंहली प्रज्ञासारथि की बात सोचता जाता था। मैंने घूमकर देखा, तो कुञ्ज से घिरा हुआ पाठशाला का भवन चंदा के शुभ्रजल में प्रतिबिम्बित हो रहा था! चंदा का वह तट समुद्र-उपकूल का एक खण्ड-चित्र था। मन-ही-मन सोचने लगा—मैं करता ही क्या हूँ, यदि मैं पाठशाला का ही निरीक्षण करूँ, तो हानि क्या? मन भी लगेगा और समय भी कटेगा। - अब मैं दूर चला आया था। सामने मुचकुन्द वृक्ष की नील आकृति दिखलाई पड़ी। मुझे लैला का फिर स्मरण आ गया। कितनी सरल, स्वतन्त्र और साहसिकता से भरी हुई रमणी है। सुरमीली आँखों में कितना नशा है और अपने मादक उपकरणों से भी रामेश्वर को अपनी ओर आकर्षित करने में वह असमर्थ है। रामेश्वर पर मुझे क्रोध आया और लैला को फिर अपने विचारों से उलझते देख कर झुँझला उठा। अब किनारा समीप हो चला था। मैं मुचकुन्द की ओर से नाव घुमाने को था कि मुझे उस प्रशान्त जल में दो शिर तैरते हुए दिखाई पड़े। शरद्-काल की शीतल रजनी में उन तैरनेवालों पर मुझे आश्चर्य हुआ। मैंने डाँड़ चलाना बन्द कर दिया। दोनों तैरनेवाले डोंगी के पास आ चले थे। मैंने चन्द्रिका के आलोक में पहचान लिया, वह लैला का सुन्दर मुख था। कुमुदिनी की तरह प्रफुल्ल चाँदनी में हँसता हुआ लैला का मुख! मैंने पुकारा—लैला! वह बोलने ही को थी कि उसके साथवाला मुख गुर्रा उठा। मैंने समझा कि उसका साथी गुल होगा; किन्तु लैला ने कहा—चुप, बाबूजी हैं। अब मैंने पहचाना—वह एक भयानक ताजी कुत्ता है, जो लैला के साथ तैर रहा था। लैला ने कहा—बाबूजी, आप कहाँ? मेरी डोंगी के एक ओर लैला का हाथ था और दूसरी ओर कुत्ते के दोनों अगले पँजे। मैंने कहा—यों ही घूमने आया था और तुम रात को तैरती हो? लैला।

दिनभर काम करने के बाद अब तो छुट्टी मिली है, बदन ठण्डा कर रही हूँ—लैला ने कहा।

वह एक अद्भुत दृश्य था। इतने दिनों तक मैं जीवन के अकेले दिनों को काट चुका हूँ। अनेक अवसर विचित्र घटनाओं से पूर्ण और मनोरञ्जक मिले हैं; किन्तु ऐसा दृश्य तो मैंने कभी न देखा। मैंने पूछा—आज की रात तो बहुत ठण्डी है, लैला!

उसने कहा—नहीं, बड़ी गर्म।

दोनों ने अपनी रुकावट हटा ली। डोंगी चलने को स्वतन्त्र थी। लैला और उसका साथी दोनों तैरने लगे। मैं फिर अपने बँगले की ओर डोंगी खेने लगा। किनारे पर पहुँच कर देखता हूँ कि दुलारे खड़ा है। मैंने पूछा—क्यों रे! तू कब से यहाँ है?

उसने कहा—आपको आने में देर हुई, इसलिए मैं आया हूँ। रसोई ठण्डी हो रही है।

मैं डोंगी से उतर पड़ा और बँगले की ओर चला। मेरे मन में न जाने क्यों सन्देह हो रहा था कि दुलारे जान-बूझकर परखने आया था। लैला से बातचीत करते हुए उसने मुझे अवश्य देखा है। तो क्या वह मुझ पर कुछ सन्देह करता है? मेरा मन दुलारे को सन्देह करने का अवसर देकर जैसे कुछ प्रसन्न ही हुआ। बँगले पर पहुँचकर मैं भोजन करने बैठ गया। स्वभाव के अनुसार शरीर तो अपना नियमित सब करता ही रहा, किन्तु सो जाने पर भी वही सपना देखता रहा।

आज बहुत विलम्ब से सोकर उठा। आलस से कहीं घूमने-फिरने की इच्छा न थी। मैंने अपनी कोठरी में ही आसन जमाया। मेरी आँखों में वह रात्रि का दृश्य अभी घूम रहा था। मैंने लाख चेष्टा की किन्तु लैला और वह सिंहली भिक्षु दोनों ही ने मेरे हृदय को अखाड़ा बना लिया था। मैंने विरक्त होकर विचार-परम्परा को तोड़ने के लिये बाँसुरी बजाना आरम्भ किया। आसावरी के गम्भीर विलम्बित आलापों में फिर भी लैला की प्रेमपूर्ण आकृति जैसे बनने लगती। मैंने बाँसुरी बजाना बन्द किया और

ठीक विश्रामकाल में ही मैंने देखा कि प्रज्ञासारथि सामने खड़े हैं। मैंने उन्हें बैठाते हुए पूछा-आज आप इधर कैसे भूल पड़े?

यह प्रश्न मेरी विचार-विश्रृंखलता के कारण हुआ था, क्योंकि वे तो प्राय: मेरे यहाँ आया ही करते थे। उन्होंने हँस कर कहा-मेरा आना भूलकर नहीं, किन्तु कारण से हुआ है। कहिये, आपने उस विषय में कुछ स्थिर किया?

मैंने अनजान बनकर पूछा-किस विषय में?

प्रज्ञासारथि ने कहा-वही पाठशाला की देख-रेख करने के लिए, जैसा मैंने उस दिन आपसे कहा था।

मैंने बात उड़ाने के ढंग से कहा-आप तो सोच-विचारकर काम करने में विश्वास ही नहीं रखते। आपका तो यही कहना है न कि मनुष्य प्राय: अनिच्छावश बहुत-से काम करने के लिए बाध्य होता है, तो फिर मुझे उस पर सोचने-विचारने की क्या आवश्यकता थी? जब वैसा अवसर आवेगा, तब देखा जायगा।

कृपया मेरी बातों का मनोनुकूल अर्थ न लगाइए। यह तो मैं मानता हूँ कि आप अपने ढंग से विचार करने के लिए स्वतन्त्र हैं; किन्तु उन्हें क्रियात्मक रूप देने के समय आपकी स्वतन्त्रता में मेरा विश्वास संदिग्ध हो जाता है। प्राय: देखा जाता है, हम लोग क्या करने जाकर क्या कर बैठते हैं, तो भी हम उसकी जिम्मेदारी से छूटते नहीं। मान लीजिए कि लैला के हृदय में एक दुराशा उत्पन्न करके आपने रामेश्वर के जीवन में अड़चन डाल दी है। सम्भव है, यह घटना साधारण न रह कर कोई भीषण काण्ड उपस्थित कर सकती है और आपका मित्र अपने अनिष्ट करनेवाले को न भी पहचान सके, तो क्या आप अपने ही मन के सामने इसके लिए अपराधी न ठहरेंगे?

प्रज्ञासारथि की ये बातें मुझे बेढंगी-सी जान पड़ीं क्योंकि उस समय मुझे उनका आना और मुझे उपदेश देने का ढोंग रचना असह्य होने लगा। मेरी इच्छा होती थी कि वे किसी तरह भी यहाँ से चले जाते; तो भी मुझे उन्हें उत्तर देने के लिए इतना तो कहना ही पड़ा कि-आप कच्चे अदृष्टवादी हैं। आपके जैसा विचार रखने पर मैं तो इसे इस तरह सुलझाऊँगा कि अपराध करने में और दण्ड देने में मनुष्य एक दूसरे का सहायक होता है। हम आज जो किसी को हानि पहुँचाते हैं, या कष्ट देते हैं, वह इतने ही के लिए नहीं कि उसने मेरी कोई बुराई की है। हो सकता है कि मैं उसके किसी अपराध का यह दण्ड समाज-व्यवस्था के किसी मौलिक नियम के अनुसार दे रहा हूँ। फिर चाहे मेरा यह दण्ड देना भी अपराध बन जाय और उसका फल भी मुझे भोगना पड़े। मेरे इस कहने पर प्रज्ञासारथि ने हँस दिया और कहा-श्रीनाथजी, मैं आपकी दण्ड-व्यवस्था ही तो करने आया हूँ। आप अपने बेकार जीवन को मेरी बेगार में लगा दीजिए। मैंने पिण्ड छुड़ाने के लिए कहा- अच्छा, तीन दिन सोचने का अवसर दीजिए।

प्रज्ञासारथि चले गये और मैं चुपचाप सोचने लगा। मेरे स्वतन्त्र जीवन में माँ के मर जाने के बाद यह दूसरी उलझन थी। निश्चिन्त जीवन की कल्पना का अनुभव मैंने इतने दिनों तक कर लिया था। मैंने देखा कि मेरे निराश जीवन में उल्लास का छींटा भी नहीं। यह ज्ञान मेरे हृदय को और और भी स्पर्श करने लगा। मैं जितना ही विचारता था, उतना ही मुझे निश्चिन्तता और निराशा का अभेद दिखलाई पड़ता था। मेरे आलसी जीवन में सक्रियता की प्रतिध्वनि होने लगी। तो भी काम न करने का स्वभाव मेरे विचारों के बीच में जैसे व्यंग से मुस्करा देता था।

तीन दिनों तक मैंने सोचा और विचार किया। अन्त में प्रज्ञासारथि की विजय हुई क्योंकि मेरी दृष्टि में प्रज्ञासारथि का काम नाम के लिए तो अवश्य था, किन्तु करने में कुछ भी नहीं के बराबर।

मैंने अपना हृदय दृढ़ किया और प्रज्ञासारथि से जाकर कह दिया कि-मैं पाठशाला का निरीक्षण करूँगा, किन्तु मेरे मित्र आनेवाले हैं और जब तक यहाँ रहेंगे, तब तक तो मैं अपना बँगला न छोड़ूँगा

क्योंकि यहाँ उन लोगों के आने से आपको असुविधा होगी। फिर जब वे लोग चले जायेंगे, तब मैं यहीं आकर रहने लगूँगा।

मेरे सिंघली मित्र ने हँस कर कहा-अभी तो एक महीने यहाँ मैं अवश्य रहूँगा। यदि आप अभी से यहाँ चले आवें तो, बड़ा अच्छा हो, क्योंकि मेरे रहते यहाँ का सब प्रबन्ध आपकी समझ में आ जायगा। रह गई मेरी असुविधा की बात, सो तो केवल आपकी कल्पना है। मैं आपके मित्रों को यहाँ देखकर प्रसन्न ही होऊँगा। जगह की कमी भी नहीं।

मैं 'अच्छा' कह कर उनसे छुट्टी लेने के लिए उठ खड़ा हुआ; किन्तु प्रज्ञासारथि ने मुझे फिर से बैठाते हुए कहा-देखिए श्रीनाथजी, यह पाठशाला का भवन पूर्णत: आपके अधिकार में रहेगा। भिक्षुओं के रहने के लिए तो संघाराम का भाग अलग है ही और उसमें जो कमरे अभी अधूरे हैं, उन्हें शीघ्र ही पूरा कराकर तब मैं जाऊँगा और अपने संघ से मैं इसकी पक्की लिखा-पढ़ी कर रहा हूँ कि आप पाठशाला के आजीवन अवैतनिक प्रधानाध्यक्ष रहेंगे और उसमें किसी को हस्तक्षेप करने का अधिकार न होगा।

मैं उस युवक बौद्ध मिशनरी की युक्तिपूर्ण व्यावहारिकता देख कर मन-ही-मन चकित हो रहा था। एक क्षण भर के लिए उस सिंहली की व्यवहार-कुशल बुद्धि से मैं भीतर-ही-भीतर ऊब उठा। मेरी इच्छा हुई कि मैं स्पष्ट अस्वीकार कर दूँ; किन्तु न जाने क्यों मैं वैसा न कर सका। मैंने कहा-तो आपको मुझमें इतना विश्वास है कि मैं आजीवन आपकी पाठशाला चलाता रहूँगा!

प्रज्ञासारथि ने कहा-शक्ति की परीक्षा दूसरों ही पर होती है; यदि मुझे आपकी शक्ति का अनुभव हो, तो कुछ आश्चर्य की बात नहीं। और आप तो जानते ही हैं कि धार्मिक मनुष्य विश्वासी होता है। सूक्ष्म रूप से जो कल्याण-ज्योति मानवता में अन्तर्निहित है, मैं तो उसमें अधिक-से-अधिक श्रद्धा करता हूँ। विपथगामी होने पर वही सन्त हो करके मनुष्य का अनुशासन करती है, यदि उसकी पशुता ही प्रबल न हो गई हो, तो।

मैंने प्रज्ञासारथि की आँखों से आँख मिलाते हुए देखा, उसमें तीव्र संयम की ज्योति चमक रही थी, मैं प्रतिवाद न कर सका, और यह कहते हुए खड़ा हुआ कि- अच्छा, जैसा आप कहते हैं वैसा ही होगा!

मैं धीरे-धीरे बँगले की ओर लौट रहा था। रास्ते में अचानक देखता हूँ कि दुलारे दौड़ा हुआ चला आ रहा है। मैंने पूछा-क्या है रे?

उसने कहा-बाबूजी, घोड़ागाड़ी पर बहुत-से आदमी आये हैं। वे लोग आपको पूछ रहे हैं।

मैंने समझ लिया कि रामेश्वर आ गया। दुलारे से कहा कि-तू दौड़ जा, मैं यहीं खड़ा हूँ। उन लोगों को सामान-सहित यहीं लिवा ला!

दुलारे तो बँगले की ओर भागा, किन्तु मैं उसी जगह अविचल भाव से खड़ा रहा। मन में विचारों की आँधी उठने लगी, रामेश्वर तो आ गया और वे ईरानी भी यहीं हैं। ओह, मैंने कैसी मूर्खता की! तो मेरे मन को जैसे ढाढ़स हुआ कि रामेश्वर मेरे बँगले में नहीं ठहरता है। इस बौद्ध पाठशाला तक लैला क्यों आने लगी? जैसे लैला को वहाँ आने में कोई दैवी बाधा हो। फिर मेरा सिर चकराने लगा। मैंने कल्पना की आँखों से देखा कि लैला अबाधगति से चलने वाली एक निर्झरणी है। पश्चिम की सरिट से भरी हुई वायुतरंग-माला है। उसको रोकने की किसमें सामर्थ्य है; और फिर अकेले रामेश्वर ही तो नहीं, उसकी स्त्री भी उसके साथ है। अपनी मूर्खतापूर्ण करनी से मेरा ही दम घुटने लगा। मैं खड़ा-खड़ा झील की ओर देख रहा था। उसमें छोटी-छोटी लहरियाँ उठ रही थीं, जिनमें सूर्य की किरणें प्रतिबिम्बित होकर आँखों को चौंधिया देती थीं। मैंने आँखे बन्द कर लीं। अब मैं कुछ नहीं सोचता था। गाड़ी की घरघराहट ने मुझे सजग किया। मैंने देखा कि रामेश्वर गाड़ी का पल्ला खोलकर वहीं सड़क में उतर रहा है।

मैं उससे गले मिल शीघ्रता से कहने लगा-गाड़ी पर बैठ जाओ। मैं भी चलता हूँ। यहीं पास ही चलना है।-उसने गाड़ीवान से चलने के लिए कहा। हम दोनों साथ-साथ पैदल ही चले। पाठशाला के समीप प्रज्ञासारथि अपनी रहस्यपूर्ण मुस्कराहट के साथ अगवानी करने के लिए खड़े थे।

दो दिनों में हम लोग अच्छी तरह रहने लगे। घर का कोना-कोना आवश्यक चीजों से भर गया। प्रज्ञासारथि इसमें बराबर हम लोगों के साथी हो रहे थे और सबसे अधिक आश्चर्य मुझे मालती को देख कर हुआ। वह मानो इस जीवन की सम्पूर्ण गृहस्थी यहाँ सजा कर रहेगी। मालती एक स्वस्थ युवती थी; किन्तु दूर से देखने में अपनी छोटी-सी आकृति के कारण वह बालिका-सी लगती थी। उसकी तीनों सन्तानें बड़ी सुन्दर थीं। मिन्रा छह बरस का, रज्जन चार का और कमलो दो की थी। कमलो सचमुच एक गुड़िया थी, कल्लू का उससे इतना घना परिचय हो गया कि दोनों को एक दूसरे बिना चैन नहीं। मैं सोचता था कि प्राणी क्या स्नेहमय ही उत्पन्न होता है। अज्ञात प्रदेशों से आकर वह संसार में जन्म लेता है। फिर अपने लिए स्नेहमय सम्बन्ध बना लेता है; किन्तु मैं सदैव इन बुरी बातों से भागता ही रहा। इसे मैं अपना सौभाग्य कहूँ, या दुर्भाग्य?

इन्हीं कई दिनों में रामेश्वर के प्रति मेरे हृदय में इतना स्नेह उमड़ा कि मैं उसे एक क्षण छोड़ने के लिए प्रस्तुत न था। अब हम लोग साथ बैठकर भोजन करते, साथ ही टहलने निकलते। बातों का तो अन्त ही न था। कल्लू तीनों लड़कों को बहलाये रहता। दुलारे खाने-पीने का प्रबन्ध कर लेता। रामेश्वर से मेरी बातें होती और मालती चुपचाप सुना करती। कभी-कभी बीच में कोई अच्छी-सी मीठी बात बोल भी देती।

और प्रज्ञासारथि को तो मानो एक पाठशाला ही मिल गई थी। वे गार्हस्थ्य-जीवन का चुपचाप अच्छा-सा अध्ययन कर रहे थे।

एक दिन मैं बाजार से अकेला लौट रहा था। बंगले के पास मैं पहुँचा ही था, कि लैला मुझे दिखाई पड़ी। वह अपने घोड़े पर सवार थी। मैं क्षण भर तक विचारता रहा कि क्या करूँ। तब तक घोड़े से उतर कर वह मेरे पास चली आई। मैं खड़ा हो गया था। उसने पूछा-बाबूजी, आप कहीं चले गये थे?

हाँ!

अब इस बँगले में आप नहीं रहते?

मैं तुमसे एक बात कहना चाहता हूँ, लैला। मैंने घबरा कर उससे कहा।

क्या बाबूजी?

वह चिट्ठी।

है मेरे ही पास, क्यों?

मैंने उसमें कुछ झूठ कहा था।

झूठ! लैला की आँखों से बिजली निकलने लगी थी।

हाँ लैला! उसमें रामेश्वर ने लिखा था कि मैं तुमको नहीं चाहता, मुझे बाल-बच्चे हैं।

ऐं! तुम झूठे! दगाबाज! .... कहती हुई लैला अपनी छुरी की ओर देखती हुई दाँत पीसने लगी।

मैंने कहा-लैला, तुम मेरा कसूर....।

तुम मेरे दिल से दिल्लगी करते थे! कितने रञ्ज की बात है! वह कुछ न कह सकी। वहीं बैठकर रोने लगी। मैंने देखा कि यह बड़ी आफत है। कोई मुझे इस तरह यहाँ देखेगा तो क्या कहेगा। मैं तुरन्त वहाँ से चल देना चाहता था, किन्तु लैला ने आँसू भरी आँखों से मेरी ओर देखते हुए कहा-तुमने मेरे लिए दुनिया में एक बड़ी अच्छी बात सुनाई थी। वह मेरी हँसी थी! इसे जान कर आज मुझे इतना

गुस्सा आता है कि मैं तुमको मार डालूँ या आप ही मर जाऊँ।-लैला दाँत पीस रही थी। मैं काँप उठा-अपने प्राणों के भय से नहीं किन्तु लैला के साथ अदृष्ट के खिलवाड़ पर और अपनी मूर्खता पर। मैंने प्रार्थना के ढंग से कहा-लैला, मैंने तुम्हारे मन को ठेस लगा दी है-इसका मुझे बड़ा दुःख है। अब तुम उसको भूल जाओ।

तुम भूल सकते हो, मैं नहीं! मैं खून करूँगी!-उसकी आँखों से ज्वाला निकल रही थी।

किसका, लैला! मेरा?

ओह नहीं, तुम्हारा नहीं, तुमने एक दिन मुझे सबसे बड़ा आराम दिया है। हो, वह झूठा। तुमने अच्छा नहीं किया था, तो भी मैं तुमको अपना दोस्त समझती हूँ।

तब किसका खून करोगी?

उसने गहरी साँस ले कर कहा-अपना या किसी..... फिर चुप हो गई। मैंने कहा-तुम ऐसा न करोगी, लैला! मेरा और कुछ कहने का साहस नहीं होता था। उसी ने फिर पूछा-वह जो तेज हवा चलती है, जिसमें बिजली चमकती है, बरफ गिरती है, जो बड़े-बड़े पेड़ों को तोड़ डालती है।...हम लोगों के घरों को उड़ा ले जाती है।

आँधी!-मैंने बीच ही में कहा।

हाँ, वही मेरे यहाँ चल रही है!-कहकर लैला ने अपनी छाती पर हाथ रख दिया।

लैला!-मैंने अधीर होकर कहा।

मैं उसको एक बार देखना चाहती हूँ।-उसने भी व्याकुलता से मेरी ओर देखते हुए कहा।

मैं उसे दिखा दूँगा; पर तुम उसकी कोई बुराई तो न करोगी?-मैंने कहा।

हुश!-कहकर लैला ने अपनी काली आँखें उठाकर मेरी ओर देखा।

मैंने कहा-अच्छा लैला! मैं दिखा दूँगा।

कल मुझसे यहीं मिलना। कहती हुई वह अपने घोड़े पर सवार हो गई। उदास लैला के बोझ से वह घोड़ा भी धीरे-धीरे चलने लगा और लैला झुकी हुई-सी उस पर मानो किसी तरह बैठी थी।

मैं वहीं थोड़ी देर तक खड़ा रहा। और फिर धीरे-धीरे अनिच्छापूर्वक पाठशाला की ओर लौटा। प्रज्ञासारथि पीपल के नीचे शिलाखण्ड पर बैठे थे। मिन्ना उनके पास खड़ा उनका मुँह देख रहा था। प्रज्ञासारथि की रहस्यपूर्ण हँसी आज अधिक उदार थी। मैंने देखा कि वह उदासीन विदेशी अपनी समस्या हल कर चुका है। बच्चों की चहल-पहल ने उसके जीवन में वाञ्छित परिवर्तन ला दिया है। और मैं?

मैं कह चुका था, इसलिए दूसरे दिन लैला से भेंट करने पहुँचा। देखता हूँ कि वह पहले ही से वहाँ बैठी है। निराशा से उदास उसका मुँह आज पीला हो रहा था। उसने हँसने की चेष्टा नहीं की और न मैंने ही। उसने पूछा-तो कब, कहाँ चलना होगा? मैं तो सूरत में उससे मिली थी! वहीं उसने मेरी चिट्ठी का जवाब दिया था। अब कहाँ चलना होगा?

मैं भौंचक-सा हो गया। लैला को विश्वास था कि सूरत, बम्बई, काश्मीर वह चाहे कहीं हो, मैं उसे लिवाकर चलूँगा ही। और रामेश्वर से भेंट करा दूँगा। सम्भवतः उसने मेरे परिहास का दण्ड निर्धारित कर लिया था। मैं सोचने लगा-क्या कहूँ।

लैला ने फिर कहा-मैं उसकी बुराई न करूँगी, तुम डरो मत।

मैंने कहा-वह यहीं आ गया है। उसके बाल-बच्चे सब साथ हैं! लैला, तुम चलोगी?

वह एक बार सिर से पैर तक काँप उठी! और मैं भी घबरा गया। मेरे मन में नई आशंका हुई। आज मैं क्या दूसरी भूल करने जा रहा हूँ? उसने सम्हलकर कहा-हाँ चलूँगी, बाबू! मैंने गहरी दृष्टि से उसके मुँह की ओर देखा, तो अन्धड़ नहीं, किन्तु एक शीतल मलय का व्याकुल झोंका उसकी घुँघराली लटों के साथ खेल रहा था। मैंने कहा-अच्छा, मेरे पीछे-पीछे चलो आओ!

मैं चला और वह मेरे पीछे थी। जब पाठशाला के पास पहुँचा, तो मुझे हारमोनियम का स्वर और मधुर आलाप सुनाई पड़ा। मैं ठिठककर सुनने लगा-रमणी-कण्ठ की मधुर ध्वनि! मैंने देखा कि लैला की भी आँखे उस संगीत के नशे में मतवाली हो चली हैं। उधर देखता हूँ तो कमलो को गोद में लिये प्रज्ञासारथि भी झूम रहे हैं। अपने कमरे में मालती छोटे-से सफरी बाजे पर पीलू गा रही है और अच्छी तरह गा रही है! रामेश्वर लेटा हुआ उसके मुँह की ओर देख रहा है। पूर्ण तृप्ति! प्रसन्नता की माधुरी दोनों के मुँह पर खेल रही है! पास ही रञ्जन और मिन्ना बैठे हुए अपने माता और पिता को देख रहे हैं! हम लोगों के आने की बात कौन जानता है। मैंने एक क्षण के लिए अपने को कोसा; इतने सुन्दर संसार में कलह की ज्वाला जला कर मैं तमाशा देखने चला था। हाय रे-मेरा कुतूहल! और लैला स्तब्ध अपनी बड़ी-बड़ी आँखों से एकटक न जाने क्या देख रही थी। मैं देखता था कि कमलो प्रज्ञासारथि की गोद से धीरे से खिसक पड़ी और बिल्ली की तरह पैर दबाती हुई अपनी माँ की पीठ पर हँसती हुई गिर पड़ी, और बोली-माँ! और गाना रुक गया। कमलो के साथ मिन्ना और रञ्जन भी हँस पड़े। रामेश्वर ने कहा-कमलो, तू बली पाजी है ले! बा-पाजी-लाल-कहकर कमलो ने अपनी नन्ही-सी उँगली उठाकर हम लोगों की ओर संकेत किया। रामेश्वर तो उठकर बैठ गये। मालती ने मुझे देखते ही सिर का कपड़ा तनिक आगे की ओर खींच लिया और लैला ने रामेश्वर को देखकर सलाम किया। दोनों की आँखे मिलीं। रामेश्वर के मुँह पर पल भर के लिए एक घबराहट दिखाई पड़ी। फिर उसने सम्हलकर पूछा-अरे लैला! तुम यहाँ कहाँ?

चारयारी न लोगे, बाबू?-कहती हुई लैला निर्भीक भाव से मालती के पास जाकर बैठ गई।

मालती लैला पर एक सलज्ज मुस्कान छोड़ती हुई, उठ खड़ी हुई। लैला उसका मुँह देख रही थी, किन्तु उस ओर ध्यान न देकर मालती ने मुझसे कहा-भाई जी, आपने जलपान नहीं किया। आज तो आप ही के लिए मैंने सूरन के लड् बनाये हैं।

तो देती क्यों नहीं पगली, मैं सवेरे से ही भूखा भटक रहा हूँ-मैंने कहा। मालती जलपान ले आने गई। रामेश्वर ने कहा-चारयारी ले आई हो? लैला ने हाँ कहते हुए अपना बेग खोला। फिर रुक कर उसने अपने गले से एक ताबीज निकाला। रेशम से लिपटा हुआ चौकोर ताबीज का सीवन खोलकर उसने वह चिट्ठी निकाली। मैं स्थिर भाव से देख रहा था। लैला ने कहा-पहले बाबूजी, इस चिट्ठी को पढ़ दीजिए।-रामेश्वर ने कम्पित हाथों से उसको खोला, वह उसी का लिखा हुआ पत्र था। उसने घबराकर लैला की ओर देखा। लैला ने शान्त स्वरों में कहा-पढ़िए बाबू! मैं आप ही के मुँह से सुनना चाहती हूँ।

रामेश्वर ने दृढ़ता से पढ़ना आरम्भ किया। जैसे उसने अपने हृदय का समस्त बल आनेवाली घटनाओं का सामना करने के लिए एकत्र कर लिया हो; क्योंकि मालती जलपान लिये आ ही रही थी। रामेश्वर ने पूरा पत्र पढ़ लिया। केवल नीचे अपना नाम नहीं पढ़ा। मालती खड़ी सुनती रही और मैं सूरन के लड् खाता रहा। बीच-बीच में मालती का मुँह देख लिया करता था! उसने बड़ी गम्भीरता से पूछा-भाई जी, लड् कैसे हैं, यह तो आपने बताया नहीं, धीरे से खा गये।

जो वस्तु अच्छी होती है, वही तो गले में धीरे से उतार ली जाती है। नहीं तो कड़वी वस्तु के लिए, थू-थू न करना पड़ता। मैं कह ही रहा था कि लैला ने रामेश्वर से कहा- ठीक तो! मैंने सुन लिया। अब आप उसको फाड़ डालिए। तब आपको चारयारी दिखाऊँ।

रामेश्वर सचमुच पत्र फाड़ने लगा। चिन्दी-चिन्दी उस कागज के टुकड़े की उड़ गई और लैला ने एक छिपी हुई गहरी साँस ली, किन्तु मेरे कोनों ने उसे सुन ही लिया। वह तो एक भयानक आँधी से

कम न थी। लैला ने सचमुच एक सोने की चारयारी निकाली। उसके साथ एक सुन्दर मूँगे की माला। रामेश्वर ने चारयारी लेकर देखा। उसने मालती से पचास के नोट देने के लिए कहा। मालती अपने पति के व्यवसाय को जानती थी, उसने तुरन्त नोट दे दिये। रामेश्वर ने जब नोट लैला की ओर बढ़ाये, तभी कमलो सामने आकर खड़ी हो गई-बा..... लाल.....। रामेश्वर ने पूछा, क्या है रे कमलो?

पुतली-सी सुन्दर बालिका ने रामेश्वर के गालों को अपने छोटे से हाथों से पकड़ कर कहा-लाला-लाल....

लैला ने नोट ले लिये थे। पूछा-बाबूजी! मूँगे की माला न लीजिएगा?

नहीं।

लैला ने माला उठाकर कमलो को पहना दी। रामेश्वर नहीं-नहीं कर ही रहा था किन्तु उसने सुना नहीं! कमलो ने अपनी माँ को देखकर कहा माँ....लाल....वह हँस पड़ी और कुछ नोट रामेश्वर को देते हुए बोली-तो ले न लो, इसका भी दाम दे दो।

लैला ने तीव्र दृष्टि से मालती को देखा; मैं तो सहम गया था। मालती हँस पड़ी। उसने कहा-क्या दाम न लोगी?

लैला, कमलो का मुँह चूमती हुई उठ खड़ी हुई। मालती अवाक्, रामेश्वर स्तब्ध, किन्तु मैं प्रकृतिस्थ था।

लैला चली गई।

मैं विचारता रहा, सोचता रहा। कोई अन्त न था-ओर-छोर को पता नहीं। लैला-प्रज्ञासारथि-रामेश्वर और मालती सभी मेरे सामने बिजली के पुतलों-से चक्कर काट रहे थे। सन्ध्या हो चली थी, किन्तु मैं पीपल के नीचे से उठ न सका। प्रज्ञासारथि अपना ध्यान समाप्त करके उठे। उन्होंने मुझे पुकारा-श्रीनाथजी! मैंने हँसने की चेष्टा करते हुए कहा-कहिए!

आज तो आप भी समाधिस्थ रहे।

तब भी इसी पृथ्वी पर था! जहाँ लालसा क्रन्दन करती है, दुःखानुभूति हँसती है और नियति अपने मिट्टी के पुतलों के साथ अपना क्रूर मनोविनोद करती है; किन्तु आप तो बहुत ऊँचे किसी स्वर्गीय भावना में.....

ठहरिये श्रीनाथजी! सुख और दुःख, आकाश और पृथ्वी, स्वर्ग और नरक के बीच में है वह सत्य, जिसे मनुष्य प्राप्त कर सकता है।

मुझे क्षमा कीजिए! अन्तरिक्ष में उड़ने की मुझमें शक्ति नहीं है। मैंने परिहास-पूर्वक कहा।

साधारण मन की स्थिति को छोड़ कर जब मनुष्य कुछ दूसरी बात सोचने के लिए प्रयास करता है; तब क्या वह उड़ने का प्रयास नहीं? हम लोग कहने के लिए द्विपद हैं, किन्तु देखिए तो जीवन में हम लोग कितनी बार उचकते हैं, उड़ान भरते हैं। वही तो उन्नति की चेष्टा, जीवन के लिए संग्राम, और भी क्या-क्या नाम से प्रशंसित नहीं होती? तो मैं भी इसकी निन्दा नहीं करता; उठने की चेष्टा करनी चाहिए, किन्तु आप यही न कहेंगे कि समझ-बूझ कर एक बार उचकना चाहिए; किन्तु उस एक बार को-उस अचूक अवसर को जानना सहज नहीं। इसीलिए तो मनुष्य को, जो सबसे बुद्धिमान प्राणी है, बार-बार धोखा खाना पड़ता है। उन्नति को उसने विभिन्न रूपों में अपनी आवश्यकताओं के साथ इतना मिलाया है कि उसे सिद्धान्त बना लेना पड़ा है कि उन्नति का द्वन्द्व पतन ही है।

संयम का वज्र-गम्भीर नाद प्रकृति से नहीं सुनते हो? शारीरिक कर्म तो गौण है, मुख्य संयम तो मानसिक है। श्रीनाथजी, आज लैला का वह मन का संयम क्या किसी महानदी की प्रखर धारा के अचल बाँध से कम था? मैं तो देखकर अवाक् था। आपकी उस समय विचित्र परिस्थिति रही। फिर

भी कैसे सब निर्विघ्न समाप्त हो गया। उसे सोचकर तो मैं अब भी चकित हो जाता हूँ; क्या वह इस भयानक प्रतिरोध के धक्के को सम्हाल लेगी?

लैला के वक्ष:स्थल में कितना भीषण अन्धड़ चल रहा होगा, इसका अनुभव हम लोग नहीं कर सकते! मैं अब भी इससे भयभीत हो रहा हूँ।

प्रज्ञासारथि चुप रहकर धीरे-धीरे कहने लगे-मैं तो कल जाऊँगा। यदि तुम्हारी सम्मति हो, तो रामेश्वर को भी साथ चलने के लिए कहूँ। बम्बई तक हम लोगों का साथ रहेगा और मालती इस भयावनी छाया से शीघ्र ही दूर हट जायगी! फिर तो सब कुशल ही है। ....

मेरे त्रस्त मन को शरण मिली। मैंने कहा-अच्छी बात है। प्रज्ञासारथि उठ गये। मैं वहीं बैठा रहा, और भी बैठा रहता, यदि मित्रा और रञ्जन की किलकारी और रामेश्वर की डाँट-डपट-मालती की कलछी की खट-खट का कोलाहल जोर न पकड़ लेता और कल्लू सामने आकर न खड़ा हो जाता।

प्रज्ञासारथि, रामेश्वर और मालती को गये एक सप्ताह से ऊपर हो गया। अभी तक उस वास्तविक संसार का कोलाहल सुदूर से आती हुई मधुर संगीत की प्रतिध्वनि के समान मेरे कानों में गूँज रहा था। मैं अभी तक उस मादकता को उतार न सका था। जीवन में पहले की-सी निश्चिन्तता का विराग नहीं, न तो वह बे-परवाही रही। मैं सोचने लगा कि अब मैं क्या करूँ?

कुछ करने की इच्छा क्यों? मन के कोने से चुटकी लेते कौन पूछ बैठा?

किये बिना तो रहा नहीं जाता।

करो भी, पाठशाला से क्या मन ऊब चला?

उतने से सन्तोष नहीं होता।

और क्या चाहिए?

यही तो समझ नहीं सका, नहीं तो यह प्रश्न ही क्यों करता कि-अब मैं क्या करूँ-मैंने झुँझला कर कहा। मेरी बातों का उत्तर लेने-देनेवाला मुस्करा कर हट गया। मैं चिन्ता के अन्धकार में डूब गया! वह मेरी ही गहराई थी, जिसकी मुझे थाह न लगी। मैं प्रकृतिस्थ हुआ कब, जब एक उदास और ज्वालामयी तीव्र दृष्टि मेरी आँखों में घुसने लगी। अपने उस अन्धकार में मैंने एक ज्योति देखी।

मैं स्वीकार करूँगा कि वह लैला थी, इस पर हँसने की इच्छा हो तो हँस लीजिए, किन्तु मैं लैला को पा जाने के लिए विकल नहीं था, क्योंकि लैला जिसको पाने की अभिलाषा करती थी, वही उसे न मिला। और परिणाम ठीक मेरी आँखों के सामने था। तब? मेरी सहानुभूति क्यों जगी? हाँ, वह सहानुभूति थी। लैला जैसे दीर्घ पथ पर चलने वाले मुझ पथिक की चिरसंगिनी थी।

उस दिन इतना ही विश्वास करके मुझे सन्तोष हुआ।

रात को कलुआ ने पूछा-बाबूजी! आप घर न चलिएगा। मैं आश्चर्य से उसकी ओर देखने लगा। उसने हठ-भरी आँखों से फिर वही प्रश्न किया। मैंने हँस कर कहा-मेरा घर तो यही है रे कलुआ!

नहीं बाबूजी! जहाँ मित्रा गये हैं। जहाँ रञ्जन और जहाँ कमलो गई है, वहीं तो घर है।

जहाँ बहूजी गई हैं-जहाँ बाबाजी....हठात् प्रज्ञासारथि का मुझे स्मरण हो आया। मुझे क्रोध में कहना पड़ा-कलुआ, मुझे और कहीं घर-वर नहीं है। फिर मन-ही-मन कहा-इस बात को वह बौद्ध समझता था- "हूँ, सबको घर है, बाबाजी को, बहूजी को, मित्रा को-सबको है, आपको नहीं है?" उसने ठुनकते हुए कहा।

किन्तु मैं अपने ऊपर झुँझला रहा था। मैंने कहा-बकवाद न कर, जा सो रह, आज-कल तू पढ़ता नहीं।

कलुआ सिर झुकाये-व्यथा-भरे वक्ष:स्थल को दबाये अपने बिछौने पर जा पड़ा। और मैं उस निस्तब्ध रात्रि में जागता रहा! खिड़की में से झील का आन्दोलित जल दिखाई पड़ रहा था और मैं आश्चर्य से अपना ही बनाया हुआ चित्र उसमें देख रहा था। चंदा के प्रशान्त जल में एक छोटी-सी नाव है, जिस पर मालती, रामेश्वर बैठे थे और मैं डाँड़ा चला रहा था। प्रज्ञासारथि तीर पर खड़े बच्चों को बहला रहे थे। हम लोग उजली चाँदनी में नाव खेते चले जा रहे थे। सहसा चित्र में एक और मूर्ति का प्रादुर्भाव हुआ। वह थी लैला! मेरी आँखे तिलमिला गई।

मैं जागता था-सोता था।

सवेरा हो गया था। नींद से भरी आँखे नहीं खुलती थीं, तो भी बाहर के कोलाहल ने मुझे जगा दिया। देखता हूँ, तो ईरानियों का एक झुण्ड बाहर खड़ा है।

मैंने पूछा-क्या है?

गुल ने कहा-यहाँ का पीर कहाँ है?

पीर!-मैंने आश्चर्य से पूछा।

हाँ वही, जो पीला-पीला कपड़ा पहनता था।

मैं समझ गया, वे लोग प्रज्ञासारथि को खोजते थे। मैंने कहा-वह तो यहाँ नहीं है, अपने घर गये। काम क्या है?

एक लडक़ी को हवा लगी है, यहीं का कोई आसेब है। पीर को दिखलाना चाहती हूँ।-एक अधेड़ स्त्री ने बड़ी व्याकुलता से कहा।

मैंने पूछा-भाई! मैं तो यह सब कुछ नहीं जानता। वह लडक़ी कहाँ है?

पड़ाव पर, बाबूजी! आप चलकर देख लीजिए।

आगे वह कुछ न बोल सकी। किन्तु गुल ने कहा-बाबू! तुम जानते हो, वही-लैला!

आगे मैं न सुन सका। अपनी ही अन्तध्वनि से मैं व्याकुल हो गया। यही तो होता है, किसी के उजड़ने से ही दूसरा बसता है। यदि यही विधि-विधान है, तो बसने का नाम उजडऩा ही है। यदि रामेश्वर, मालती और अपने बाल-बच्चों की चिन्ता छोड़कर लैला को ही देखता, तभी...किन्तु वैसा हो कैसे सकता है। मैंने कल्पना की आँखों से देखा; लैला का विवर्ण सुन्दर मुख-निराशा की झुलस से दयनीय मुख!

उन ईरानियों से फिर बात न करके मैं भीतर चला गया और तकिये में अपना मुँह छिपा लिया। पीछे सुना, कलुआ डाँट बताता हुआ कह रहा है-जाओ-जाओ, यहाँ बाबा जी नहीं रहते!

मैं लडक़ों को पढ़ाने लगा। कितना आश्चर्यजनक भयानक परिवर्तन मुझमें हो गया! उसे देखकर मैं ही विस्मित होता था। कलुआ इन्हीं कई महीनों में मेरा एकान्त साथी बन गया। मैंने उसे बार-बार समझाया, किन्तु वह बीच-बीच में मुझसे घर चलने के लिए कह बैठता ही था। मैं हताश हो गया। अब वह जब घर चलने की बात कहता, तो मैं सिर हिलाकर कह देता-अच्छा, अभी चलूँगा।

दिन इसी तरह बीतने लगे। बसन्त के आगमन से प्रकृति सिहर उठी। वनस्पतियों की रोमावली पुलकित थी। मैं पीपल के नीचे उदास बैठा हुआ ईषत् शीतल पवन से अपने शरीर में फुरहरी का अनुभव कर रहा था। आकाश की आलोक-माला चंदा की वीचियों में डुबकियाँ लगा रही थी। निस्तब्ध रात्रि का आगमन बड़ा गम्भीर था।

दूर से एक संगीत की-नन्ही-नन्ही करुण वेदना की तान सुनाई पड़ रही थी। उस भाषा को मैं नहीं समझता था। मैंने समझा, यह भी कोई छलना होगी। फिर सहसा मैं विचारने लगा कि नियति

भयानक वेग से चल रही है। आँधी की तरह उसमें असंख्य प्राणी तृण-तूलिका के समान इधर-उधर बिखर रहे हैं। कहीं से लाकर किसी को वह मिला ही देती है और ऊपर से कोई बोझे की वस्तु भी लाद देती है कि वे चिरकाल तक एक दूसरे से सम्बद्ध रहें। सचमुच! कल्पना प्रत्यक्ष हो चली। दक्षिण का आकाश धूसर हो चला-एक दानव ताराओं को निगलने लगा। पक्षियों का कोलाहल बढ़ा। अन्तरिक्ष व्याकुल हो उठा! कड़कड़ाहट में सभी आश्रय खोजने लगे; किन्तु मैं कैसे उठता! वह संगीत की ध्वनि समीप आ रही थी। वज्रनिर्घोष को भेद कर कोई कलेजे से गा रहा था। अन्धकार के साम्राज्य में तृण, लता, वृक्ष सचराचर कम्पित हो रहे थे।

कलुआ की चीत्कार सुन कर भीतर चला गया। उस भीषण कोलाहल में भी वही संगीत-ध्वनि पवन के हिण्डोले पर झूल रही थी, मानो पाठशाला के चारों ओर लिपट रही थी। सहसा एक भीषण अर्राहट हुई। अब मैं टार्च लिये बाहर आ गया।

आँधी रुक गई थी। मैंने देखा पीपल कि बड़ी-सी डाल फटी पड़ी है और लैला नीचे दबी हुई अपनी भावनाओं की सीमा पार कर चुकी है।

मैं अब भी चंदा-तट की बौद्ध पाठशाला का अवैतनिक अध्यक्ष हूँ। प्रज्ञासारथि के नाम को कोसता हुआ दिन बिताता हूँ। कोई उपाय नहीं। वहीं जैसे मेरे जीवन का केन्द्र है।

आज भी मेरे हृदय में आँधी चला करती है और उसमें लैला का मुख बिजली की तरह कौंधा करता है।

मधुआ

आज सात दिन हो गये, पीने को कौन कहे-छुआ तक नहीं! आज सातवाँ दिन है, सरकार!

तुम झूठे हो। अभी तो तुम्हारे कपड़े से महँक आ रही है।

वह ... वह तो कई दिन हुए। सात दिन से ऊपर-कई दिन हुए-अन्धेरे में बोतल उँड़ेलने लगा था। कपड़े पर गिर जाने से नशा भी न आया। और आपको कहने का....क्या कहूँ .... सच मानिए। सात दिन-ठीक सात दिन से एक बूँद भी नहीं।

ठाकुर सरदार सिंह हँसने लगे। लखनऊ में लडक़ा पढ़ता था। ठाकुर साहब भी कभी-कभी वहीं आ जाते। उनको कहानी सुनने का चसका था। खोजने पर यही शराबी मिला। वह रात को, दोपहर में, कभी-कभी सवेरे भी आता। अपनी लच्छेदार कहानी सुनाकर ठाकुर साहब का मनो-विनोद करता।

ठाकुर ने हँसते हुए कहा-तो आज पियोगे न!

झूठ कैसे कहूँ। आज तो जितना मिलेगा, सब पिउँगा। सात दिन चने-चबेने पर बिताये हैं, किसलिए।

अद्भुत! सात दिन पेट काटकर आज अच्छा भोजन न करके तुम्हें पीने की सूझी! यह भी...

सरकार! मौज-बहार की एक घड़ी, एक लम्बे दु:खपूर्ण जीवन से अच्छी है। उसकी खुमारी में रूखे दिन काट लिये जा सकते हैं।

अच्छा, आज दिन भर तुमने क्या-क्या किया है?

मैंने?-अच्छा सुनिये-सवेरे कुहरा पड़ता था, मेरे धुँआ से कम्बल-सा वह भी सूर्य के चारों ओर लिपटा था। हम दोनों मुँह छिपाये पड़े थे।

ठाकुर साहब ने हँसकर कहा-अच्छा, तो इस मुँह छिपाने का कोई कारण?

सात दिन से एक बूँद भी गले न उतरी थी। भला मैं कैसे मुँह दिखा सकता था! और जब बारह बजे धूप निकली, तो फिर लाचारी थी! उठा, हाथ-मुँह धोने में जो दु:ख हुआ, सरकार, वह क्या कहने की बात है! पास में पैसे बचे थे। चना चबाने से दाँत भाग रहे थे। कट-कटी लग रही थी। पराठेवाले के यहाँ पहुँचा, धीरे-धीरे खाता रहा और अपने को सेंकता भी रहा। फिर गोमती किनारे चला गया। घूमते-घूमते अँधेरा हो गया, बूँदें पड़ने लगीं, तब कहीं भाग के आपके पास आ गया।

अच्छा, जो उस दिन तुमने गड़रियेवाली कहानी सुनाई थी, जिसमें आसफुद्दौला ने उसकी लडक़ी का आँचल भुने हुए भुट्टे के दाने के बदले मोतियों से भर दिया था! वह क्या सच है?

सच! अरे, वह गरीब लडक़ी भूख से उसे चबाकर थू-थू करने लगी! ... रोने लगी! ऐसी निर्दयी दिल्लगी बड़े लोग कर ही बैठते हैं। सुना है श्री रामचन्द्र ने भी हनुमान जी से ऐसा ही ...

ठाकुर साहब ठठाकर हँसने लगे। पेट पकड़कर हँसते-हँसते लोट गये। साँस बटोरते हुए सम्हलकर बोले-और बड़प्पन कहते किसे हैं? कंगाल तो कंगाल! गधी लडक़ी! भला उसने कभी मोती देखे थे, चबाने लगी होगी। मैं सच कहता हूँ, आज तक तुमने जितनी कहानियाँ सुनाई, सब में

बड़ी टीस थी। शाहजादों के दुखड़े, रंग-महल की अभागिनी बेगमों के निष्फल प्रेम, करुण कथा और पीड़ा से भरी हुई कहानियाँ ही तुम्हें आती हैं; पर ऐसी हँसाने वाली कहानी और सुनाओ, तो मैं अपने सामने ही बढ़िया शराब पिला सकता हूँ।

सरकार! बूढ़ों से सुने हुए वे नवाबी के सोने-से दिन, अमीरों की रंग-रेलियाँ, दुखियों की दर्द-भरी आहें, रंगमहलों में घुल-घुल कर मरनेवाली बेगमें, अपने-आप सिर में चक्कर काटती रहती हैं। मैं उनकी पीड़ा से रोने लगता हूँ। अमीर कंगाल हो जाते हैं। बड़े-बड़ों के घमण्ड चूर होकर धूल में मिल जाते हैं। तब भी दुनिया बड़ी पागल है। मैं उसके पागलपन को भुलाने के लिए शराब पीने लगता हूँ- सरकार! नहीं तो यह बुरी बला कौन अपने गले लगाता!

ठाकुर साहब ऊँघने लगे थे। अँगीठी में कोयला दहक रहा था। शराबी सरदी से ठिठुरा जा रहा था। वह हाथ सेंकने लगा। सहसा नींद से चौंककर ठाकुर साहब ने कहा-अच्छा जाओ, मुझे नींद लग रही है। वह देखो, एक रुपया पड़ा है, उठा लो। लल्लू को भेजते जाओ।

शराबी रुपया उठाकर धीरे से खिसका। लल्लू था ठाकुर साहब का जमादार। उसे खोजते हुए जब वह फाटक पर की बगलवाली कोठरी के पास पहुँचा, तो सुकुमार कण्ठ से सिसकने का शब्द सुनाई पड़ा। वह खड़ा होकर सुनने लगा।

तो सूअर, रोता क्यों है? कुँवर साहब ने दो ही लातें लगाई हैं! कुछ गोली तो नहीं मार दी? कर्कश स्वर से लल्लू बोल रहा था; किन्तु उत्तर में सिसकियों के साथ एकाध हिचकी ही सुनाई पड़ जाती थी। अब और भी कठोरता से लल्लू ने कहा-मधुआ! जा सो रह, नखरा न कर, नहीं तो उठूँगा तो खाल उधेड़ दूँगा! समझा न?

शराबी चुपचाप सुन रहा था। बालक की सिसकी और बढ़ने लगी। फिर उसे सुनाई पड़ा-ले, अब भागता है कि नहीं? क्यों मार खाने पर तुला है?

भयभीत बालक बाहर चला आ रहा था! शराबी ने उसके छोटे से सुन्दर गोरे मुँह को देखा। आँसू की बूँदें ढुलक रही थीं। बड़े दुलार से उसका मुँह पोंछते हुए उसे लेकर वह फाटक के बाहर चला आया। दस बज रहे थे। कड़ाके की सर्दी थी। दोनों चुपचाप चलने लगे। शराबी की मौन सहानुभूति को उस छोटे-से सरल हृदय ने स्वीकार कर लिया। वह चुप हो गया। अभी वह एक तंग गली पर रुका ही था कि बालक के फिर से सिसकने की उसे आहट लगी। वह झिड़ककर बोल उठा-

अब क्या रोता है रे छोकरे?

मैंने दिन भर से कुछ खाया नहीं।

कुछ खाया नहीं; इतने बड़े अमीर के यहाँ रहता है और दिन भर तुझे खाने को नहीं मिला?

यही कहने तो मैं गया था जमादार के पास; मार तो रोज ही खाता हूँ। आज तो खाना ही नहीं मिला। कुँवर साहब का ओवरकोट लिए खेल में दिन भर साथ रहा। सात बजे लौटा, तो और भी नौ बजे तक कुछ काम करना पड़ा। आटा रख नहीं सका था। रोटी बनती तो कैसे! जमादार से कहने गया था! भूख की बात कहते-कहते बालक के ऊपर उसकी दीनता और भूख ने एक साथ ही जैसे आक्रमण कर दिया, वह फिर हिचकियाँ लेने लगा।

शराबी उसका हाथ पकड़कर घसीटता हुआ गली में ले चला। एक गन्दी कोठरी का दरवाजा ढकेलकर बालक को लिए हुए वह भीतर पहुँचा। टटोलते हुए सलाई से मिट्टी की ढेबरी जलाकर वह फटे कम्बल के नीचे से कुछ खोजने लगा। एक पराठे का टुकड़ा मिला! शराबी उसे बालक के हाथ में देकर बोला-तब तक तू इसे चबा, मैं तेरा गढ़ा भरने के लिए कुछ और ले आऊँ-सुनता है रे छोकरे! रोना मत, रोयेगा तो खूब पीटूँगा। मुझसे रोने से बड़ा बैर है। पाजी कहीं का, मुझे भी रुलाने का....

शराबी गली के बाहर भागा। उसके हाथ में एक रुपया था। बारह आने का एक देशी अद्धा और

दो आने की चाय....दो आने की पकौड़ी... नहीं-नहीं, आलू-मटर...अच्छा, न सही, चारों आने का मांस ही ले लूँगा, पर यह छोकरा! इसका गढ़ा जो भरना होगा, यह कितना खायगा और क्या खायेगा। ओह! आज तक तो कभी मैंने दूसरों के खाने का सोच-विचार किया ही नहीं। तो क्या ले चलूँ?-पहले एक अद्धा तो ले लूँ। इतना सोचते-सोचते उसकी आँखों पर बिजली के प्रकाश की झलक पड़ी। उसने अपने को मिठाई की दूकान पर खड़ा पाया। वह शराब का अद्धा लेना भूलकर मिठाई-पूरी ख़रीदने लगा। नमकीन लेना भी न भूला। पूरा एक रुपये का सामान लेकर वह दूकान से हटा। जल्द पहुँचने के लिए एक तरह से दौड़ने लगा। अपनी कोठरी में पहुँचकर उसने दोनों की पाँत बालक के सामने सजा दी। उनकी सुगन्ध से बालक के गले में एक तरावट पहुँची। वह मुस्कराने लगा।

शराबी ने मिट्टी की गगरी से पानी उँड़ेलते हुए कहा-नटखट कहीं का, हँसता है, सोंधी बास नाक में पहुँची न! ले खूब, ठूँसकर खा ले, और फिर रोया कि पीटा!

दोनों ने, बहुत दिन पर मिलनेवाले दो मित्रों की तरह साथ बैठकर भरपेट खाया। सीली जगह में सोते हुए बालक ने शराबी का पुराना बड़ा कोट ओढ़ लिया था। जब उसे नींद आ गई, तो शराबी भी कम्बल तानकर बड़बड़ाने लगा। सोचा था, आज सात दिन पर भरपेट पीकर सोऊँगा, लेकिन यह छोटा-सा रोना पाजी, न जाने कहाँ से आ धमका?

एक चिन्तापूर्ण आलोक में आज पहले पहल शराबी ने आँख खोलकर कोठरी में बिखरी हुई दारिद्र्य की विभूति को देखा और देखा उस घुटनों से ठुड्डी लगाये हुए निरीह बालक को; उसने तिलमिलाकर मन-ही-मन प्रश्न किया-किसने ऐसे सुकुमार फूल को कष्ट देने के लिए निर्दयता की सृष्टि की? आह री नियति! तब इसको लेकर मुझे घर-बारी बनना पड़ेगा क्या? दुर्भाग्य! जिसे मैंने कभी सोचा भी न था। मेरी इतनी माया-ममता-जिस पर, आज तक केवल बोतल का ही पूरा अधिकार था-इसका पक्ष क्यों लेने लगी? इस छोटे-से पाजी ने मेरे जीवन के लिए कौन-सा इन्द्रजाल रचने का बीड़ा उठाया है? तब क्या करूँ? कोई काम करूँ? कैसे दोनों का पेट चलेगा? नहीं, भगा दूँगा इसे-आँख तो खोले?

बालक अँगड़ाई ले रहा था। वह उठ बैठा। शराबी ने कहा-ले उठ, कुछ खा ले, अभी रात का बचा हुआ है; और अपनी राह देख! तेरा नाम क्या है रे?

बालक ने सहज हँसी हँसकर कहा-मधुआ! भला हाथ-मुँह भी न धोऊँ। खाने लगूँ? और जाऊँगा कहाँ?

आह! कहाँ बताऊँ इसे कि चला जाय! कह दूँ कि भाड़ में जा; किन्तु वह आज तक दुःख की भट्ठी में जलता ही तो रहा है। तो... वह चुपचाप घर से झल्लाकर सोचता हुआ निकला-ले पाजी, अब यहाँ लौटूँगा ही नहीं। तू ही इस कोठरी में रह!

शराबी घर से निकला। गोमती-किनारे पहुँचने पर उसे स्मरण हुआ कि वह कितनी ही बातें सोचता आ रहा था, पर कुछ भी सोच न सका। हाथ-मुँह धोने में लगा। उजली धूप निकल आई थी। वह चुपचाप गोमती की धारा को देख रहा था। धूप की गरमी से सुखी होकर वह चिन्ता भुलाने का प्रयत्न कर रहा था कि किसी ने पुकारा- भले आदमी रहे कहाँ? सालों पर दिखाई पड़े। तुमको खोजते-खोजते मैं थक गया।

शराबी ने चौंककर देखा। वह कोई जान-पहचान का तो मालूम होता था; पर कौन है, यह ठीक-ठीक न जान सका।

उसने फिर कहा-तुम्हीं से कह रहे हैं। सुनते हो, उठा ले जाओ अपनी सान धरने की कल, नहीं तो सड़क पर फेंक दूँगा। एक ही तो कोठरी, जिसका मैं दो रुपये किराया देता हूँ, उसमें क्या मुझे अपना कुछ रखने के लिए नहीं है?

ओहो? रामजी, तुम हो भाई, मैं भूल गया था। तो चलो, आज ही उसे उठा लाता हूँ।-कहते हुए शराबी ने सोचा-अच्छी रही, उसी को बेचकर कुछ दिनों तक काम चलेगा।

गोमती नहाकर, रामजी, पास ही अपने घर पर पहुँचा। शराबी की कल देते हुए उसने कहा-ले जाओ, किसी तरह मेरा इससे पिण्ड छूटे।

बहुत दिनों पर आज उसको कल ढोना पड़ा। किसी तरह अपनी कोठरी में पहुँचकर उसने देखा कि बालक बैठा है। बड़बड़ाते हुए उसने पूछा-क्यों रे, तूने कुछ खा लिया कि नहीं? भर-पेट खा चुका हूँ, और वह देखो तुम्हारे लिए भी रख दिया है। कह कर उसने अपनी स्वाभाविक मधुर हँसी से उस रूखी कोठरी को तर कर दिया। शराबी एक क्षण चुप रहा। फिर चुपचाप जल-पान करने लगा। मन-ही-मन सोच रहा था-यह भाग्य का संकेत नहीं, तो और क्या है? चलूँ फिर सान देने का काम चलता करूँ। दोनों का पेट भरेगा। वही पुराना चरखा फिर सिर पड़ा। नहीं तो, दो बातें किस्सा-कहानी इधर-उधर की कहकर अपना काम चला ही लेता था? पर अब तो बिना कुछ किये घर नहीं चलने का। जल पीकर बोला-क्यों रे मधुआ, अब तू कहाँ जायगा?

कहीं नहीं।

यह लो, तो फिर क्या यहाँ जमा गड़ी है कि मैं खोद-खोद कर तुझे मिठाई खिलाता रहूँगा।

तब कोई काम करना चाहिए।

करेगा?

जो कहो?

अच्छा, तो आज से मेरे साथ-साथ घूमना पड़ेगा। यह कल तेरे लिये लाया हूँ! चल, आज से तुझे सान देना सिखाऊँगा। कहाँ, इसका कुछ ठीक नहीं। पेड़ के नीचे रात बिता सकेगा न!

कहीं भी रह सकूँगा; पर उस ठाकुर की नौकरी न कर सकूँगा?-शराबी ने एक बार स्थिर दृष्टि से उसे देखा। बालक की आँखे दृढ़ निश्चय की सौगन्ध खा रही थीं।

शराबी ने मन-ही-मन कहा-बैठे-बैठाये यह हत्या कहाँ से लगी? अब तो शराब न पीने की मुझे भी सौगन्ध लेनी पड़ी।

वह साथ ले जानेवाली वस्तुओं को बटोरने लगा। एक गट्टर का और दूसरा कल का, दो बोझ हुए।

शराबी ने पूछा-तू किसे उठायेगा?

जिसे कहो।

अच्छा, तेरा बाप जो मुझको पकड़े तो?

कोई नहीं पकड़ेगा, चलो भी। मेरे बाप कभी मर गये।

शराबी आश्चर्य से उसका मुँह देखता हुआ कल उठाकर खड़ा हो गया। बालक ने गठरी लादी। दोनों कोठरी छोड़ कर चल पड़े।

दासी

यह खेल किसको दिखा रहे हो बलराज?-कहते हुए फिरोज़ा ने युवक की कलाई पकड़ ली। युवक की मुट्ठी में एक भयानक छुरा चमक रहा था। उसने झुँझला कर फिरोज़ा की तरफ देखा। वह खिलखिलाकर हँस पड़ी। फिरोज़ा युवती से अधिक बालिका थी। अल्हड़पन, चञ्चलता और हँसी से बनी हुई वह तुर्क बाला सब हृदयों के स्नेह के समीप थी। नीली नसों से जकड़ी हुई बलराज की पुष्ट कलाई उन कोमल उँगलियों के बीच में शिथिल हो गई। उसने कहा-फिरोज़ा, तुम मेरे सुख में बाधा दे रही हो!

सुख जीने में है बलराज! ऐसी हरी-भरी दुनिया, फूल-बेलों से सजे हुए नदियों के सुन्दर किनारे, सुनहला सवेरा, चाँदी की रातें इन सबों से मुँह मोड़कर आँखे बन्द कर लेना! कभी नहीं! सबसे बढक़र तो इसमें हम लोगों की उछल-कूद का तमाशा है। मैं तुम्हें मरने न दूँगी।

क्यों?

यों ही बेकार मर जाना! वाह, ऐसा कभी नहीं हो सकता। जिहून के किनारे तुर्कों से लड़ते हुए मर जाना दूसरी बात थी। तब मैं तुम्हारी क़ब्र बनवाती, उस पर फूल चढ़ाती; पर इस गजनी नदी के किनारे अपना छुरा अपने कलेजे में भोंक कर मर जाना बचपना भी तो नहीं है।

बलराज ने देखा, सुल्तान मसऊद के शिल्पकला-प्रेम की गम्भीर प्रतिमा, गजनी नदी पर एक कमानी वाला पुल अपनी उदास छाया जलधारा पर डाल रहा है। उसने कहा-वही तो, न जाने क्यों मैं उसी दिन नहीं मरा, जिस दिन मेरे इतने वीर साथी कटार से लिपट कर इसी गजनी की गोद में सोने चले गये। फिरोज़ा! उन वीर आत्माओं का वह शोचनीय अन्त! तुम उस अपमान को नहीं समझ सकती हो।

सुल्तान ने सिल्जूको से हारे हुए तुर्क और हिन्द दोनों को ही नौकरी से अलग कर दिया। पर तुर्कों ने तो मरने की बात नहीं सोची?

कुछ भी हो, तुर्क सुल्तान के अपने लोगों में हैं और हिन्द बेगाने ही हैं। फिरोज़ा! यह अपमान मरने से बढ़ कर है।

और आज किसलिये मरने जा रहे थे?

वह सुनकर क्या करोगी?-कहकर बलराज छुरा फेंककर एक लम्बी साँस लेकर चुप हो रहा। फिरोज़ा ने उसका कन्धा पकड़कर हिलाते हुए कहा-

सुनूँगी क्यों नहीं। अपनी....हाँ, उसी के लिए! कौन है वह! कैसी है? बलराज! गोरी सी है, मेरी तरह वह भी पतली-दुबली है न? कानों में कुछ पहनती है? और गले में?

कुछ नहीं फिरोज़ा, मेरी ही तरह वह भी कंगाल है। मैंने उससे कहा था कि लड़ाई पर जाऊँगा और सुल्तान की लूट में मुझे भी चाँदी-सोने की ढेरी मिलेगी, जब अमीर हो जाऊँगा, तब आकर तुमसे ब्याह करूँगा।

तब भी मरने जा रहे थे! ख़ाली ही लौट कर भेंट करने की, उसे एक बार देख लेने की, तुम्हारी

इच्छा न हुई! तुम बड़े पाजी हो। जाओ, मरो या जियो, मैं तुमसे न बोलूँगी।

सचमुच फिरोज़ा ने मुँह फेर लिया। वह जैसे रूठ गई थी। बलराज को उसके इस भोलेपन पर हँसी न आ सकी। वह सोचने लगा, फिरोज़ा के हृदय में कितना स्नेह है! कितना उल्लास है? उसने पूछा–फिरोज़ा, तुम भी तो लड़ाई में पकड़ी गई गुलामी भुगत रही हो। क्या तुमने कभी अपने जीवन पर विचार किया है? किस बात का उल्लास है तुम्हें?

मैं अब गुलामी में नहीं रह सकूँगी। अहमद जब हिन्दुस्तान जाने लगा था, तभी उसने राजा साहब से कहा था कि मैं एक हज़ार सोने के सिक्के भेजूँगा। भाई तिलक! तुम उसे लेकर फिरोज़ा को छोड़ देना और वह हिन्दुस्तान आना चाहे तो उसे भेज देना। अब वह थैली आती ही होगी। मैं छुटकारा पा जाऊँगी और गुलाम ही रहने पर रोने की कौन-सी बात है? मर जाने की इतनी जल्दी क्यों? तुम देख नहीं रहे हो कि तुर्कों में एक नयी लहर आई है। दुनिया ने उसके लिए जैसे छाती खोल दी है। जो आज गुलाम है; वही कल सुल्तान हो सकता है। फिर रोना किस बात का, जितनी देर हँस सकती हूँ, उस समय को रोने में क्यों बिताऊँ?

तुम्हारा सुखमय जीवन और भी लम्बा हो, फिरोज़ा; किन्तु आज तुमने जो मुझे मरने से रोक दिया, यह अच्छा नहीं किया।

कहती तो हूँ, बेकार न मरो। क्या तुम्हारे मरने के लिए कोई....?

कुछ भी नहीं, फिरोज़ा! हमारी धार्मिक भावनाएँ बटी हुई हैं, सामाजिक जीवन दम्भ से और राजनीतिक क्षेत्र कलह और स्वार्थ से जकड़ा हुआ है। शक्तियाँ हैं, पर उनका कोई केन्द्र नहीं। किस पर अभिमान हो, किसके लिए प्राण दूँ?

दुत्त, चले जाओ हिन्दुस्तान में मरने के लिए कुछ खोजो। मिल ही जायगा, जाओ न....कहीं वह तुम्हारी....मिल जाय तो किसी झोपड़ी ही में काट लेना। न सही अमीरी, किसी तरह तो कटेगी। जितने दिन जीने के हों, उन पर भरोसा रखना।

' .... '

बलराज! न जाने क्यों मैं तुम्हें मरने देना नहीं चाहती। वह तुम्हारी राह देखती हुई कहीं जी रही हो, तब! आह! कभी उसे देख पाती तो उसका मुँह चूम लेती। कितना प्यार होगा उसके छोटे से हृदय में? लो, ये पाँच दिरम, मुझे कल राजा साहब ने इनाम के दिये हैं। इन्हे लेते जाओ! देखो, उससे जाकर भेंट करना।

फिरोज़ा की आँखों में आँसू भरे थे, तब भी वह जैसे हँस रही थी। सहसा वह पाँच धातु के टुकड़ों को बलराज के हाथ पर रखकर झाड़ियों में घुस गई। बलराज चुपचाप अपने हाथ पर के उन चमकीले टुकड़ों को देख रहा था। हाथ कुछ झुक रहा था। धीरे-धीरे टुकड़े उसके हाथ से खिसक पड़े। वह बैठ गया-सामने एक पुरुष खड़ा हुआ मुस्करा रहा था।

बलराज!

राजा साहब! - जैसे आँख खोलते हुए बलराज ने कहा, और उठकर खड़ा हो गया।

मैं सब सुन रहा था। तुम हिन्दुस्तान चले जाओ। मैं भी तुमको यही सलाह दूँगा। किन्तु, एक बात है।

वह क्या राजा साहब?

मैं तुम्हारे दुःख का अनुभव कर रहा हूँ। जो बातें तुमने अभी फिरोज़ा से कहीं हैं, उन्हें सुनकर मेरा हृदय विचलित हो उठा है। किन्तु क्या करूँ? मैंने आकांक्षा का नशा पी लिया है। वही मुझे बेबस किये है। जिस दुःख से मनुष्य छाती फाड़कर चिल्लाने लगता हो, सिर पीटने लगता हो, वैसी प्रतिकूल

परिस्थितियों में भी मैं केवल सिर-नीचा कर चुप रहना अच्छा समझता हूँ। क्या ही अच्छा होता कि जिस सुख में आनन्दातिरेक से मनुष्य उन्मत्त हो जाता है, उसे भी मुस्करा कर टाल दिया करूँ। सो नहीं होता। एक साधारण स्थिति से मैं सुल्तान के सलाहकारों के पद तक तो पहुँच गया हूँ। मैं भी हिन्दुस्तान का ही एक कंगाल था। प्रतिदिन की मर्यादा-वृद्धि, राजकीय विश्वास और उसमें सुख की अनुभूति ने मेरे जीवन को पहेली बनाकर... जाने दो। मैंने सुल्तान के दरबार से जितना सीखा है, वही मेरे लिए बहुत है। एक बनावटी गम्भीरता! छल-पूर्ण विनय! ओह, कितना भीषण है, यह विचार! मैं धीरे-धीरे इतना बन गया हूँ कि मेरी सहृदयता घूँघट उलटने नहीं पाती। लोगों को मेरी छाती में हृदय होने का सन्देह हो चला है। फिर मैं तुमसे अपनी सहृदयता क्यों प्रकट करूँ? तब भी आज तुमने मेरे स्वभाव की धारा का बाँध तोड़ दिया है। आज मैं....।

बस राजा साहब, और कुछ न कहिए। मैं जाता हूँ। मैं समझ गया कि......

ठहरो, मुझे अधिक अवकाश नहीं है। कल यहाँ से कुछ विद्रोही गुलाम, अहमद नियाल्तगीन के पास लाहौर जानेवाले हैं, उन्हीं के साथ तुम चले जाओ। यह लो-कहते हुए सुल्तान के विश्वासी राजा तिलक ने बलराज के हाथों में थैली रख दी। बलराज वहाँ से चुपचाप चल पड़ा।

तिलक सुल्तान महमूद का अत्यन्त विश्वासपात्र हिन्द कर्मचारी था। अपने बुद्धि-बल से कट्टर यवनों के बीच में अपनी प्रतिष्ठा दृढ़ रखने के कारण सुल्तान मसऊद के शासन-काल में भी वह उपेक्षा का पात्र नहीं था। फिर भी वह अपने को हिन्द ही समझता था, चाहे अन्य लोग उसे कुछ समझते रहे हों। बलराज की बातें वह सुन चुका था। आज उसकी मनोवृत्तियों में भयानक हलचल थी। सहसा उसने पुकारा-फिरोज़ा!

झाड़ियों से निकलकर फिरोज़ा ने उसके सामने सिर झुका दिया। तिलक ने उसके सिर पर हाथ रखते हुए कोमल स्वर में पूछा-फिरोज़ा, तुम अहमद के पास हिन्दुस्तान जाना चाहती हो?

फिरोज़ा के हृदय में कम्पन होने लगा। वह कुछ न बोली। तिलक ने कहा-डरो मत, साफ-साफ कहो।

क्या अहमद ने आपके पास दीनारें भेज दीं-कहकर फिरोज़ा ने अपनी उत्कण्ठा-भरी आँखे उठाईं। तिलक ने हँसकर कहा-सो तो उसने नहीं भेजीं, तब भी तुम जाना चाहती हो, तो मुझसे कहो।

मैं क्या कह सकती हूँ? जैसी मेरी...।-कहते-कहते उसकी आँखों में आँसू छलछला उठे। तिलक ने कहा-फिरोज़ा, तुम जा सकती हो। कुछ सोने के टुकड़ों के लिए मैं तुम्हारा हृदय नहीं कुचलना चाहता।

सच! - आश्चर्य-भरी कृतज्ञता उसकी वाणी में थी।

सच फिरोज़ा! अहमद मेरा मित्र है, और भी एक काम के लिए तुमको भेज रहा हूँ। उसे जाकर समझाओ कि वह अपनी सेना लेकर पंजाब के बाहर इधर-उधर हिन्दुस्तान में लूट-पाट न किया करे। मैं कुछ दिनों में सुल्तान से कहकर ख़ज़ाने और मालगुजारी का अधिकार भी उसी को दिला दूँगा। थोड़ा समझकर धीरे-धीरे काम करने से सब हो जायगा। समझी न, दरबार में इस पर गर्मागर्मी है कि अहमद की नियत ख़राब है। कहीं ऐसा न हो कि मुझी को सुल्तान इस काम के लिए भेजें।

फिरोज़ा, मैं हिन्दुस्तान नहीं जाना चाहता। मेरी एक छोटी बहन थी, वह वहाँ है? क्या दुःख उसने पाया? मरी या जीती है, इन कई बरसों से मैंने इसे जानने की चेष्टा भी नहीं की। और भी.... मैं हिन्द हूँ, फिरोज़ा! आज तक अपनी आकांक्षा में भूला हुआ, अपने आराम में मस्त, अपनी उन्नति में विस्मृत, गजनी में बैठा हिन्दुस्तान को, अपनी जन्मभूमि को और उसके दुःख-दर्द को भूल गया हूँ। सुल्तान महमूद के लूटों की गिनती करना, उस रक्त-रंजित धन की तालिका बनाना, हिन्दुस्तान के ही शोषण के लिए सुल्तान को नयी-नयी तरकीबें बताना, यही तो मेरा काम था, जिससे आज मेरी इतनी प्रतिष्ठा

है। दूर रह कर मैं सब कुछ कर सकता था; पर हिन्दुस्तान कहीं मुझे जाना पड़ा-उसकी गोद में फिर रहना पड़ा-तो मैं क्या करूँगा! फिरोज़ा, मैं वहाँ जाकर पागल हो जाऊँगा। मैं चिर-निर्वासित, विस्मृत अपराधी! इरावती मेरी बहन! आह, मैं उसे क्या मुँह दिखलाऊँगा। वह कितने कष्टों में जीती होगी! और मर गई हो तो... फिरोज़ा! अहमद से कहना, मेरी मित्रता के नाते मुझे इस दु:ख से बचा ले।

मैं जाऊँगी और इरावती को खोज निकालूँगी-राजा साहब! आपके हृदय में इतनी टीस है, आज तक मैं न जानती थी। मुझे यही मालूम था कि अनेक अन्य तुर्क सरदारों के समान आप भी रंग-रलियों में समय बिता रहे हैं, किन्तु बरफ से ढकी हुई चोटियों के नीचे भी ज्वालामुखी होता है।

तो जाओ फिरोज़ा! मुझे बचाने के लिए, उस भयानक आग से, जिससे मेरा हृदय जल उठता है, मेरी रक्षा करो!-कहते हुए राजा तिलक उसी जगह बैठ गये। फिरोज़ा खड़ी थी। धीरे-धीरे राजा के मुख पर एक स्निग्धता आ चली। अब अन्धकार हो चला। गजनी के लहरों पर से शीतल पवन उन झाड़ियों में भरने लगा था। सामने ही राजा साहब का महल था। उसका शुभ्र गुम्बद उस अन्धकार में अभी अपनी उज्ज्वलता से सिर ऊँचा किये था। तिलक ने कहा-फिरोज़ा, जाने के पहले अपना वह गाना सुनाती जाओ।

फिरोज़ा गाने लगी। उसके गीत की ध्वनि थी-मैं जलती हुई दीपशिखा हूँ और तुम हृदय-रञ्जन प्रभात हो! जब तक देखती नहीं, जला करती हूँ और जब तुम्हे देख लेती हूँ, तभी मेरे अस्तित्व का अन्त हो जाता है-मेरे प्रियतम! सन्ध्या की अँधेरी झाड़ियों में गीत की गुञ्जार घूमने लगी।

यदि एक बार उसे फिर देख पाता; पर यह होने का नहीं। निष्ठर नियति! उसकी पवित्रता पंकिल हो गई होगी। उसकी उज्ज्वलता पर संसार के काले हाथों ने अपनी छाप लगा दी होगी। तब उससे भेंट करके क्या करूँगा? क्या करूँगा? अपने कल्पना के स्वर्ण-मन्दिर का खण्डहर देख कर! - कहते-कहते बलराज ने अपने बलिष्ठ पंजों को पत्थरों से जकड़े हुए मन्दिर के प्राचीर पर दे मारा। वह शब्द एक क्षण में विलीन हो गया। युवक ने आरक्त आँखों से उस विशाल मन्दिर को देखा और वह पागल-सा उठ खड़ा हुआ। परिक्रमा के ऊँचे-ऊँचे खम्भों से धक्के खाता हुआ घूमने लगा।

गर्भ-गृह के द्वारपालों पर उसकी दृष्टि पड़ी। वे तेल से चुपड़े हुए काले-काले दूत अपने भीषण त्रिशूल से जैसे युवक की ओर संकेत कर रहे थे। वह ठिठक गया। सामने देवगृह के समीप घृत का अखण्ड-दीप जल रहा था। केशर, कस्तूरी और अगरु से मिश्रित फूलों की दिव्य सुगन्ध की झकोर रह-रहकर भीतर से आ रही थी। विद्रोही हृदय प्रणत होना नहीं चाहता था, परन्तु सिर सम्मान से झुक ही गया।

देव! मैंने अपने जीवन में जान-बूझ कर कोई पाप नहीं किया है। मैं किसके लिए क्षमा माँगूं? गजनी के सुल्तान की नौकरी, वह मेरे वश की नहीं; किन्तु मैं माँगता हूँ.....एक बार उस, अपनी प्रेम-प्रतिमा का दर्शन! कृपा करो। मुझे बचा लो।

प्रार्थना करके युवक ने सिर उठाया ही था कि उसे किसी को अपने पास से खिसकने का सन्देह हुआ। वह घूम कर देखने लगा। एक स्त्री कौशेय वसन पहने हाथ में फूलों से सजी डाली लिए चली जा रही थी। युवक पीछे-पीछे चला। परिक्रमा में एक स्थान पर पहुँच कर उसने सन्दिग्ध स्वर से पुकारा-इरावती! वह स्त्री घूम कर खड़ी हो गई। बलराज अपने दोनों हाथ पसारकर उसे आलिङ्गन करने के लिए दौड़ा। इरावती ने कहा-ठहरो। बलराज ठिठक कर उसकी गम्भीर मुखाकृति को देखने लगा। उसने पूछा-क्यों इरा! क्या तुम मेरी वाग्दत्ता पत्नी नहीं हो? क्या हम लोगों का वह्निवेदी के सामने परिणय नहीं होने होने वाला था? क्या...?

हाँ, होने वाला था किन्तु हुआ नहीं, और बलराज! तुम मेरी रक्षा नहीं कर सके। मैं आततायी के हाथ से कलंकित की गयी। फिर तुम मुझे पत्नी-रूप में कैसे ग्रहण करोगे? तुम वीर हो! पुरुष हो! तुम्हारे पुरुषार्थ के लिए बहुत-सी महत्वाकांक्षाएँ हैं। उन्हें खोज लो, मुझे भगवान् की शरण में छोड़

दो। मेरा जीवन, अनुताप की ज्वाला से झुलसा हुआ मेरा मन, अब स्नेह के योग्य नहीं।

प्रेम की, पवित्रता की, परिभाषा अलग है इरा! मैं तुमको प्यार करता हूँ। तुम्हारी पवित्रता से मेरे मन का अधिक सम्बन्ध नहीं भी हो सकता है। चलो, हम.... और कुछ भी हो, मेरे प्रेम की वह्नि तुम्हारी पवित्रता को अधिक उज्ज्वल कर देगी।

भाग चलूँ क्यों? सो नहीं हो सकता। मैं क्रीत दासी हूँ। म्लेच्छों ने मुझे मुलतान की लूट में पकड़ लिया। मैं उनकी कठोरता में जीवित रहकर बराबर उनका विरोध ही करती रही। नित्य कोड़े लगते। बाँध कर मैं लटकाई जाती। फिर भी मैं अपने हठ से न डिगी। एक दिन कन्नौज के चतुष्पथ पर घोड़ों के साथ ही बेचने के लिए उन आततायियों ने मुझे भी खड़ा किया। मैं बिकी पाँच सौ दिरम पर, काशी के ही एक महाजन ने मुझे दासी बना लिया। बलराज! तुमने न सुना होगा, कि मैं किन नियमों के साथ बिकी हूँ। मैंने लिखकर स्वीकार किया है, इस घर कुत्सित से भी कुत्सित कर्म करूँगी और कभी विद्रोह न करूँगी,-न कभी भागने की चेष्टा करूँगी; न किसी के कहने से अपने स्वामी का अहित सोचूँगी। यदि मैं आत्महत्या भी कर डालूँ तो मेरे स्वामी या उनके कुटुम्ब पर कोई दोष न लगा सकेगा! वे गंगा-स्नान किये-से पवित्र हैं। मेरे सम्बन्ध में वे सदा ही शुद्ध और निष्पाप हैं। मेरे शरीर पर उनका आजीवन अधिकार रहेगा। वे मेरे नियम-विरुद्ध आचरण पर जब चाहें राजपथ पर मेरे बालों को पकड़ कर मुझे घसीट सकते हैं। मुझे दण्ड दे सकते हैं। मैं तो मर चुकी हूँ। मेरा शरीर पाँच सौ दिरम पर जी कर जब तक सहेगा, खटेगा। वे चाहें तो मुझे कौड़ी के मोल भी किसी दूसरे के हाथ बेच सकते हैं। समझे! सिर पर तृण रखकर मैंने स्वयं अपने को बेचने में स्वीकृति दी है। उस सत्य को कैसे तोड़ दूँ?

बलराज ने लाल होकर कहा-इरावती, यह असत्य है, सत्य नहीं। पशुओं के समान मनुष्य भी बिक सकते हैं? मैं यह सोच भी नहीं सकता। यह पाखण्ड तुर्की घोड़ों के व्यापारियों ने फैलाया है। तुमने अनजान में जो प्रतिज्ञा कर ली है, वह ऐसा सत्य नहीं कि पालन किया जाये। तुम नहीं जानती हो कि तुमको खोजने के लिए ही मैंने यवनों की सेवा की।

क्षमा करो बलराज, मैं तुम्हारा तर्क नहीं समझ सकी। मेरी स्वामिनी का रथ दूर चला गया होगा, तो मुझे बातें सुननी पड़ेंगीं क्योंकि आज-कल मेरे स्वामी नगर से दूर स्वास्थ्य के लिए उपवन में रहते हैं। स्वामिनी देव-दर्शन के लिए आई थीं।

तब मेरा इतना परिश्रम व्यर्थ हुआ! फिरोज़ा ने व्यर्थ ही आशा दी थी। मैं इतने दिनों भटकता फिरा। इरावती! मुझ पर दया करो।

फिरोज़ा कौन?-फिर सहसा रुककर इरावती ने कहा-क्या करूँ! यदि मैं वैसा करती, तो मुझे इस जीवन की सबसे बड़ी प्रसन्नता मिलती; किन्तु वह मेरे भाग्य में है कि नहीं, इसे भगवान् ही जानते होंगे? मुझे अब जाने दो।-बलराज इस उत्तर से खिन्न और चकराया हुआ काठ के किवाड़ की तरह इरावती के सामने से अलग होकर मन्दिर के प्राचीर से लग गया। इरावती चली गई। बलराज कुछ समय तक स्तब्ध और शून्य-सा वहीं खड़ा रहा। फिर सहसा जिस ओर इरावती गई थी, उसी ओर चल पड़ा।

युवक बलराज कई दिन तक पागलों-सा धनदत्त के उपवन से नगर तक चक्कर लगाता रहा। भूख-प्यास भूलकर वह इरावती को एक बार फिर देखने के लिए विकल था; किन्तु वह सफल न हो सका। आज उसने निश्चय किया था कि वह काशी छोड़कर चला जायगा। वह जीवन से हताश होकर काशी से प्रतिष्ठान जानेवाले पथ पर चलने लगा। उसकी पहाड़ के ढोके-सी काया, जिसमें असुर-सा बल होने का लोग अनुमान करते, निर्जीव-सी हो रही थी। अनाहार से उसका मुख विवर्ण था। यह सोच रहा था-उस दिन, विश्वनाथ के मन्दिर में न जाकर मैंने आत्महत्या क्यों न कर ली! वह अपनी उधेड़-बुन में चल रहा था। न जाने कब तक चलता रहा। वह चौंक उठा-जब किसी के डाँटने का शब्द

सुनाई पड़ा-देख कर नहीं चलता! बलराज ने चौंककर देखा, अश्वारोहियों की लम्बी पंक्ति, जिसमें अधिकतर अपने घोड़ों को पकड़े हुए पैदल ही चल रहे थे। वे सब तुर्क थे। घोड़ों के व्यापारी-से जान पड़ते थे। गजनी के प्रसिद्ध महमूद के आक्रमणों का अन्त हो चुका था। मसऊद सिंहासन पर था। पंजाब तो गजनी के सेनापति नियाल्तगीन के शासन में था। मध्य-प्रदेश में भी तुर्क व्यापारी अधिकतर व्यापारिक प्रभुत्व स्थापित करने के लिए प्रयत्न कर रहे थे। वह राह छोड़ कर हट गया। अश्वारोही ने पूछा-बनारस कितनी दूर होगा? बलराज ने कहा-मुझे नहीं मालूम।

तुम अभी उधर से चले आ रहे हो और कहते हो, नहीं मालूम! ठीक-ठीक बताओ, नहीं तो ....।

नहीं तो क्या? मैं तुम्हारा नौकर हूँ।-कहकर वह आगे बढ़ने लगा। अकस्मात् पहले अश्वारोही ने कहा-पकड़ लो इसको!

कौन! नियाल्तगीन! - सहसा बलराज चिल्ला उठा।

अच्छा, यह तुम्हीं हो बलराज! यह तुम्हारा क्या हाल है, क्या सुल्तान की सरकार में अब तुम काम नहीं करते हो?

नहीं, सुल्तान मसऊद का मुझ पर विश्वास नहीं है। मैं ऐसा काम नहीं करता, जिसमें सन्देह मेरी परीक्षा लेता रहे; किन्तु इधर तुम लोग क्यों?

सुना है, बनारस एक सुन्दर और धनी नगर है। और....।

और क्या?

कुछ नहीं, देखने चला आया हूँ। क़ाज़ीनहीं चाहता कि कन्नौज के पूरब भी कुछ हाथ-पाँव बढ़ाया जाय। तुम चलो न मेरे साथ। मैं तुम्हारी तलवार की कीमत जानता हूँ। बहादुर लोग इस तरह नहीं रह सकते। तुम अभी तक हिन्द बने हो। पुरानी लकीर पीटने वाले, जगह-जगह झुकने वाले, सबसे दबते हुए, बनते हुए, कतराकर चलने वाले हिन्द! क्यों? तुम्हारे पास बहुत-सा कूड़ा-कचड़ा इकट्ठा हो गया है, उनका पुरानेपन का लोभ तुमको फेंकने नहीं देता? मन में नयापन तथा दुनिया का उल्लास नहीं आने पाता! इतने दिन हम लोगों के साथ रहे, फिर भी....।

बलराज सोच रहा था, इरावती का वह सूखा व्यवहार। सीधा-सीधा उत्तर! क्रोध से वह अपना ओठ चबाने लगा। नियाल्तगीन बलराज को परख रहा था! उसने कहा-तुम कहाँ हो? बात क्या है? ऐसा बुझा हुआ मन क्यों?

बलराज ने प्रकृतिस्थ होकर कहा-कहीं तो नहीं। अब मुझे छुट्टी दो, मैं जाऊँ। तुम्हारा बनारस देखने का मन है-इस पर तो मुझे विश्वास नहीं होता, तो भी मुझे इससे क्या? जो चाहो करो। संसार भर में किसी पर दया करने की आवश्यकता नहीं-लूटो, काटो, मारो। जाओ, नियाल्तगीन।

नियाल्तगीन ने हँसकर कर कहा-पागल तो नहीं हो। इन थोड़े-से आदमियों से भला क्या हो सकता है। मैं तो एक बहाने से इधर आया हूँ। फिरोज़ा का बनारसी जरी के कपड़ों का....

क्या फिरोज़ा भी तुम्हारे साथ है?

चलो, पड़ाव पर सब आप ही मालूम हो जायगा!-कहकर नियाल्तगीन ने संकेत किया। बलराज के मन में न-जाने कैसी प्रसन्नता उमड़ी। वह एक तुर्की घोड़े पर सवार हो गया।

दोनों ओर जवाहारात, जरी कपड़ों, बर्तन तथा सुगन्धित द्रव्यों की सजी हुई दूकानों से; देश-विदेश के व्यापारियों की भीड़ और बीच-बीच में घोड़े के रथों से, बनारस की पत्थर से बनी हुई चौड़ी गलियाँ अपने ढंग की निराली दिखती थीं। प्राचीरों से घिरा हुआ नगर का प्रधान भाग त्रिलोचन से लेकर राजघाट तक विस्तृत था। तोरणों पर गांगेय देव के सैनिकों का जमाव था। कन्नौज के प्रतिहार सम्राट् से काशी छीन ली गई थी। त्रिपुरी उस पर शासन करती थी। ध्यान से देखने पर यह तो प्रकट

हो जाता था कि नागरिकों में अव्यवस्था थी। फिर भी ऊपरी काम-काज, क्रय-विक्रय, यात्रियों का आवागमन चल रहा था।

फिरोज़ा कमख़्वाब देख रही थी और नियाल्तगीन मणि-मुक्ताओं की ढेरी से अपने लिए अच्छे-अच्छे नग चुन रहा था। पास ही दोनों दूकानें थीं! बलराज बीच में खड़ा था। अन्यमनस्क फिरोज़ा ने कई थान छाँट लिये थे। उसने कहा-बलराज! देखो तो, इन्हें तुम कैसा समझते हो, हैं न अच्छे? उधर से नियाल्तगीन ने पूछा-कपड़े देख चुकी हो, तो इधर आओ। इन्हे भी देख न लो! फिरोज़ा उधर जाने लगी थी कि दुकानदार ने कहा-लेना न देना, झूठ-मूठ तंग करना। कभी देखा तो नहीं। कंगालों की तरह जैसे आँखों से देख कर ही खा जायगी। फिरोज़ा घूम कर खड़ी हो गई। उसने पूछा-क्या बकते हो?-जा-जा तुर्किस्तान के जंगलों में भेड़ चरा। इन कपड़ों का लेना तेरा काम नहीं-सटी हुई दूकानों से जौहरी अभी कुछ बोलना ही चाहता था कि बलराज ने कहा- चुप रह, नहीं तो जीभ खींच लूँगा।

ओहो! तुर्की गुलाम का दास, तू भी ....। अभी इतना ही कपड़े वाले के मुँह से निकला था कि नियाल्तगीन की तलवार उसके गले तक पहुँच गई। बाज़ार में हलचल मची। नियाल्तगीन के साथी इधर-उधर बिखरे ही थे। कुछ तो वहीं आ गये। औरों को समाचार मिल गया। झगड़ा बढ़ने लगा, नियाल्तगीन को कुछ लोगों ने घेर लिया था; किन्तु तुर्कों ने उसे छीन लेना चाहा। राजकीय सैनिक पहुँच गये। नियाल्तगीन को यह मालूम हो गया कि पड़ाव पर समाचार पहुँच गया है। उसने निर्भीकता से अपनी तलवार घुमाते हुए कहा-अच्छा होता कि झगड़ा यहीं तक रहता, नहीं तो हम लोग तुर्क हैं।

तुर्कों का आतंक उत्तरी भारत में फैल चुका था। क्षण भर के लिए सन्नाटा तो हुआ, परन्तु वणिक के प्रतिरोध के लिए नागरिकों का रोष उबल रहा था। राजकीय सैनिकों का सहयोग मिलते ही युद्ध आरम्भ हो गया, अब और भी तुर्क आ पहुँचे थे। नियाल्तगीन हँसने लगा। उसने तुर्की में संकेत किया। बनारस का राजपथ तुर्कों की तलवार से पहली बार आलोकित हो उठा।

नियाल्तगीन के साथी संघटित हो गये थे। वे केवल युद्ध और आत्मरक्षा ही नहीं कर रहे थे, बहुमूल्य पदार्थों की लूट भी करने लगे। बलराज स्तब्ध था। वह जैसे एक स्वप्न देख रहा था। अकस्मात् उसके कानों में एक परिचित स्वर सुनाई पड़ा। उसने घूम कर देखा-जौहरी के गले पर तलवार पड़ा ही चाहती है और इरावती 'इन्हें छोड़ दो, न मारो' कहती हुई तलवार के सामने आ गई थी। बलराज ने कहा-ठहरो, नियाल्तगीन। दूसरे ही क्षण नियाल्तगीन की कलाई बलराज की मुट्ठी में थी। नियाल्तगीन ने कहा-धोखबाज काफिर, यह क्या?-कई तुर्क पास आ गये थे! फिरोज़ा का भी मुख तमतमा गया था। बलराज ने सबल होने पर भी बड़ी दीनता से कहा-फिरोज़ा, यही इरावती है। फिरोज़ा हँसने लगी। इरावती को पकड़ कर उसने कहा-नियाल्तगीन! बलराज को इसके साथ लेकर मैं चलती हूँ, तुम आना। और इस जौहरी से तुम्हारा नुकसान न हो, तो न मारो! देखो, बहुत से घुड़सवार आ रहे हैं। हम सबों का चलना ही अच्छा है।

नियाल्तगीन ने परिस्थिति एक क्षण में ही समझ ली। उसने जौहरी से पूछा-तुम्हारे घर में दूसरी ओर से बाहर जाया जा सकता है?

हाँ!-कँपे कण्ठ से उत्तर मिला।

अच्छा चलो, तुम्हारी जान बच रही है। मैं इरावती को ले जाता हूँ।-

कह कर नियाल्तगीन ने एक तुर्क के कान में कुछ कहा! और बलराज को आगे चलने का संकेत करके इरावती और फिरोज़ा के पीछे धनदत्त के घर में घुसा। इधर तुर्क एकत्र होकर प्रत्यावर्तन कर रहे थे। नगर की राजकीय सेना पास आ रही थी।

चन्द्रभागा के तट पर शिविरों की एक श्रेणी थी। उसके समीप ही घने वृक्षों के झुरमुट में इरावती और फिरोज़ा बैठी हुई सायंकालीन गम्भीरता की छाया में एक-दूसरे का मुँह देख रही हैं। फिरोज़ा ने कहा-

बलराज को तुम प्यार करती हो?

मैं नहीं जानती। - एक आकस्मिक उत्तर मिला!

और वह तो तुम्हारे लिए गजनी से हिन्दुस्तान चला आया।

तो क्यों आने दिया, वहीं रोक रखती।

तुमको क्या हो गया है?

मैं-मैं नहीं रही; मैं हूँ दासी; कुछ धातु के टुकड़ों पर बिकी हुई हाड़-मांस का समूह, जिसके भीतर एक सूखा हृदय-पिण्ड है।

इरा! वह मर जायगा-पागल हो जायगा।

और मैं क्या हो जाऊँ, फिरोज़ा?

अच्छा होता, तुम भी मर जाती! - तीखेपन से फिरोज़ा ने कहा।

इरावती चौंक उठी। उसने कहा-बलराज ने वह भी न होने दिया। उस दिन नियाल्तगीन की तलवार ने यही कर दिया होता; किन्तु मनुष्य बड़ा स्वार्थी है। अपने सुख की आशा में वह कितनों को दुखी बनाया करता है। अपनी साध पूरी करने में दूसरों की आवश्यकता ठुकरा दी जाती है। तुम ठीक कह रही हो फिरोज़ा, मुझे...

ठहरो, इरा! तुमने मन को कड़वा बनाकर मेरी बात सुनी है। उतनी ही तेजी से उसे बाहर कर देना चाहती हो।

मेरे दुखी होने पर जो मेरे साथ रोने आता है, उसे मैं अपना मित्र नहीं जान सकती, फिरोज़ा। मैं तो देखूँगी कि वह मेरे दु:ख को कितना कम कर सका है। मुझे दु:ख सहने के लिए जो छोड़ जाता है, केवल अपने अभिमान और आकांक्षा की तुष्टि के लिए। मेरे दु:ख में हाथ बटाने का जिसका साहस नहीं, जो मेरी परिस्थिति में साथी नहीं बन सकता, जो पहले अमीर बनना चाहता है, फिर अपने प्रेम का दान करना चाहता है, वह मुझसे हृदय माँगे, इससे बढ़ कर धृष्टता और क्या होगी?

मैं तुम्हारी बहुत-सी बातें समझ नहीं सकी, लेकिन मैं इतना तो कहूँगी कि दु:खों ने तुम्हारे जीवन की कोमलता छीन ली है।

फिरोज़ा....मैं तुमसे बहस नहीं करना चाहती। तुमने मेरा प्राण बचाया है सही, किन्तु हृदय नहीं बचा सकती। उसे अपनी खोज-खबर आप ही लेनी पड़ेगी। तुम चाहे जो मुझे कह लो। मैं तो समझती हूँ कि मनुष्य दूसरों की दृष्टि में कभी पूर्ण नहीं हो सकता! पर उसे अपनी आँखों से तो नहीं ही गिरना चाहिए।

फिरोज़ा ने सन्देह से पीछे की ओर देखा। बलराज वृक्ष की आड़ से निकल आया। उसने कहा-फिरोज़ा, मैं जब गजनी के किनारे मरना चाहता था, तो क्या भूल कर रहा था? अच्छा, जाता हूँ।

इरावती सोच रही थी, अब भी कुछ बोलूँ- फिरोज़ा सोच रही थी, दोनों को मरने से बचा कर क्या सचमुच मैंने कोई बुरा काम किया?

बलराज की ओर किसी ने न देखा। वह चला गया।

रावी के किनारे एक सुन्दर महल में अहमद नियाल्तगीन पंजाब के सेनानी का आवास है। उस महल के चारों ओर वृक्षों की दूर तक फैली हुई हरियाली है, जिसमें शिविरों की श्रेणी में तुर्क सैनिकों का निवास है।

वसन्त की चाँदनी रात अपनी मतवाली उज्ज्वलता में महल के मीनारों और गुम्बदों तथा वृक्षों की छाया में लड़खड़ा रही है, अब जैसे सोना चाहती हो। चन्द्रमा पश्चिम में धीरे-धीरे झुक रहा था। रावी

की ओर एक संगमरमर की दालान में ख़ाली सेज बिछी थी। जरी के परदे ऊपर की ओर बँधे थे। दालान की सीढ़ी पर बैठी हुई इरावती रावी का प्रवाह देखते-देखते सोने लगी थी-उस महल की जैसे सजावट गुलाबी पत्थर की अचल प्रतिमा हो।

शयन-कक्ष की सेवा का भार आज उसी पर था। वह अहमद के आगमन की प्रतीक्षा करते-करते सो गई थी। अहमद इन दिनों गजनी से मिले हुए समाचार के कारण अधिक व्यस्त था। सुल्तान के रोष का समाचार उसे मिल चुका था। वह फिरोज़ा से छिपाकर, अपने अन्तरंग साथियों से, जिन पर उसे विश्वास था, निस्तब्ध रात्रि में मन्त्रणा किया करता। पंजाब का स्वतन्त्र शासक बनने की अभिलाषा उसके मन में जग गई थी, फिरोज़ा ने उसे मना किया था, किन्तु एक साधारण तुर्क दासी के विचार राजकीय कामों में कितने मूल्य के हैं, इसे वह अपनी महत्वाकांक्षा की दृष्टि से परखता था। फिरोज़ा कुछ तो रूठी थी और कुछ उसकी तबियत भी अच्छी न थी। वह बन्द कमरे में जाकर सो रही। अनेक दासियों के रहते भी आज इरावती को ही वहाँ ठहरने के लिए उसने कह दिया था। अहमद सीढ़ियों से चढ़कर दालान के पास आया। उसने देखा एक वेदना-विमण्डित सुप्त सौन्दर्य! वह और भी समीप आया। गुम्बद के बगल चन्द्रमा की किरणें ठीक इरावती के मुख पर पड़ रही थीं। अहमद ने वारुणीविलसित नेत्रों से देखा, उस रूपमाधुरी को, जिसमें स्वाभाविकता थी, बनावट नहीं। तरावट थी, प्रमाद की गर्मी नहीं। एक बार सशंक दृष्टि से उसने चारों ओर देखा, फिर इरावती का हाथ पकड़कर हिलाया। वह चौंक उठी। उसने देखा-सामने अहमद! इरावती खड़ी होकर अपने वस्त्र सँभालने लगी। अहमद ने संकोच भरी ढिठाई से कहा- तुम यहाँ क्यों सो रही हो, इरा?

थक गयी थी। कहिए, क्या लाऊँ?

थोड़ी शीराजी-कहते हुए वह पलँग पर जाकर बैठ गया और इरावती का स्फटिक-पात्र में शीराजी उँड़ेलना देखने लगा। इरा ने जब पात्र भरकर अहमद को दिया, तो अहमद ने सतृष्ण नेत्रों से उसकी ओर देख कर पूछा-फिरोज़ा कहाँ है?

सिर में दर्द है, भीतर सो रही है।

अहमद की आँखों में पशुता नाच उठी। शरीर में एक सनसनी का अनुभव करते हुए उसने इरावती का हाथ पकड़ कहा- बैठो न, इरा! तुम थक गई हो।

आप शर्बत लीजिये। मैं जाकर फिरोज़ा को जगा दूँ।

फिरोज़ा! फिरोज़ा के हाथ मैं बिक गया हूँ क्या, इरावती! तुम-आह!

इरावती हाथ छुड़ाकर हटनेवाली ही थी कि सामने फिरोज़ा खड़ी थी! उसकी आँखों में तीव्र ज्वाला थी। उसने कहा-मैं बिकी हूँ, अहमद! तुम भला मेरे हाथ क्यों बिकने लगे? लेकिन तुमको मालूम है कि तुमने अभी राजतिलक को मेरा दाम नहीं चुकाया; इसलिए मैं जाती हूँ।

अहमद हत-बुद्धि! निष्प्रभ! और फिरोज़ा चली। इरावती ने गिड़गिड़ा कर कहा-बहन, मुझे भी न लेती चलोगी....?

फिरोज़ा ने घूमकर एक बार स्थिर दृष्टि से इरावती की ओर देखा और कहा-तो फिर चलो।

दोनों हाथ पकड़े सीढ़ी से उतर गईं।

बहुत दिनों तक विदेश में इधर-उधर भटकने पर बलराज जब से लौट आया है, तब से चन्द्रभागा-तट के जाटों में एक नयी लहर आ गई है। बलराज ने अपने सजातीय लोगों को पराधीनता से मुक्त होने का सन्देश सुनाकर उन्हें सुल्तान-सरकार का अबाध्य बना दिया है। उद्दंड जाटों को अपने वश में रखना, उन पर सदा फ़ौजी शासन करना, सुल्तान के कर्मचारियों के लिए भी बड़ा कठिन हो रहा था।

इधर फिरोज़ा के जाते ही अहमद अपनी कोमल वृत्तियों को भी खो बैठा। एक ओर उसके पास मसऊद के रोष के समाचार आते थे, दूसरी ओर वह जाटों की हलचल से ख़ज़ाना भी नहीं भेज सकता था। वह झुँझला गया। दिखावे में तो अहमद ने जाटों को एक बार ही नष्ट करने का निश्चय कर लिया, और अपनी दृढ़ सेना के साथ वह जाटों को घेरे में डालते हुए बढ़ने लगा; किन्तु उसके हृदय में एक दूसरी ही बात थी। उसे मालूम हो गया था कि गजनी की सेना तिलक के साथ आ रही है; उसकी कल्पना का साम्राज्य छिन्न-भिन्न कर देने के लिए! उसने अन्तिम प्रयत्न करने का निश्चय किया। अन्तरंग साथियों की सम्मति हुई कि यदि विद्रोही जाटों को इस समय मिला लिया जाय, तो गजनी से पंजाब आज ही अलग हो सकता है। इस चढ़ाई में दोनों मतलब थे।

घने जंगल का आरम्भ था। वृक्षों के हरे अञ्चल की छाया में थकी हुई दो युवतियाँ उनकी जड़ों पर सिर धरे हुए लेटी थीं। पथरीले टीलों पर पड़ती हुई घोड़ों की टापों के शब्द ने उन्हें चौंका दिया। वे अभी उठकर बैठ भी नहीं पाई थीं कि उनके सामने अश्वारोहियों का एक झुण्ड आ गया। भयानक भालों की नोक सीधे किये हुए स्वास्थ्य के तरुण तेज से उद्दीप्त जाट-युवकों का वह वीर दल था। स्त्रियों को देखते ही उनके सरदार ने कहा-माँ, तुम लोग कहाँ जाओगी?

अब फिरोज़ा और इरावती सामने खड़ी हो गयीं। सरदार ने घोड़े पर से उतरते हुए पूछा-फिरोज़ा, यह तुम हो बहन!

हाँ भाई, बलराज! मैं हूँ - और यह है इरावती! पूरी बात जैसे न सुनते हुए बलराज ने कहा-फिरोज़ा, अहमद से युद्ध होगा। इस जंगल को पार कर लेने पर तुर्क सेना जाटों का नाश कर देगी, इसलिए यहीं उन्हें रोकना होगा। तुम लोग इस समय कहाँ जाओगी?

जहाँ कहो, बलराज। अहमद की छाया से तो मुझे भी बचना है। फिरोज़ा ने अधीर होकर कहा।

डरो मत फिरोज़ा, यह हिन्दुस्तान है, और यह हम हिन्दओं का धर्म-युद्ध है। गुलाम बनने का भय नहीं।-बलराज अभी यह कह ही रहा था कि वह चौंककर पीछे देखता हुआ बोल उठा-अच्छा, वे लोग आ ही गये। समय नहीं है। बलराज दूसरे ही क्षण में अपने घोड़े की पीठ पर था। अहमद की सेना सामने आ गई। बलराज को देखते ही उसने चिल्लाकर कहा-बलराज! यह तुम्हीं हो।

हाँ, अहमद।

तो हमलोग दोस्त भी बन सकते हैं। अभी समय है-कहते-कहते सहसा उसकी दृष्टि फिरोज़ा और इरावती पर पड़ी। उसने समस्त व्यवस्था भूलकर, तुरन्त ललकारा-पकड़ लो इन औरतों को?- उसी समय बलराज का भाला हिल उठा। युद्ध आरम्भ था।

जाटों की विजय के साथ युद्ध का अन्त होने ही वाला था कि एक नया परिवर्तन हुआ। दूसरी ओर से तुर्क-सेना जाटों की पीठ पर थी। घायल बलराज का भीषण भाला अहमद की छाती में पार हो रहा था। निराश जाटों की रण-प्रतिज्ञा अपनी पूर्ति करा रही थी। मरते हुए अहमद ने देखा कि गजनी की सेना के साथ तिलक सामने खड़े थे। सबके अस्त्र तो रुक गये, परन्तु अहमद के प्राण न रुके। फिरोज़ा उसके शव पर झुकी हुई रो रही थी। और इरावती मूर्च्छित हो रहे बलराज का सिर अपनी गोद में लिये थी। तिलक ने विस्मित होकर यह दृश्य देखा।

बलराज ने जल का संकेत किया। इरावती के हाथों में तिलक ने जल का पात्र दिया। जल पीते ही बलराज ने आँखे खोलकर कहा-इरावती, अब मैं न मरूँगा?

तिलक ने आश्चर्य से पूछा-इरावती?

फिरोज़ा ने रोते हुए कहा-हाँ राजा साहब, इरावती।

मेरी दुखिया इरावती? मुझे क्षमा कर, मैं तुझे भूल गया था। तिलक ने विनीत शब्दों में कहा।

भाई! - इरावती आगे कुछ न कह सकी, उसका गला भर आया था। उसने तिलक के पैर पकड़ लिये।

बलराज जाटों का सरदार है, इरावती रानी। चनाब का वह प्रान्त इरावती की करुणा से हरा-भरा हो रहा है; किन्तु फिरोज़ा की प्रसन्नता की वहीं समाधि बन गई-और वहीं वह झाड़ू देती, फूल चढ़ाती और दीप जलाती रही। उस समाधि की वह आजीवन दासी बनी रही।

घीसू

सन्ध्या की कालिमा और निर्जनता में किसी कुएँ पर नगर के बाहर बड़ी प्यारी स्वर-लहरी गूँजने लगती। घीसू को गाने का चसका था, परन्तु जब कोई न सुने। वह अपनी बूटी अपने लिए घोंटता और आप ही पीता!

जब उसकी रसीली तान दो-चार को पास बुला लेती, वह चुप हो जाता। अपनी बटुई में सब सामान बटोरने लगता और चल देता। कोई नया कुआँ खोजता, कुछ दिन वहाँ अड्डा जमता।

सब करने पर भी वह नौ बजे नन्द बाबू के कमरे में पहुँच ही जाता। नन्द बाबू का भी वही समय था, बीन लेकर बैठने का। घीसू को देखते ही वह कह देते-आ गये, घीसू!

हाँ बाबू गहरेबाजों ने बड़ी धूल उड़ाई-साफे का लोच आते-आते बिगड़ गया! कहते-कहते वह प्राय: अपने जयपुरी गमछे को बड़ी मीठी आँखों से देखता और नन्द बाबू उसके कन्धे तक बाल, छोटी-छोटी दाढ़ी, बड़ी-बड़ी गुलाबी आँखों को स्नेह से देखते। घीसू उनका नित्य दर्शन करने वाला, उनकी बीन सुननेवाला भक्त था। नन्द बाबू उसे अपने डिब्बे से दो खिल्ली पान की देते हुए कहते-लो, इसे जमा लो! क्यों, तुम तो इसे जमा लेना ही कहते हो न?

वह विनम्र भाव से पान लेते हुए हँस देता-उसके स्वच्छ मोती-से दाँत हँसने लगते।

घीसू की अवस्था पचीस की होगी। उसकी बूढ़ी माता को मरे भी तीन वर्ष हो गये थे।

नन्द बाबू की बीन सुनकर वह बाज़ार से कचौड़ी और दूध लेता, घर जाता, अपनी कोठरी में गुनगुनाता हुआ सो रहता।

उसकी पूँजी थी एक सौ रुपये। वह रेजगी और पैसे की थैली लेकर दशाश्वमेध पर बैठता, एक पैसा रुपया बट्टा लिया करता और उसे बारह-चौदह आने की बचत हो जाती थी।

गोविन्दराम जब बूटी बनाकर उसे बुलाते, वह अस्वीकार करता। गोविन्दराम कहते-बड़ा कंजूस है। सोचता है, पिलाना पड़ेगा, इसी डर से नहीं पीता।

घीसू कहता-नहीं भाई, मैं सन्ध्या को केवल एक ही बार पीता हूँ।

गोविन्दराम के घाट पर बिन्दो नहाने आती, दस बजे। उसकी उजली धोती में गोराई फूटी पड़ती। कभी रेजगी पैसे लेने के लिए वह घीसू के सामने आकर खड़ी हो जाती, उस दिन घीसू को असीम आनन्द होता। वह कहती-देखो, घिसे पैसे न देना।

वाह बिन्दो! घिसे पैसे तुम्हारे ही लिए हैं? क्यों?

तुम तो घीसू ही हो, फिर तुम्हारे पैसे क्यों न घिसे होंगे?-कहकर जब वह मुस्करा देती; तो घीसू कहता-बिन्दो! इस दुनिया में मुझसे अधिक कोई न घिसा; इसीलिए तो मेरे माता-पिता ने घीसू नाम रखा था।

बिन्दो की हँसी आँखों में लौट जाती। वह एक दबी हुई साँस लेकर दशाश्वमेध के तरकारी-बाज़ार में चली जाती।

बिन्दो नित्य रुपया नहीं तुड़ाती; इसीलिए घीसू को उसकी बातों के सुनने का आनन्द भी किसी-किसी दिन न मिलता। तो भी वह एक नशा था, जिससे कई दिनों के लिए भरपूर तृप्ति हो जाती, वह मूक मानसिक विनोद था। घीसू नगर के बाहर गोधूलि की हरी-भरी क्षितिज-रेखा में उसके सौन्दर्य से रंग भरता, गाता, गुनगुनाता और आनन्द लेता। घीसू की जीवन-यात्रा का वही सम्बल था, वही पाथेय था।

सन्ध्या की शून्यता, बूटी की गमक, तानों की रसीली गुन्राहट और नन्द बाबू की बीन, सब बिन्दो की आराधना की सामग्री थी। घीसू कल्पना के सुख से सुखी होकर सो रहता।

उसने कभी विचार भी न किया था कि बिन्दो कौन है? किसी तरह से उसे इतना तो विश्वास हो गया था कि वह एक विधवा है; परन्तु इससे अधिक जानने की उसे जैसे आवश्यकता नहीं।

रात के आठ बजे थे, घीसू बाहरी ओर से लौट रहा था। सावन के मेघ घिरे थे, फूही पड़ रही थी। घीसू गा रहा था-"निसि दिन बरसत नैन हमारे"

सड़क पर कीचड़ की कमी न थी। वह धीरे-धीरे चल रहा था, गाता जाता था। सहसा वह रुका। एक जगह सड़क में पानी इकट्ठा था। छींटों से बचने के लिए वह ठिठक कर-किधर से चलें-सोचने लगा। पास के बगीचे के कमरे से उसे सुनाई पड़ा-यही तुम्हारा दर्शन है-यहाँ इस मुँहजली को लेकर पड़े हो। मुझसे...।

दूसरी ओर से कहा गया-तो इसमें क्या हुआ! क्या तुम मेरी ब्याही हुई हो, जो मैं तुम्हे इसका जवाब देता फिरूँ?-इस शब्द में भर्राहट थी, शराबी की बोली थी।

घीसू ने सुना, बिन्दो कह रही थी-मैं कुछ नहीं हूँ लेकिन तुम्हारे साथ मैंने धरम बिगाड़ा है सो इसीलिए नहीं कि तुम मुझे फटकारते फिरो। मैं इसका गला घोंट दूँगी और-तुम्हारा भी....बदमाश...।

ओहो! मैं बदमाश हूँ! मेरा ही खाती है और मुझसे ही... ठहर तो, देखूँ किसके साथ तू यहाँ आई है, जिसके भरोसे इतना बढ़-बढक्कर बातें कर रही है! पाजी...लुच्ची...भाग, नहीं तो छुरा भोंक दूँगा!

छुरा भोंकेगा! मार डाल हत्यारे! मैं आज अपनी और तेरी जान दूँगी और लूँगी-तुझे भी फाँसी पर चढ़वाकर छोड़ूँगी!

एक चिल्लाहट और धक्कम-धक्का का शब्द हुआ। घीसू से अब न रहा गया, उसने बगल में दरवाज़े पर धक्का दिया, खुला हुआ था, भीतर घूम-फिरकर पलक मारते-मारते घीसू कमरे में जा पहुँचा। बिन्दो गिरी हुई थी और एक अधेड़ मनुष्य उसका जूड़ा पकड़े था। घीसू की गुलाबी आँखों से ख़ून बरस रहा था। उसने कहा- हैं! यह औरत है...इसे...

मारनेवाले ने कहा-तभी तो, इसी के साथ यहाँ तक आई हो! लो, यह तुम्हारा यार आ गया।

बिन्दो ने घूमकर देखा-घीसू! वह रो पड़ी।

अधेड़ ने कहा-ले, चली जा, मौज कर! आज से मुझे अपना मुँह मत दिखाना!

घीसू ने कहा-भाई, तुम विचित्र मनुष्य हो। लो, चला जाता हूँ। मैंने तो छुरा भोंकने इत्यादि और चिल्लाने का शब्द सुना, इधर चला आया। मुझसे तुम्हारे झगड़े से क्या सम्बन्ध!

मैं कहाँ ले जाऊँगा भाई! तुम जानो, तुम्हारा काम जाने। लो, मैं जाता हूँ-कहकर घीसू जाने लगा।

बिन्दो ने कहा-ठहरो!

घीसू रुक गया।

बिन्दो चली, घीसू भी पीछे-पीछे बगीचे के बाहर निकल आया। सड़क सुनसान थी। दोनों चुपचाप चले। गोदौलिया चौमुहानी पर आकर घीसू ने पूछा-अब तो तुम अपने घर चली जाओगी!

कहाँ जाऊँगी! अब तुम्हारे घर चलूँगी।

घीसू बड़े असमंजस में पड़ा। उसने कहा-मेरे घर कहाँ? नन्द बाबू की एक कोठरी है, वहीं पड़ा रहता हूँ, तुम्हारे वहाँ रहने की जगह कहाँ!

बिन्दो ने रो दिया। चादर के छोर से आँसू पोंछती हुई, उसने कहा-तो फिर तुमको इस समय वहाँ पहुँचने की क्या पड़ी थी। मैं जैसा होता, भुगत लेती! तुमने वहाँ पहुँच कर मेरा सब चौपट कर दिया-मैं कहीं की न रही!

सड़क पर बिजली के उजाले में रोती हुई बिन्दो से बात करने में घीसू का दम घुटने लगा। उसने कहा-तो चलो।

दूसरे दिन, दोपहर को थैली गोविन्दराम के घाट पर रख कर घीसू चुपचाप बैठा रहा। गोविन्दराम की बूटी बन रही थी। उन्होंने कहा-घीसू, आज बूटी लोगे?

घीसू कुछ न बोला।

गोविन्दराम ने उसका उतरा हुआ मुँह देखकर कहा-क्या कहें घीसू! आज तुम उदास क्यों हो?

क्या कहूँ भाई! कहीं रहने की जगह खोज रहा हूँ-कोई छोटी-सी कोठरी मिल जाती, जिसमें सामान रखकर ताला लगा दिया करता।

गोविन्दराम ने पूछा-जहाँ रहते थे?

वहाँ अब जगह नहीं है। इसी मढ़ी में क्यों नहीं रहते! ताला लगा दिया करो, मैं तो चौबीस घण्टे रहता नहीं।

घीसू की आँखों में कृतज्ञता के आँसू भर आये।

गोविन्द ने कहा-तो उठो, आज तो बूटी छान लो।

घीसू पैसे की दूकान लगाकर अब भी बैठता है और बिन्दो नित्य गंगा नहाने आती है। वह घीसू की दूकान पर खड़ी होती है, उसे वह चार आने पैसे देता है। अब दोनों हँसते नहीं, मुस्कराते नहीं।

घीसू का बाहरी ओर जाना छूट गया है। गोविन्दराम की डोंगी पर उस पार हो आता है, लौटते हुए बीच गंगा में से उसकी लहरीली तान सुनाई पड़ती है; किन्तु घाट पर आते-जाते चुप।

बिन्दो नित्य पैसा लेने आती। न तो कुछ बोलती और न घीसू कुछ कहता। घीसू की बड़ी-बड़ी आँखों के चारों ओर हलके गढ़े पड़ गये थे, बिन्दो उसे स्थिर दृष्टि से देखती और चली जाती। दिन-पर-दिन वह यह भी देखती कि पैसों की ढेरी कम होती जाती है। घीसू का शरीर भी गिरता जा रहा है। फिर भी एक शब्द नहीं, एक बार पूछने का काम नहीं।

गोविन्दराम ने एक दिन पूछा-घीसू, तुम्हारी तान इधर नहीं सुनाई पड़ी।

उसने कहा-तबीयत अच्छी नहीं है।

गोविन्द ने उसका हाथ पकड़कर कहा-क्या तुम्हें ज्वर आता है?

नहीं तो, यों ही आजकल भोजन बनाने में आलस करता हूँ, अन्ड-बन्ड खा लेता हूँ।

गोविन्दराम ने पूछा-बूटी छोड़ दिया, इसी से तुम्हारी यह दशा है।

उस समय घीसू सोच रहा था-नन्द बाबू की बीन सुने बहुत दिन हुए, वे क्या सोचते होंगे!

गोविन्दराम के चले जाने पर घीसू अपनी कोठरी में लेट रहा। उसे सचमुच ज्वर आ गया।

भीषण ज्वर था, रात-भर वह छटपटाता रहा। बिन्दो समय पर आई, मढ़ी के चबूतरे पर उस

दिन घीसू की दूकान न थी। वह खड़ी रही। फिर सहसा उसने दरवाज़ा ढकेल कर भीतर देखा-घीसू छटपटा रहा था! उसने जल पिलाया।

घीसू ने कहा-बिन्दो। क्षमा करना; मैंने तुम्हें बड़ा दु:ख दिया। अब मैं चला। लो, यह बचा हुआ पैसा! तुम जानो भगवान्....कहते-कहते उसकी आँखे टँग गई। बिन्दों की आँखों से आँसू बहने लगे। वह गोविन्दराम को बुला लाई।

बिन्दो अब भी बची हुई पूँजी से पैसे की दूकान करती है। उसका यौवन, रूप-रंग कुछ नहीं रहा। बच रहा-थोड़ा सा पैसा और बड़ा सा पेट-और पहाड़-से आनेवाले दिन!

बेड़ी

"बाबूजी, एक पैसा!"

मैं सुनकर चौंक पड़ा, कितनी कारुणिक आवाज थी। देखा तो एक 9-10 बरस का लडक़ा अन्धे की लाठी पकड़े खड़ा था। मैंने कहा-सूरदास, यह तुमको कहाँ से मिल गया?

अन्धे को अन्धा न कह कर सूरदास के नाम से पुकारने की चाल मुझे भली लगी। इस सम्बोधन में उस दीन के अभाव की ओर सहानुभूति और सम्मान की भावना थी, व्यंग न था।

उसने कहा-बाबूजी, यह मेरा लडक़ा है-मुझ अन्धे की लकड़ी है। इसके रहने से पेट भर खाने को माँग सकता हूँ और दबने-कुचलने से भी बच जाता हूँ।

मैंने उसे इकन्नी दी, बालक ने उत्साह से कहा-अहा इकन्नी! बुड्ढे ने कहा-दाता, जुग-जुग जियो!

मैं आगे बढ़ा और सोचता जाता था, इतने कष्ट से जो जीवन बिता रहा है, उसके विचार में भी जीवन ही सबसे अमूल्य वस्तु है, हे भगवान्!

दीनानाथ करी क्यों देरी ? - दशाश्वमेध की ओर जाते हुए मेरे कानों में एक प्रौढ़ स्वर सुनाई पड़ा। उसमें सच्ची विनय थी-वही जो तुलसीदास की विनय-पत्रिका में ओत-प्रोत है। वही आकुलता, सान्निध्य की पुकार, प्रबल प्रहार से व्यथित की कराह! मोटर की दम्भ भरी भीषण भों-भों में विलीन होकर भी वायुमण्डल में तिरने लगी। मैं अवाक् होकर देखने लगा, वही बुड्ढा! किन्तु आज अकेला था। मैंने उसे कुछ देते हुए पूछा-क्योंजी, आज वह तुम्हारा लडक़ा कहाँ है?

बाबूजी, भीख में से कुछ पैसा चुरा कर रखता था, वही लेकर भाग गया, न जाने कहाँ गया!-उन फूटी आँखों से पानी बहने लगा। मैंने पूछा-उसका पता नहीं लगा? कितने दिन हुए?

लोग कहते हैं कि वह कलकत्ता भाग गया! उस नटखट लड़के पर क्रोध से भरा हुआ मैं घाट की ओर बढ़ा, वहाँ एक व्यास जी श्रवण-चरित की कथा कह रहे थे। मैं सुनते-सुनते उस बालक पर अधिक उत्तेजित हो उठा। देखा तो पानी की कल का धुआँ पूर्व के आकाश में अजगर की तरह फैल रहा था।

कई महीने बीतने पर चौक में वही बुड्ढा दिखाई पड़ा, उसकी लाठी पकड़े वही लडक़ा अकड़ा हुआ खड़ा था। मैंने क्रोध से पूछा-क्यों बे, तू अन्धे पिता को छोड़कर कहाँ भागा था? वह मुस्कराते हुए बोला-बाबू जी, नौकरी खोजने गया था। मेरा क्रोध उसकी कर्तव्य-बुद्धि से शान्त हुआ। मैंने उसे कुछ देते हुए कहा-लड़के, तेरी यही नौकरी है, तू अपने बाप को छोड़कर न भागा कर।

बुड्ढा बोल उठा-बाबूजी, अब यह नहीं भाग सकेगा, इसके पैरों में बेड़ी डाल दी गई है। मैंने घृणा और आश्चर्य से देखा, सचमुच उसके पैरों में बेड़ी थी। बालक बहुत धीरे-धीरे चल सकता था। मैंने मन-ही-मन कहा-हे भगवान्, भीख मँगवाने के लिए, बाप अपने बेटे के पैर में बेड़ी भी डाल सकता है और वह नटखट फिर भी मुस्कराता था। संसार, तेरी जय हो!

मैं आगे बढ़ गया।

मैं एक सज्जन की प्रतीक्षा में खड़ा था, आज नाव पर घूमने का उनसे निश्चय हो चुका था। गाड़ी, मोटर, ताँगे टकराते-टकराते भागे जा रहे थे, सब जैसे व्याकुल। मैं दार्शनिक की तरह उनकी चञ्चलता की आलोचना कर रहा था! सिरस के वृक्ष की आड़ में फिर वही कण्ठ-स्वर सुनायी पड़ा। बुड्ढे ने कहा-बेटा, तीन दिन और न ले पैसा, मैंने रामदास से कहा है सात आने में तेरा कुरता बन जायगा, अब ठण्ड पड़ने लगी है। उसने ठुनकते हुए कहा-नहीं, आज मुझे दो पैसा दो, मैं कचालू खाऊँगा, वह देखो उस पटरी पर बिक रहा है। बालक के मुँह और आँख में पानी भरा था। दुर्भाग्य से बुड्ढा उसे पैसा नहीं दे सकता था। वह न देने के लिए हठ करता ही रहा; परन्तु बालक की ही विजय हुई। वह पैसा लेकर सड़क की उस पटरी पर चला। उसके बेड़ी से जकड़े हुए पैर पैंतरा काट कर चल रहे थे। जैसे युद्ध-विजय के लिए।

नवीन बाबू चालिस मील की स्पीड से मोटर अपने हाथ से दौड़ा रहे थे। दर्शकों की चीत्कार से बालक गिर पड़ा, भीड़ दौड़ी। मोटर निकल गई और यह बुड्ढा विकल हो रोने लगा-अन्धा किधर जाय!

एक ने कहा-चोट अधिक नहीं।

दूसरे ने कहा-हत्यारे ने बेड़ी पहना दी है, नहीं तो क्यों चोट खाता।

बुड्ढे ने कहा-काट दो बेड़ी बाबा, मुझे न चाहिए।

और मैंने हतबुद्धि होकर देखा कि बालक के प्राण-पखेरू अपनी बेड़ी काट चुके थे।

व्रत-भंग

तो तुम न मानोगे?

नहीं, अब हम लोगों के बीच इतनी बड़ी खाई है, जो कदापि नहीं पट सकती!

इतने दिनों का स्नेह?

ऊँह! कुछ भी नहीं। उस दिन की बात आजीवन भुलाई नहीं जा सकती, नंदन! अब मेरे लिए तुम्हारा और तुम्हारे लिए मेरा कोई अस्तित्व नहीं। वह अतीत के स्मरण, स्वप्न हैं, समझे?

यदि न्याय नहीं कर सकते, तो दया करो, मित्र! हम लोग गुरुकुल में....

हाँ-हाँ, मैं जानता हूँ, तुम मुझे दरिद्र युवक समझ कर मेरे ऊपर कृपा रखते थे, किन्तु उसमें कितना तीक्ष्ण अपमान था, उसका मुझे अब अनुभव हुआ।

उस ब्रह्म बेला में ऊषा का अरुण आलोक भागीरथी की लहरों के साथ तरल होता रहता, हम लोग कितने अनुराग से स्नान करने जाते थे। सच कहना, क्या वैसी मधुरिमा हम लोगों के स्वच्छ हृदयों में न थी?

रही होगी-पर अब, उस मर्मघाती अपमान के बाद! मैं खड़ा रह गया, तुम स्वर्ण-रथ पर चढक़र चले गये; एक बार भी नहीं पूछा। तुम कदाचित् जानते होगे नंदन कि कंगाल के मन में प्रलोभन के प्रति कितना विद्वेष है? क्योंकि वह उससे सदैव छल करता है-ठुकराता है। मैं अपनी उस बात को दुहराता हूँ कि हम लोगों का अब उस रूप में कोई अस्तित्व नहीं।

वही सही कपिञ्जल! हम लोगों का पूर्व अस्तित्व कुछ नहीं, तो क्या हम लोग वैसे ही निर्मल होकर एक नवीन मैत्री के लिए हाथ नहीं बढ़ा सकते? मैं आज प्रार्थी हूँ।

मैं उस प्रार्थना की उपेक्षा करता हूँ। तुम्हारे पास ऐश्वर्य का दर्प है, तो अकिञ्चता उससे कहीं अधिक गर्व रखती है!

तुम बहुत कटु हो गये हो इस समय। अच्छा, फिर कभी...

न अभी, न फिर कभी। मैं दरिद्रता को भी दिखला दूँगा कि मैं क्या हूँ। इस पाखण्ड-संसार में भूखा रहूँगा, परन्तु किसी के सामने सिर न झुकाऊँगा। हो सकेगा तो संसार को बाध्य करूँगा झुकने के लिए।

कपिञ्जल चला गया। नंदन हतबुद्धि होकर लौट आया। उस रात को उसे नींद न आई।

उक्त घटना को बरसों बीत गये। पाटलीपुत्र के धनकुबेर कलश का कुमार नंदन धीरे-धीरे उस घटना को भूल चला। ऐश्वर्य का मदिरा-विलास किसे स्थिर रहने देता है! उसने यौवन के संसार में बड़ी-बड़ी आशाएँ लेकर पदार्पण किया था। नंदन तब भी मित्र से वञ्चित होकर जीवन को अधिक चतुर न बना सका।

राधा, तू कैसी पगली है? तूने कलश की पुत्र-वधू बनने का निश्चय किया है, आश्चर्य!

हाँ महादेवी, जब गुरुजनों की आज्ञा है, तब उसे तो मानना ही पड़ेगा।

मैं रोक सकती हूँ। मूर्ख नंदन! कितना असंगत चुनाव है! राधा, मुझे दया आती है।

किसी अन्य प्रकार से गुरुजनों की इच्छा को टाल देना यह मेरी धारणा के प्रतिकूल है, महादेवी! नंदन की मूर्खता सरलता का सत्यरूप है। मुझे वह अरुचिकर नहीं। मैं उस निर्मल-हृदय की देख-रेख कर सकूँ, तो यह मेरे मनोरंजन का ही विषय होगा।

मगध की महादेवी ने हँसी से कुमारी के इस साहस का अभिनंदन करते हुए कहा। तेरी जैसी इच्छा, तू स्वयं भोगेगी।

माधवी-कुञ्ज से वह विरक्त होकर उठ गई। उन्हें राधा पर कन्या के समान ही स्नेह था।

दिन स्थिर हो चुका था। स्वयं मगध-नरेश की उपस्थिति में महाश्रेष्ठि धनञ्जय की कन्या का ब्याह कलश के पुत्र से हो गया, अद्भुत वह समारोह था। रत्नों के आभूषण तथा स्वर्ण-पात्रों के अतिरिक्त मगध-सम्राट् ने राधा की प्रिय वस्तु अमूल्य मणि-निर्मित दीपाधार भी दहेज में दे दिया। उस उत्सव की बड़ाई, पान-भोजन आमोद-प्रमोद का विभवशाली चारु चयन कुसुमपुर के नागरिकों को बहुत दिन तक गल्प करने का एक प्रधान उपकरण था।

राधा कलश की पुत्र-वधू हुई।

राधा के नवीन उपवन के सौध-मंदिर में अगरु, कस्तूरी और केशर की चहल-पहल, पुष्प-मालाओं का दोनों सन्ध्या में नवीन आयोजन और दीपावली में वीणा, वंशी और मृदंग की स्निग्ध गम्भीर ध्वनि बिखरती रहती। नंदन अपने सुकोमल आसन पर लेटा हुआ राधा का अनिन्द्य सौन्दर्य एकटक चुपचाप देखा करता। उस सुसज्जित कोष्ठ में मणि-निर्मित दीपाधार की यन्त्र-मयी नर्तकी अपने नूपुरों की झंकार से नंदन और राधा के लिए एक क्रीड़ा और कुतूहल का सृजन करती रहती। नंदन कभी राधा के खिसकते हुए उत्तरीय को सँभाल देता। राधा हँसकर कहती- बड़ा कष्ट हुआ।

नंदन कहता-देखो, तुम अपने प्रसाधन ही में पसीने-पसीने हो जाती हो, तुम्हें विश्राम की आवश्यकता है।

राधा गर्व से मुस्करा देती। कितना सुहाग था उसका अपने सरल पति पर और कितना अभिमान था अपने विश्वास पर! एक सुखमय स्वप्न चल रहा था।

कलश-धन का उपासक सेठ अपनी विभूति के लिए सदैव सशंक रहता। उसे राजकीय संरक्षण तो था ही, दैवी रक्षा से भी अपने को सम्पन्न रखना चाहता था। इस कारण उसे एक नंगे साधु पर अत्यन्त भक्ति थी, जो कुछ ही दिनों से उस नगर के उपकण्ठ में आकर रहने लगा था।

उसने एक दिन कहा-सब लोग दर्शन करने चलेंगे।

उपहार के थाल प्रस्तुत होने लगे। दिव्य रथों पर बैठकर सब साधु-दर्शन के लिए चले। वह भागीरथी-तट का एक कानन था, जहाँ कलश का बनवाया हुआ कुटीर था।

सब लोग अनुचरों के साथ रथ छोड़कर भक्तिपूर्ण हृदय से साधु के समीप पहुँचे। परन्तु राधा ने जब दूर ही से देखा कि वह साधु नग्न है, तो वह रथ की ओर लौट पड़ी। कलश ने उसे बुलाया; पर राधा न आई। नंदन कभी राधा को देखता और कभी अपने पिता को। साधु खीलों के समान फूट पड़ा। दाँत किटकिटा कर उसने कहा-यह तुम्हारी पुत्र-वधू कुलक्षणा है, कलश! तुम इसे हटा दो, नहीं तो तुम्हारा नाश निश्चित है। नंदन दाँतो तले जीभ दबाकर धीरे से बोला-अरे! यह कपिञ्जल ....।

अनागत भविष्य के लिए भयभीत कलश क्षुब्ध हो उठा। वह साधु की पूजा करके लौट आया। राधा अपने नवीन उपवन में उतरी।

कलश ने पूछा-तुमने महापुरुष से क्यों इतना दुर्विनीत व्यवहार किया?

नहीं पिताजी! वह स्वयं दुर्विनीत है। जो स्त्रियों को आते देखकर भी साधारण शिष्टाचार का पालन नहीं कर सकता, वह धार्मिक महात्मा तो कदापि नहीं!

क्या कह रही है! वे एक सिद्ध पुरुष हैं।

सिद्धि यदि इतनी अधम है, धर्म यदि इतना निर्लज्ज है, तो वह स्त्रियों के योग्य नहीं पिताजी! धर्म के रूप में कहीं आप भय की उपासना तो नहीं कर रहे हैं?

तू सचमुच कुलक्षणा है!

इसे तो अन्तर्यामी भगवान् ही जान सकते हैं। मनुष्य इसके लिए अत्यन्त क्षुद्र है। पिताजी आप.... उसे रोककर अत्यन्त क्रोध से कलश ने कहा-तुझे इस घर में रखना अलक्ष्मी को बुलाना है। जा, मेरे भवन से निकल जा।

नंदन सुन रहा था। काठ के पुतले के समान! वह इस विचार का अन्त हो जाना तो चाहता था; पर क्या करे, यह उसकी समझ में न आया। राधा ने देखा, उसका पति कुछ नहीं बोलता, तो अपने गर्व से सिर उठाकर कहा-मैं धनकुबेर की क्रीत दासी नहीं हूँ। मेरे गृहिणीत्व का अधिकार केवल मेरा पदस्खलन ही छीन सकता है। मुझे विश्वास है, मैं अपने आचरण से अब तक इस पद की स्वामिनी हूँ। कोई भी मुझे इससे वञ्चित नहीं कर सकता।

आश्चर्य से देखा नंदन ने और हतबुद्धि होकर सुना कलश ने। दोनों उपवन के बाहर चले गये।

वह उपवन सबसे परित्यक्त और उपेक्षणीय बन गया। भीतर बैठी राधा ने यह सब देखा।

नंदन ने पिता का अनुकरण किया। वह धीरे-धीरे राधा को भूल चला; परन्तु नये ब्याह का नाम लेते ही चौंक पड़ता। उसके मन में धन की ओर वितृष्णा जगी। ऐश्वर्य का यान्त्रिक शासन जीवन को नीरस बनाने लगा। उसके मन की अतृप्ति, विद्रोह करने के लिए सुविधा खोजने लगी।

कलश ने उसके मनोविनोद के लिए नया उपवन बनवाया। नंदन अपनी स्मृतियों का लीला-निकेतन छोड़कर रहने लगा।

राधा के आभूषण बिकते थे और उस सेठ के द्वार की अतिथि-सेवा वैसी ही होती रहती। मुक्त द्वार का अपरिमित व्यय और आभूषणों के विक्रय की आय-कब तक यह युद्ध चले? अब राधा के पास बच गया था वही मणि-निर्मित दीपाधार, जिसे महादेवी ने उसकी क्रीड़ा के लिए बनवाया था।

थोड़ा-सा अन्न अतिथियों के लिए बचा था। राधा दो दिन से उपवास कर रही थी। दासी ने कहा-स्वामिनी! यह कैसे हो सकता है कि आपके सेवक, बिना आपके भोजन किए अन्न ग्रहण करें?

राधा ने कहा-तो, आज यह मणि-दीप बिकेगा। दासी उसे ले आई। वह यन्त्र से बनी हुई रत्न-जटित नर्तकी नाच उठी। उसके नूपुर की झंकार उस दरिद्र भवन में गूंजने लगी। राधा हँसी। उसने कहा-मनुष्य जीवन में इतनी नियमानुकूलता यदि होती?

स्नेह से चूमकर उसे बेचने के लिए अनुचर को दे दिया। पण्य में पहुँचते ही दीपाधार बड़े-बड़े रत्न-वणिकों की दृष्टि का एक कुतूहल बन गया। उस चूड़ामणि का दिव्य आलोक सभी की आँखों में चकाचौंध उत्पन्न कर देता था। मूल्य की बोली बढ़ने लगी। कलश भी पहुँचा। उसने पूछा-यह किसका है? अनुचर ने उत्तर दिया-मेरी स्वामिनी सौभाग्यवती श्रीमती राधा देवी का।

लोभी कलश ने डाँटकर कहा-मेरे घर की वस्तु इस तरह चुराकर तुम लोग बेचने फिर जाओगे, तो बन्दी-गृह में पड़ोगे। भागो।

अमूल्य दीपाधार से वञ्चित सब लोग लौट गये। कलश उसे अपने घर उठवा ले गया।

राधा ने सब सुना-वह कुछ न बोली।

गंगा और शोण में एक साथ ही बाढ़ आई। गाँव-के-गाँव बहने लगे। भीषण हाहाकार मचा। कहाँ ग्रामीणों की असहाय दशा और कहाँ जल की उद्दण्ड बाढ़, कच्चे झोपड़े उस महाजल-व्याल की फूँक से तितर-बितर होने लगे। वृक्षों पर जिसे आश्रय मिला, वही बच सका। नंदन के हृदय ने तीसरा धक्का खाया। नंदन का सत्साहस उत्साहित हुआ। वह अपनी पूरी शक्ति से नावों की सेना बना कर जलप्लावन में डट गया और कलश अपने सात खण्ड के प्रासाद में बैठा यह दृश्य देखता रहा।

रात नावों पर बीतती है और बाँसों के छोटे-छोटे बेड़े पर दिन। नंदन के लिए धूप, वर्षा, शीत कुछ नहीं। अपनी धुन में वह लगा हुआ है। बाढ़-पीड़ितों का झुण्ड सेठ के प्रासाद में हर नाव से उतरने लगा। कलश क्रोध के मारे बिलबिला उठा। उसने आज्ञा दी कि बाढ़-पीड़ित यदि स्वयं नंदन भी हो, तो वह प्रासाद में न आने पावे। घटा घिरी थी, जल बरसता था। कलश अपनी ऊँची अटारी पर बैठा मणि-निर्मित दीपाधार का नृत्य देख रहा था।

नंदन भी उसी नाव पर था, जिस पर चार दुर्बल स्त्रियाँ, तीन शीत से ठिठुरे हुए बच्चे और पाँच जीर्ण पञ्जर वाले वृद्ध थे। उस समय नाव द्वार पर जा लगी। सेठ का प्रासाद गंगा-तट की एक ऊँची चट्टान पर था। वह एक छोटा-सा दुर्ग था। जल अभी द्वार तक ही पहुँच सका था। प्रहरियों ने नाव देखते ही रोका-पीड़ितों को इसमें स्थान नहीं।

नंदन ने पूछा-क्यों?

महाश्रेष्ठि कलश की आज्ञा।

नंदन ने एक क्रोध से उस प्रासाद की ओर देखा और माँझी को नाव लौटाने की आज्ञा दी। माँझी ने पूछा-कहाँ ले चलें? नंदन कुछ न बोला। नाव बाढ़ में चक्कर खाने लगी। सहसा दूर उसे जल-मग्न वृक्षों की चोटियों और पेड़ों के बीच में एक गृह का ऊपरी अंश दिखाई पड़ा। नंदन ने संकेत किया। माँझी उसी ओर नाव खेने लगा।

गृह के नीचे के अंश में जल भर गया था। थोड़ा-सा अन्न और ईंधन ऊपर के भाग में बचा था। राधा उस जल में घिरी हुई अचल थी। छत की मुँडेर पर बैठी वह जलमयी प्रकृति में डूबती हुई सूर्य की अन्तिम किरणों को ध्यान से देख रही थी। दासी ने कहा-स्वामिनी! वह दीपाधार भी गया, अब तो हम लोगों के लिए बहुत थोड़ा अन्न घर में बच रहा है।

देखती नहीं यह प्रलय-सी बाढ़! कितने मर मिटे होंगे। तुम तो पक्की छत पर बैठी अभी यह दृश्य देख रही हो। आज से मैंने अपना अंश छोड़ दिया। तुम लोग जब तक जी सको, जीना।

सहसा नीचे झाँककर राधा ने देखा, एक नाव उसके वातायन से टकरा रही है, और एक युवक उसे वातायन के साथ दृढ़ता के साथ बाँध रहा है।

राधा ने पूछा-कौन है?

नीचे सिर किये नंदन ने कहा-बाढ़-पीड़ित कुछ प्राणियों को क्या आश्रय मिलेगा? अब जल का क्रोध उतर चला है। केवल दो दिन के लिए इतने मरनेवालों को आश्रय चाहिए।

ठहरिये, सीढ़ी लटकाई जाती है।

राधा और दासी तथा अनुचर ने मिलकर सीढ़ी लगाई। नंदन विवर्ण मुख एक-एक को पीठ पर लादकर ऊपर पहुँचाने लगा। जब सब ऊपर आ गये, तो राधा ने आकर कहा-और तो कुछ नहीं है, केवल द्विदलों का जूस इन लोगों के लिए है, ले आऊँ।

नंदन ने सिर उठाकर देखा, राधा। वह बोल उठा-राधा! तुम यहीं हो?

हाँ स्वामी, मैं अपने घर में हूँ। गृहणी का कर्तव्य पालन कर रही हूँ।

पर मैं गृहस्थ का कर्तव्य न पालन कर सका, राधा, पहले मुझे क्षमा करो।

स्वामी, यह अपराध मुझसे न हो सकेगा। उठिए, आज आपकी कर्मण्यता से मेरा ललाट उज्ज्वल हो रहा है। इतना साहस कहाँ छिपा था, नाथ!

दोनों प्रसन्न होकर कर्तव्य में लगे। यथा-सम्भव उन दुखियों की सेवा होने लगी।

एक प्रहर के बाद नंदन ने कहा-मुझे भ्रम हो रहा है कि कोई यहाँ पास ही विपन्न है। राधा! अभी रात अधिक नहीं हुई है, मैं एक बार नाव लेकर जाऊँ?

राधा ने कहा-मैं भी चलूँ?

नंदन ने कहा-गृहणी का काम करो, राधा! कर्तव्य कठोर होता है, भाव-प्रधान नहीं।

नंदन एक माँझी को लेकर चला गया और राधा दीपक जलाकर मुँडेर पर बैठी थी। दासी और दास पीड़ितों की सेवा में लगे थे। बादल खुल गये थे। असंख्य नक्षत्र झलमला कर निकल आये, मेघों के बन्दीगृह से जैसे छुट्टी मिली हो! चन्द्रमा भी धीरे-धीरे उस त्रस्त प्रदेश को भयभीत होकर देख रहा था।

एक घण्टे में नंदन का शब्द सुनाई पड़ा-सीढ़ी।

राधा दीपक दिखला रही थी। और सीढ़ी के सहारे नंदन ऊपर एक भारी बोझ लेकर चढ़ रहा था।

छत पर आकर उसने कहा-एक वस्त्र दो, राधा! राधा ने एक उत्तरीय दिया। वह मुमूर्षु व्यक्ति नग्न था। उसे ढककर नंदन ने थोड़ा सेंक दिया; गर्मी भीतर पहुँचते ही वह हिलने-डोलने लगा। नीचे से माँझी ने कहा-जल बड़े वेग से हट रहा है, नाव ढीली न करूँगा, तो लटक जायगी।

नंदन ने कहा-तुम्हारे लिए भोजन लटकाता हूँ, ले लो। काल-रात्रि बीत गई। नंदन ने प्रभात में आँखें खोलकर देखा कि सब सो रहे हैं और राधा उसके पास बैठी सिर सहला रही है।

इतने में पीछे से लाया हुआ मनुष्य उठा। अपने को अपरिचित स्थान में देखकर वह चिल्ला उठा- मुझे वस्त्र किसने पहनाया, मेरा व्रत किसने भंग किया?

नंदन ने हँसकर कहा-कपिञ्जल! यह राधा का गृह है, तुम्हें उसके आज्ञानुसार यहाँ रहना होगा। छोड़ो पागलपन! चलो, बहुत से प्राणी हम लोगों की सहायता के अधिकारी हैं। कपिञ्जल ने कहा-सो कैसे हो सकता है? तुम्हारा-हमारा संग असम्भव है।

मुझे दण्ड देने के लिए ही तो तुमने यह स्वाँग रचा था। राधा तो उसी दिन से निर्वासित थी और कल से मुझे भी अपने घर में प्रवेश करने की आज्ञा नहीं। कपिञ्जल! आज तो हम और तुम दोनों बराबर हैं और इतने अधमरों के प्राणों का दायित्व भी हमी लोगों पर है। यह व्रत-भंग नहीं, व्रत का आरम्भ है। चलो, इस दरिद्र कुटुम्ब के लिए अन्न जुटाना होगा।

कपिञ्जल आज्ञाकारी बालक की भाँति सिर झुकाये उठ खड़ा हुआ।

ग्राम-गीत

शरद्-पूर्णिमा थी। कमलापुर के निकलते हुए करारे को गंगा तीन ओर से घेरकर दूध की नदी के समान बह रही थी। मैं अपने मित्र ठाकुर जीवन सिंह के साथ उनके सौध पर बैठा हुआ अपनी उज्ज्वल हँसी में मस्त प्रकृति को देखने में तन्मय हो रहा था। चारों ओर का क्षितिज नक्षत्रों के बन्दनवार-सा चमकने लगा था। धवलविधु-बिम्ब के समीप ही एक छोटी-सी चमकीली तारिका भी आकाश-पथ में भ्रमण कर रही थी। वह जैसे चन्द्र को छू लेना चाहती थी; पर छूने नहीं पाती थी।

मैंने जीवन से पूछा-तुम बता सकते हो, वह कौन नक्षत्र है?

रोहिणी होगी। - जीवन के अनुमान करने के ढंग से उत्तर देने पर मैं हँसना ही चाहता था कि दूर से सुनाई पड़ा-

बरजोरी बसे हो नयनवाँ में।

उस स्वर-लहरी में उन्मत्त वेदना थी। कलेजे को कचोटनेवाली करुणा थी। मेरी हँसी सन्न रह गई। उस वेदना को खोजने के लिए, गंगा के उस पार वृक्षों की श्यामलता को देखने लगा; परन्तु कुछ न दिखाई पड़ा।

मैं चुप था, सहसा फिर सुनाई पड़ा-
अपने बाबा की बारी दुलारी,
खेलत रहली अँगनवाँ में,
बरजोरी बसे हो।

मैं स्थिर होकर सुनने लगा, जैसे कोई भूली हुई सुन्दर कहानी। मन में उत्कण्ठा थी, और एक कसक भरा कुतूहल था! फिर सुनाई पड़ा-

ई कुल बतियाँ कबौं नाहीं जनली,
देखली कबौं न सपनवाँ में।
बरजोरी बसे हो-

मैं मूर्ख-सा उस गान का अर्थ-सम्बन्ध लगाने लगा।

अँगने में खेलते हुए-ई कुल बतियाँ, वह कौन बात थी? उसे जानने के लिए हृदय चञ्चल बालक-सा मचल गया। प्रतीत होने लगा, उन्हीं कुल अज्ञात बातों के रहस्य-जाल में मछली-सा मन चाँदनी के समुद्र में छटपटा रहा है।

मैंने अधीर होकर कहा-ठाकुर! इसको बुलवाओगे?

नहीं जी, वह पगली है।

पगली! कदापि नहीं! जो ऐसा गा सकती है, वह पगली नहीं हो सकती। जीवन! उसे बुलाओ, बहाना मत करो।

तुम व्यर्थ हठ कर रहे हो। - एक दीर्घ निश्वास को छिपाते हुए जीवन ने कहा।

मेरा कुतूहल और भी बढ़ा। मैंने कहा-हठ नहीं, लड़ाई भी करना पड़े तो करूँगा। बताओ, तुम क्यों नहीं बुलाने देना चाहते हो?

वह इसी गाँव की भाँट की लड़की है। कुछ दिनों से सनक गई है। रात भर कभी-कभी गाती हुई गंगा के किनारे घूमा करती है।

तो इससे क्या? उसे बुलाओ भी।

नहीं, मैं उसे न बुलवा सकूँगा।

अच्छा, तो यही बताओ, क्यों न बुलवाओगे?

वह बात सुनकर क्या करोगे?

सुनूँगा अवश्य-ठाकुर! यह न समझना कि मैं तुम्हारी जमींदारी में इस समय बैठा हूँ, इसलिए डर जाऊँगा।-मैंने हँसी से कहा।

जीवनसिंह ने कहा-तो सुनो- तुम जानते हो कि देहातों में भाँटों का प्रधान काम है, किसी अपने ठाकुर के घर उत्सवों पर प्रशंसा के कवित्त सुनाना। उनके घर की स्त्रियाँ घरों में गाती-बजाती हैं। नन्दन भी इसी प्रकार मेरे घराने का आश्रित भाँट है। उसकी लड़की रोहिणी विधवा हो गई- मैंने बीच ही में टोक कर कहा-क्या नाम बताया?

जीवन ने कहा-रोहिणी। उसी साल उसका द्विरागमन होनेवाला था। नन्दन लोभी नहीं है। उसे और भाँटों के सदृश माँगने में भी संकोच होता है। यहाँ से थोड़ी दूर पर गंगा-किनारे उसकी कुटिया है। वहाँ वृक्षों का अच्छा झुरमुट है। एक दिन मैं खेत देखकर घोड़े पर आ रहा था। कड़ी धूप थी। मैं नन्दन के घर के पास वृक्षों की छाया में ठहर गया। नन्दन ने मुझे देखा। कम्बल बिछाकर उसने अपनी झोपड़ी में मुझे बिठाया, मैं लू से डरा था। कुछ समय वहीं बिताने का निश्चय किया।

जीवन को सफाई देते देखकर मैं हँस पड़ा; परन्तु उसकी ओर ध्यान ने देकर जीवन ने अपनी कहानी गम्भीरता से विच्छिन्न न होने दी।

हाँ तो - नन्दन ने पुकारा - रोहिणी, एक लोटा जल ले आ बेटी, ये तो अपने मालिक हैं, इनसे लज्जा कैसी? रोहिणी आई। वह उसके यौवन का प्रभात था, परिश्रम करने से उसकी एक-एक नस और मांस-पेशियाँ जैसे गढ़ी हुई हों। मैंने देखा, उसकी झुकी हुई पलकों से काली बरौनियाँ छितरा रही थीं और उन बरौनियों से जैसे करुणा की अदृश्य सरस्वती कितनी ही धाराओं में बह रही थी। मैं न जाने क्यों उद्विग्न हो उठा। अधिक काल तक वहाँ न ठहर सका। घर चला आया।

विजया का त्यौहार था। घर में गाना-बजाना हो रहा था। मैं अपनी श्रीमती के पास जा बैठा। उन्होंने कहा-सुनते हो?

मैंने कहा-दोनों कानों से।

श्रीमती ने कहा-यह रोहिणी बहुत अच्छा गाने लगी, और भी एक आश्चर्य की बात है; यह गीत बनाती भी है, गाती भी है। तुम्हारे गाँव की लड़कियाँ तो बड़ी गुनवती हैं। मैं 'हूँ' कहकर उठकर बाहर आने लगा; देखा तो रोहिणी जवारा लिये खड़ी है। मैंने सिर झुका दिया, यव की पतली-पतली लम्बी धानी पत्तियाँ मेरे कानों से अटका दी गईं, मैं उसे बिना कुछ दिये बाहर चला आया।

पीछे से सुना कि इस धृष्टता पर मेरी माता जी ने उसे बहुत फटकारा; उसी दिन से कोट में उसका आना बन्द हुआ।

नन्दन बड़ा दुःखी हुआ। उसने भी आना बन्द कर दिया। एक दिन मैंने सुना, उसी की सहेलियाँ उससे मेरे सम्बन्ध में हँसी कर रही थीं। वह सहसा अत्यन्त उत्तेजित हो उठी और बोली-तो इसमें तुम लोगों का क्या? मैं मरती हूँ, प्यार करती हूँ उन्हें, तो तुम्हारी बला से।

सहेलियों ने कहा-बाप रे! इसकी ढिठाई तो देखो। वह और भी गरम होती गई। यहाँ तक उन लोगों ने रोहिणी को छेड़ा कि वह बकने लगी। उसी दिन से उसका बकना बन्द न हुआ। अब वह गाँव में पगली समझी जाती है। उसे अब लज्जा संकोच नहीं, जब जो आता है, गाती हुई घूमा करती है। सुन लिया तुमने, यही कहानी है, भला मैं उसे कैसे बुलाऊँ?

जीवनसिंह अपनी बात समाप्त करके चुप हो रहे और मैं कल्पना से फिर वही गाना सुनने लगा-

बरजोरी बसे हो नयनवां में।

सचमुच यह संगीत पास आने लगा। अब की सुनाई पड़ा-

मुरि मुसुक्याई पढय्रो कछु टोना,
गारी दियो किधों मनवाँ में,
बरजोरी बसे हो-

उस ग्रामीण भाँड़ भाषा में पगली के हृदय की सरल कथा थी-मार्मिक व्यथा थी। मैं तन्मय हो रहा था।

जीवनसिंह न जाने क्यों चञ्चल हो उठे। उठकर टहलने लगे। छत के नीचे गीत सुनाई पड़ रहा था।

खनकार भरी काँपती हुई तान हृदय खुरचने लगी। मैंने कहा-जीवन, उसे बुला लाओ, मैं इस प्रेमयोगिनी का दर्शन तो कर लूँ।

सहसा सीढ़ियों पर घमघमाहट सुनाई पड़ी, वही पगली रोहिणी आकर जीवन के सामने खड़ी हो गई।

पीछे-पीछे सिपाही दौड़ता हुआ आया। उसने कहा-हट पगली।

जीवन और हम चुप थे। उसने एक बार घूम कर सिपाही की ओर देखा। सिपाही सहम गया। पगली रोहिणी फिर गा उठी!

ढीठ! बिसारे बिसरत नाहीं
कैसे बसूँ जाय बनवाँ में,
बरजोरी बसे हो-

सहसा सिपाही ने कर्कश स्वर से फिर डाँटा। वह भयभीय हो जैसी भगी, या पीछे हटी मुझे स्मरण नहीं। परन्तु छत के नीचे गंगा के चन्द्रिका-रञ्जित प्रवाह में एक छपाका हुआ। हतबुद्धि जीवन देखते ही रहे। मैं ऊपर अनन्त की उस दौड़ को देखने लगा। रोहिणी चन्द्रमा का पीछा कर रही थी और नीचे छपाके से उठे हुए कितने ही बुदबुदों में प्रतिबिम्बित रोहिणी की किरणें विलीन हो रही थीं।

विजया

कमल का सब रुपया उड़ चुका था-सब सम्पत्ति बिक चुकी थी। मित्रों ने खूब दलाली की, न्यास जहाँ रक्खा वहीं धोखा हुआ! जो उसके साथ मौज-मंगल में दिन बिताते थे, रातों का आनन्द लेते थे, वे ही उसकी जेब टटोलते थे। उन्होंने कहीं पर कुछ भी बाकी न छोड़ा। सुख-भोग के जितने आविष्कार थे, साधन भर सबका अनुभव लेने का उत्साह ठण्डा पड़ चुका था।

बच गया था एक रुपया।

युवक को उन्मत्त आनन्द लेने की बड़ी चाह थी। बाधा-विहीन सुख लूटने का अवसर मिला था-सब समाप्त हो गया। आज वह नदी के किनारे चुप-चाप बैठा हुआ उसी की धारा में विलीन हो जाना चाहता था। उस पार किसी की चिता जल रही थी, जो धूसर सन्ध्या में आलोक फैलाना चाहती थी। आकाश में बादल थे, उनके बीच में गोल रुपये के समान चन्द्रमा निकलना चाहता था। वृक्षों की हरियाली में गाँव के दीप चमकने लगे थे। कमल ने रुपया निकाला। उस एक रुपये से कोई विनोद न हो सकता। वह मित्रों के साथ नहीं जा सकता था। उसने सोचा, इसे नदी के जल में विसर्जन कर दूँ। साहस न हुआ-वही अन्तिम रुपया था। वह स्थिर दृष्टि से नदी की धारा देखने लगा, कानों से कुछ सुनाई न पड़ता था, देखने पर भी दृश्य का अनुभव नहीं-वह स्तब्ध था, जड़ था, मूक था, हृदयहीन था।

माँ कुलता दिला दे-दछमी देखने जाऊँगा।

मेरे लाल! मैं कहाँ से ले आऊँ-पेट-भर अन्न नहीं मिलता-नहीं-नहीं, रो मत-मैं ले आऊँगी; पर कैसे ले आऊँ? हा, उस छलिया ने मेरा सर्वस्व लूटा और कहीं का न रखा। नहीं-नहीं, मुझे एक लाल है! कंगाल का अमूल्य लाल। मुझे बहुत है। चलूँगी, जैसे होगा एक कुरता ख़रीदूँगी। उधार लूँगी। दसमी-विजया-दसमी के दिन मेरा लाल चिथड़ा पहन कर नहीं रह सकता।

पास ही जाते हुए माँ और बेटे की बात कमल के कान में पड़ी। वह उठकर उसके पास गया। उसने कहा-सुन्दरी!

बाबूजी! - आश्चर्य से सुन्दरी ने कहा-बालक ने भी स्वर मिलाकर कहा-बाबूजी!

कमल ने रुपया देते हुए कहा-सुन्दरी, यह एक ही रुपया बचा है, इसको ले जाओ। बच्चे को कुरता ख़रीद लेना। मैंने तुम्हारे साथ बड़ा अन्याय किया है, क्षमा करोगी?

बच्चे ने हाथ फैला दिया-सुन्दरी ने उसका नन्हा हाथ अपने हाथ में समेट कर कहा-नहीं, मेरे बच्चे के कुरते से अधिक आवश्यकता आपके पेट के लिए है। मैं सब जानती हूँ।

मेरा-आज अन्त होगा, अब मुझे आवश्यकता नहीं-ऐसे पापी जीवन को रखकर क्या होगा! सुन्दरी! मैंने तुम्हारे ऊपर बड़ा अत्याचार किया है, क्षमा करोगी! आह! इस अन्तिम रुपये को लेकर मुझे क्षमा कर दो। यह एक ही सार्थक हो जाय!

आज तुम अपने पाप का मूल्य दिया चाहते हो-वह भी एक रुपया?

और एक फूटी कौड़ी भी नहीं है, सुन्दरी! लाखों उड़ा दिया है-मैं लोभी नहीं हूँ।

विधवा के सर्वस्व का इतना मूल्य नहीं हो सकता।

मुझे धिक्कार दो, मुझ पर थूको।

इसकी आवश्यकता नहीं-समाज से डरो मत। अत्याचारी समाज पाप कह कर कानों पर हाथ रखकर चिल्लाता है; वह पाप का शब्द दूसरों को सुनाई पड़ता है; पर वह स्वयं नहीं सुनता। आओ चलो, हम उसे दिखा दें कि वह भ्रान्त है। मैं चार आने का परिश्रम प्रतिदिन करती हूँ। तुम भी सिलवर के गहने माँजकर कुछ कमा सकते हो। थोड़े से परिश्रम से हम लोग एक अच्छी गृहस्थी चला देंगे। चलो तो।

सुन्दरी ने दृढ़ता से कमल का हाथ पकड़ लिया।

बालक ने कहा-चलो न, बाबूजी!

कमल ने देखा-चाँदनी निखर आई है। उसने बालक के हाथ में रुपया रख कर उसे गोद में उठा लिया।

सम्पन्न अवस्था की विलास-वासना, अभाव के थपेड़े से पुण्य में परिणत हो गई। कमल पूर्वकथा विस्मृत होकर क्षण-भर में स्वस्थ हो गया। मन हलका हो गया। बालक उसकी गोद में था। सुन्दरी पास में; वह विजया दशमी का मेला देखने चला।

विजया के आशीर्वाद के समान चाँदनी मुस्करा रही थी।

अमिट स्मृति

फाल्गुनी पूर्णिमा का चन्द्र गंगा के शुभ्र वक्ष पर आलोक-धारा का सृजन कर रहा था। एक छोटा-सा बजरा वसन्त-पवन में आन्दोलित होता हुआ धीरे-धीरे बह रहा था। नगर का आनन्द-कोलाहल सैकड़ों गलियों को पार करके गंगा के मुक्त वातावरण में सुनाई पड़ रहा था। मनोहरदास हाथ-मुँह धोकर तकिये के सहारे बैठ चुके थे। गोपाल ने ब्यालू करके उठते हुए पूछा- बाबूजी, सितार ले आऊँ?

आज और कल, दो दिन नहीं। - मनोहरदास ने कहा।

वाह! बाबूजी, आज सितार न बजा तो फिर बात क्या रही!

नहीं गोपाल, मैं होली के इन दो दिनों में न तो सितार ही बजाता हूँ और न तो नगर में ही जाता हूँ।

तो क्या आप चलेंगे भी नहीं, त्योहार के दिन नाव पर ही बीतेंगे, यह तो बड़ी बुरी बात है।

यद्यपि गोपाल बरस-बरस का त्योहार मनाने के लिए साधारणत: युवकों की तरह उत्कण्ठित था; परन्तु सत्तर बरस के बूढ़े मनोहरदास को स्वयं बूढ़ा कहने का साहस नहीं रखता। मनोहरदास का भरा हुआ मुँह, दृढ़ अवयव और बलिष्ठ अंग-विन्यास गोपाल के यौवन से अधिक पूर्ण था। मनोहरदास ने कहा- गोपाल! मैं गन्दी गालियों या रंग से भगता हूँ। इतनी ही बात नहीं, इसमें और भी कुछ है। होली इसी तरह बिताते मुझे पचास बरस हो गये।

गोपाल ने नगर में जाकर उत्सव देखने का कुतूहल दबाते हुए पूछा-ऐसा क्यों बाबूजी?

ऊँचे तकिये पर चित्त लेकर लम्बी साँस लेते हुए मनोहरदास ने कहना आरम्भ किया- हम और तुम्हारे बड़े भाई गिरिधरदास साथ-ही-साथ जवाहिरात का व्यवसाय करते थे। इस साझे का हाल तुम जानते ही हो। हाँ, तब बम्बई की दूकान न थी और न तो आज-जैसी रेलगाड़ियों का जाल भारत में बिछा था; इसलिए रथों और इक्कों पर भी लोग लम्बी-लम्बी यात्रायें करते। विशाल सफेद अजगर-सी पड़ी हुई उत्तरीय भारत की वह सड़क, जो बंगाल से काबुल तक पहुँचती है सदैव पथिकों से भरी रहती थी। कहीं-कहीं बीच में दो-चार कोस की निर्जनता मिलती, अन्यथा प्याऊ, बनिये की दूकानें, पड़ाव और सरायों से भरी हुई इस सड़क पर बड़ी चहल-पहल रहती। यात्रा के लिए प्रत्येक स्थान में घण्टे में दस कोस जानेवाले इक्के तो बहुतायत से मिलते। बनारस इसमें विख्यात था।

हम और गिरिधरदास होलिकादाह का उत्सव देखकर दस बजे लौटे थे कि प्रयाग के एक व्यापारी का पत्र मिला। इसमें लाखों के माल बिक जाने की आशा थी और कल तक ही वह व्यापारी प्रयाग में ठहरेगा। उसी समय इक्केवान को बुलाकर सहेज दिया और हम लोग ग्यारह बजे सो गये। सूर्य की किरणें अभी न निकली थी; दक्षिण पवन से पत्तियाँ अभी जैसे झूम रही थीं, परन्तु हम लोग इक्के पर बैठकर नगर को कई कोस पीछे छोड़ चुके थे। इक्का बड़े वेग में जा रहा था। सड़क के दोनो ओर लगे हुए आम की मञ्जरियों की सुगन्ध तीव्रता से नाक में घुस कर मादकता उत्पन्न कर रही थी। इक्केवान की बगल में बैठे हुए रघुनाथ महाराज ने कहा-सरकार बड़ी ठण्ड है।

कहना न होगा कि रघुनाथ महाराज बनारस के एक नामी लठैत थे। उन दिनों ऐसी यात्राओं में ऐसे मनुष्यों का रखना आवश्यक समझा जाता था।

सूर्य बहुत ऊपर आ चुके थे, मुझे प्यास लगी थी। तुम तो जानते ही हो, मैं दोनो बेला बूटी छानता हूँ। आमों की छाया में एक छोटा-सा कुँआ दिखाई पड़ा, जिसके ऊपर मुरेरेदार पक्की छत थी और नीचे चारों ओर दालाने थीं। मैंने इक्का रोक देने को कहा। पूरब वाली दालान में एक बनिये की दूकान थी, जिसपर गुड़, चना, नमक, सत्तू आदि बिकते थे। मेरे झोले में सब आवश्यक सामान थे। सीढ़ियों से चढ़ कर हम लोग ऊपर पहुँचे। सराय यहाँ से दो कोस और गाँव कोस भर पर था। इस रमणीय स्थान को देखकर विश्राम करने की इच्छा होती थी। अनेक पक्षियों की मधुर बोलियों से मिलकर पवन जैसे सुरीला हो उठा। ठण्डई बनने लगी। पास ही एक नीबू का वृक्ष खूब फूला हुआ था। रघुनाथ ने बनिये से हांड़ी लेकर कुछ फूलों को भिगो दिया। ठण्डई तैयार होते-होते उसकी महक से मन मस्त हो गया। चाँदी के गिलास झोली से बाहर निकाले गये; पर रघुनाथ ने कहा-सरकार, इसकी बहार तो पुरवे में है। बनिये को पुकारा। वह तो था नहीं, एक धीमा स्वर सुनाई पड़ा-क्या चाहिए?

पुरवे दे जाओ!

थोड़ी ही देर में एक चौदह वर्ष की लडक़ी सीढ़ियों से ऊपर आती हुई नजर पड़ी। सचमुच वह सालू की छींट पहने एक देहाती लडक़ी थी, कल उसकी भाभी ने उसके साथ खूब गुलाल खेला था, वह जगी भी मालूम पड़ती थी-मदिरा-मन्दिर के द्वार-सी खुली हुई आँखों में गुलाल की गरद उड़ रही थी। पलकों के छज्जे और बरौनियों की चिकों पर भी गुलाल की बहार थी। सरके हुए घूँघट से जितनी अलकें दिखलाई पड़तीं, वे सब रँगी थीं। भीतर से भी उस सरला को कोई रंगीन बनाने लगा था। न जाने क्यों, इस छोटी अवस्था में ही वह चेतना से ओत-प्रोत थी। ऐसा मालूम होता था कि स्पर्श का मनोविकारमय अनुभव उसे सचेष्ट बनाये रहता, तब भी उसकी आँखे धोखा खाने ही पर ऊपर उठतीं। पुरवा रखने ही भर में उसने अपने कपड़ों को दो-तीन बार ठीक किया, फिर पूछा-और कुछ चाहिए? मैं मुस्करा कर रह गया। उस वसन्त के प्रभाव में सब लोग वह सुस्वादु और सुगन्धित ठण्डई धीरे-धीरे पी रहे थे और मैं साथ-ही-साथ अपनी आँखों से उस बालिका के यौवनोन्माद की माधुरी भी पी रहा था। चारों ओर से नीबू के फूल और आमों की मञ्जरियों की सुगन्ध आ रही थी। नगरों से दूर देहातों से अलग कुँए की वह छत संसार में जैसे सबसे ऊँचा स्थान था। क्षण भर के लिए जैसे उस स्वप्न-लोक में एक अप्सरा आ गई हो। सड़क पर एक बैलगाड़ी वाला बन्डलों से टिका हुआ आँखे बन्द किये हुए बिरहा गाता था। बैलों के हाँकने की जरूरत नहीं थी। वह अपनी राह पहचानते थे। उसके गाने में उपालम्भ था, आवेदन था। बालिका कमर पर हाथ रक्खे हुए बड़े ध्यान से उसे सुन रही थी। गिरिधरदास और रघुनाथ महाराज हाथ-मुँह धो आये; पर मैं वैसे ही बैठा रहा। रघुनाथ महाराज उजड्डु तो थे ही; उन्होंने हँसते हुए पूछा- क्या दाम नहीं मिला?

गिरिधरदास भी हँस पड़े। गुलाब से रंगी हुई उस बालिका की कनपटी और भी लाल हो गई। वह जैस सचेत-सी होकर धीरे-धीरे सीढ़ी से उतरने लगी। मैं भी जैसे तन्द्रा से चौंक उठा और सावधान होकर पान की गिलौरी मुँह में रखता हुआ इक्के पर आ बैठा। घोड़ा अपनी चाल से चला। घण्टे-डेढ़ घण्टे में हम लोग प्रयाग पहुँच गये। दूसरे दिन जब हम लोग लौटे, तो देखा कि उस कुएँ की दालान में बनिये की दूकान नहीं है। एक मनुष्य पानी पी रहा था, उससे पूछने पर मालूम हुआ कि गाँव में एक भारी दुर्घटना हो गयी है। दोपहर को धुरहट्टा खेलने के समय नशे में रहने के कारण कुछ लोगों में दंगा हो गया। वह बनिया भी उन्हीं में था। रात को उसी के मकान पर डाका पड़ा। वह तो मार ही डाला गया, पर उसकी लडक़ी का भी पता नहीं।

रघुनाथ ने अक्खड़पन से कहा-अरे, वह महालक्ष्मी ऐसी ही रहीं। उनके लिए जो कुछ न हो जाय, थोड़ा है।

रघुनाथ की यह बात मुझे बहुत बुरी लगी। मेरी आँखों के सामने चारों ओर जैसे होली जलने लगी। ठीक साल भर बाद वही व्यापारी प्रयाग आया और मुझे फिर उसी प्रकार जाना पड़ा। होली बीत चुकी थी, जब मैं प्रयाग से लौट रहा था, उसी कुएँ पर ठहरना पड़ा। देखा तो एक विकलांग दरिद्र

युवती उसी दालान में पड़ी थी। उसका चलना-फिरना असम्भव था। जब मैं कुएँ पर चढ़ने लगा, तो उसने दाँत निकालकर हाथ फैला दिया। मैं पहचान गया-साल भर की घटना सामने आ गयी। न जाने उस दिन मैं प्रतिज्ञा कर बैठा कि आज से होली न खेलूँगा।

वह पचास बरस की बीती हुई घटना आज भी प्रत्येक होली में नई होकर सामने आती है। तुम्हारे बड़े भाई गिरिधर ने मुझे कई बार होली मनाने का अनुरोध किया, पर मैं उनसे सहमत न हो सका और मैं अपने हृदय के इस निर्बल पक्ष पर अभी तक दृढ़ हूँ। समझा न, गोपाल! इसलिए मैं ये दो दिन बनारस के कोलाहल से अलग नाव पर ही बिताता हूँ।

नीरा

अब और आगे नहीं, इस गन्दगी में कहाँ चलते हो, देवनिवास?

थोड़ी दूर और—कहते हुए देवनिवास ने अपनी साइकिल धीमी कर दी; किन्तु विरक्त अमरनाथ ने ब्रेक दबाकर ठहर जाना ही उचित समझा। देवनिवास आगे निकल गया। मौलसिरी का वह सघन वृक्ष था, जो पोखरे के किनारे अपनी अन्धकारमयी छाया डाल रहा था। पोखरे से सड़ी हुई दुर्गन्ध आ रही थी। देवनिवास ने पीछे घूमकर देखा, मित्र को वहीं रुका देखकर वह लौट रहा था। उसकी साइकिल का लैम्प बुझ चला था। सहसा धक्का लगा, देवनिवास तो गिरते-गिरते बचा, और एक दुर्बल मनुष्य 'अरे राम' कहता हुआ गिरकर भी उठ खड़ा हुआ। बालिका उसका हाथ पकड़कर पूछने लगी—कहीं चोट तो नहीं लगी, बाबा?

नहीं बेटी! मैं कहता न था, मुझे मोटरों से उतना डर नहीं लगता, जितना इस बे-दम जानवर 'साइकिल' से। मोटर वाले तो दूसरों को ही चोट पहुँचाते हैं, पैदल चलने वालों को कुचलते हुए निकल जाते हैं पर ये बेचारे तो आप भी गिर पड़ते हैं। क्यों बाबू साहब, आपको तो चोट नहीं लगी? हम लोग तो चोट-घाव सह सकते हैं।

देवनिवास कुछ झेंप गया था। उसने बूढ़े से कहा—आप मुझे क्षमा कीजिए। आपको....

क्षमा—मैं करूँ? अरे, आप क्या कह रहे हैं! दो-चार हण्टर आपने नहीं लगाये। घर भूल गये, हण्टर नहीं ले आये! अच्छा महोदय! आपको कष्ट हुआ न, क्या करूँ, बिना भीख माँगे इस सर्दी में पेट गालियाँ देने लगता है! नींद भी नहीं आती, चार-छ: पहरों पर तो कुछ-न-कुछ इसे देना ही पड़ता है! और भी मुझे एक रोग है। दो पैसों बिना वह नहीं छूटता—पढ़ने के लिए अखबार चाहिए; पुस्तकालयों में चिथड़े पहनकर बैठने न पाऊँगा, इसलिए नहीं जाता। दूसरे दिन का बासी समाचार-पत्र दो पैसों में ले लेता हूँ!

अमरनाथ भी पास आ गया था। उसने यह काण्ड देखकर हँसते हुए कहा—देवनिवास! मैं मना करता था न! तुम अपनी धुन में कुछ सुनते भी हो। चले तो फिर चले, और रुके तो अड़ियल टट्ट भी झक मारे! क्या उसे कुछ चोट आ गई है? क्यों बूढ़े! लो, यह अठन्नी है। जाओ अपनी राह, तनिक देखकर चला करो!

बूढ़ा मसखरा भी था। अठन्नी लेते हुए उसने कहा—देखकर चलता, तो यह अठन्नी कैसे मिलती! तो भी बाबूजी, आप लोगों की जेब में अखबार होगा। मैंने देखा है, बाइसिकिल पर चढ़े हुए बाबुओं की पाकेट में निकला हुआ कागज का मुट्ठा; अखबार ही रहता होगा।

चलो बाबा, झोपड़ी में, सर्दी लगती है।—यह छोटी-सी बालिका अपने बाबा को जैसे इस तरह बातें करते हुये देखना नहीं चाहती थी। वह संकोच में डूबी जा रही थी। देवनिवास चुप था। बुड्ढे को जैसे तमाचा लगा। वह अपने दयनीय और घृणित भिक्षा-व्यवसाय को बहुधा नीरा से छिपाकर, बनाकर कहता। उसे अखबार सुनाता। और भी न जाने क्या-क्या ऊँची-नीची बातें बका करता; नीरा जैसे सब समझती थी! वह कभी बूढ़े से प्रश्न नहीं करती थी। जो कुछ वह कहता, चुपचाप सुन लिया करती थी। कभी-कभी बुड्ढा झुँझला कर चुप हो जाता, तब भी वह चुप रहती। बूढ़े को आज ही नीरा

ने झोपड़ी में चलने के लिए कहकर पहले-पहल मीठी झिड़की दी। उसने सोचा कि अठन्नी पाने पर भी अखबार माँगना नीरा न सह सकी।

अच्छा तो बाबूजी, भगवान् यदि कोई हों, तो आपका भला करें—बुड्ढा लड़की का हाथ पकड़कर मौलसिरी की ओर चला। देवनिवास सन्न था। अमरनाथ ने अपनी साइकिल के उज्ज्वल आलोक में देखा; नीरा एक गोरी-सी, सुन्दरी, पतली-दुबली करुणा की छाया थी। दोनों मित्र चुप थे। अमरनाथ ने ही कहा—अब लौटोगे कि यहीं गड़ गये!

तुमने कुछ सुना, अमरनाथ! वह कहता था—भगवान यदि कोई हों—कितना भयानक अविश्वास! देवनिवास ने साँस लेकर कहा।

दरिद्रता और लगातार दुःखों से मनुष्य अविश्वास करने लगता है, निवास! यह कोई नयी बात नहीं है—अमरनाथ ने चलने की उत्सुकता दिखाते हुए कहा।

किन्तु देवनिवास तो जैस आत्मविस्मृत था। उसने कहा—सुख और सम्पत्ति से क्या ईश्वर का विश्वास अधिक होने लगता है? क्या मनुष्य ईश्वर को पहचान लेता है? उसकी व्यापक सत्ता को मलिन वेष में देखकर दुरदुराता नहीं—ठुकराता नहीं, अमरनाथ! अबकी बार 'आलोचक' के विशेषांक में तुमने लौटे हुए प्रवासी कुलियों के सम्बन्ध में एक लेख लिखा था न! वह सब कैसे लिखा था?

अखबारों के आँकड़े देखकर। मुझे ठीक-ठीक स्मरण है। कब, किस द्वीप से कौन-कौन स्टीमर किस तारीख में चले। 'सतलज', 'पण्डित' और 'एलिफैण्टा' नाम के स्टीमरों पर कितने-कितने कुली थे, मुझे ठीक-ठीक मालूम था, और?

और वे सब कहाँ हैं?

सुना है, इसी कलकत्ते के पास कहीं मटियाबुर्ज है, वही अभागों का निवास है। अवध के नवाब का विलास या प्रायश्चित्त-भवन भी तो मटियाबुर्ज ही रहा। मैंने उस लेख में भी एक व्यंग इस पर बड़े मार्के का दिया है। चलो, खड़े-खड़े बातें करने की जगह नहीं। तुमने तो कहा था कि आज जनाकीर्ण कलकत्ते से दूर तुमको एक अच्छी जगह दिखाऊँगा। यहीं...।

यही मटियाबुर्ज है। —देवनिवास ने बड़ी गम्भीरता से कहा। और अब तुम कहोगे कि वह बुड्ढा वहीं से लौटा हुआ कोई कुली है।

हो सकता है, मुझे नहीं मालूम। अच्छा, चलो अब लौटें। —कहकर अमरनाथ ने अपनी साइकिल को धक्का दिया।

देवनिवास ने कहा—चलो उसकी झोपड़ी तक, मैं उससे कुछ बात करूँगा।

अनिच्छापूर्वक 'चलो' कहते हुए अमरनाथ ने मौलसिरी की ओर साइकिल घुमा दी। साइकिल के तीव्र आलोक में झोपड़ी के भीतर का दृश्य दिखाई दे रहा था। बुड्ढा मनोयोग से लाई फाँक रहा था और नीरा भी कल की बची हुई रोटी चबा रही थी। रूखे ओठों पर दो-एक दाने चिपक गये थे, जो उस दरिद्र मुख में जाना अस्वीकार कर रहे थे। लुक फेरा हुआ टीन का गिलास अपने खुरदरे रंग का नीलापन नीरा की आँखों में उँड़ेल रहा था। आलोक एक उज्ज्वल सत्य है, बन्द आँखों में भी उसकी सत्ता छिपी नहीं रहती। बुड्ढे ने आँखे खोल कर दोनों बाबुओं को देखा। वह बोल उठा—बाबूजी! आप अखबार देने आये हैं? मैं अभी पथ्य ले रहा था; बीमार हूँ न, इसी से लाई खाता हूँ, बड़ी नमकीन होती है। अखबार वाले को कभी-कभी नमकीन बातों का स्वाद दे देते हैं! इसी से तो, बेचारे कितनी दूर-दूर की बातें सुनते हैं। जब मैं 'मोरिशस' में था, तब हिन्दुस्तान की बातें पढ़ा करता था। मेरा देश सोने का है, ऐसी भावना जग उठी थी। अब कभी-कभी उस टापू की बातें पढ़ पाता हूँ, तब यह मिट्टी मालूम पड़ता है; पर सच कहता हूँ बाबूजी, 'मोरिशस' में अगर गोली न चली होती और 'नीरा' की माँ न मरी होती...हाँ, गोली से ही वह मरी थी... तो मैं अब तक वहीं से जन्मभूमि का सोने का सपना देखता; और

इस अभागे देश! नहीं-नहीं बाबूजी, मुझे यह कहने का अधिकार नहीं। मैं हूँ अभागा! हाय रे भाग!!

'नीरा' घबरा उठी थी। उसने किसी तरह दो घूँट जल गले से उतार कर इन लोगों की ओर देखा। उसकी आँखे कह रही थीं कि 'आओ, मेरी दरिद्रता का स्वाद लेनेवाले धनी विचारकों! और सुख तो तुम्हें मिलते ही हैं, एक न सही!'

अपने पिता को बातें करते देखकर वह घबरा उठती थी। वह डरती थी कि बुड्ढा न-जाने क्या-क्या कह बैठेगा। देवनिवास चुपचाप उसका मुँह देखने लगा।

नीरा बालिका न थी। स्त्रीत्व के सब व्यंजन थे, फिर भी जैसे दरिद्रता के भीषण हाथों ने उसे दबा दिया था, वह सीधी ऊपर नहीं उठने पाई।

क्या तुमको ईश्वर में विश्वास नहीं है?—अमरनाथ ने गम्भीरता से पूछा।

'आलोचक' में एक लेख मैंने पढ़ा था! वह इसी प्रकार के उलाहने से भरा था, कि 'वर्तमान जनता में ईश्वर के प्रति अविश्वास का भाव बढ़ता जा रहा है, और इसीलिए वह दुखी है।' यह पढ़कर मुझे तो हँसी आ गई। बुड्ढे ने अविचल भाव से कहा।

हँसी आ गई! कैसे दुःख की बात है। —अमरनाथ ने कहा।

दुःख की बात सोच कर ही तो हँसी आ गई। हम मूर्ख मनुष्यों ने त्राण की—शरण की—आशा से ईश्वर पर पूर्वकाल में विश्वास किया था, परस्पर के विश्वास और सद्भाव को ठुकराकर। मनुष्य, मनुष्य का विश्वास नहीं कर सका; इसीलिए तो एक सुखी दूसरे दुखी की ओर घृणा से देखता था। दुखी ने ईश्वर का अवलम्बन लिया, तो भी भगवान् ने संसार के दुखों की सृष्टि बन्द कर दी क्या? मनुष्य के बूते का न रहा, तो क्या वह भी...? कहते-कहते बूढ़े की आँखों से चिनगारियाँ निकलने लगीं; किन्तु वे अग्निकण गलने लगे और उसके कपोलों के गढ़े में वह द्रव इकट्ठा होने लगा।

अमरनाथ क्रोध से बुड्ढे को देख रहा था; किन्तु देवनिवास उस मलिना नीरा की उत्कण्ठा और खेद-भरी मुखाकृति का अध्ययन कर रहा था।

आपको क्रोध आ गया, क्यों महाशय! आने की बात ही है। ले लीजिये अपनी अठन्नी। अठन्नी देकर ईश्वर में विश्वास नहीं कराया जाता। उस चोट के बारे में पुलिस से जाकर न कहने के लिए भी अठन्नी की आवश्यकता नहीं। मैं यह मानता हूँ कि सृष्टि विषमता से भरी है, चेष्टा करके भी इसमें आर्थिक या शारीरिक साम्य नहीं लाया जा सकता। हाँ, तो भी ऐश्वर्यवालों को, जिन पर भगवान् की पूर्ण कृपा है, अपनी सहृदयता से ईश्वर का विश्वास कराने का प्रयत्न करना चाहिए। कहिए, इस तरह भगवान् की समस्या सुलझाने के लिए आप प्रस्तुत हैं?

इस बूढ़े नास्तिक और तार्किक से अमरनाथ को तीव्र विरक्ति हो चली थी। अब वह चलने के लिए देवनिवास से कहनेवाला था; किन्तु उसने देखा, वह तो झोपड़ी में आसन जमाकर बैठ गया है।

अमरनाथ को चुप देखकर देवनिवास ने बूढ़े से कहा—अच्छा, तो आप मेरे घर चलकर रहिए। सम्भव है कि मैं आपकी सेवा कर सकूँ। तब आप विश्वासी बन जायँ, तो कोई आश्चर्य नहीं।

इस बार तो वह बुड्ढा बुरी तरह देवनिवास को घूरने लगा। निवास वह तीव्र दृष्टि सह न सका। उसने समझा कि मैंने चलने के लिए कहकर बूढ़े को चोट पहुँचाई है। वह बोल उठा—क्या आप....?

ठहरो भाई! तुम बड़े जल्दबाज मालूम होते हो—बूढ़े ने कहा। क्या सचमुच तुम मेरी सेवा किया चाहते हो या....?

अब बूढ़ा नीरा की ओर देख रहा था और नीरा की आँखे बूढ़े को आगे न बोलने की शपथ दिला रही थीं; किन्तु उसने फिर कहा ही—या नीरा को, जिसे तुम बड़ी देर से देख रहे हो, अपने घर लिवा जाने की बड़ी उत्कण्ठा है! क्षमा करना! मैं अविश्वासी हो गया हूँ न! क्यों, जानते हो? जब कुलियों

के लिए इसी सीली, गन्दी और दुर्गन्धमयी भूमि में एक सहानुभूति उत्पन्न हुई थी, तब मुझे यह कटु अनुभव हुआ था कि वह सहानुभूति भी चिरायँध से खाली न थी। मुझे एक सहायक मिले थे और मैं यहाँ से थोड़ी दूर पर उनके घर रहने लगा था।

नीरा से अब न रहा गया। वह बोल उठी—बाबा, चुप न रहोगे; खाँसी आने लगेगी।

ठहर नीरा! हाँ तो महाशय जी, मैं उनके घर रहने लगा था। और उन्होंने मेरा आतिथ्य साधारणत: अच्छा ही किया। एक ऐसी ही काली रात थी। बिजली बादलों में चमक रही थी और मैं पेट भरकर उस ठण्डी रात में सुख की झपकी लेने लगा था। इस बात को बरसों हुए; तो भी मुझे ठीक स्मरण है कि मैं जैसे भयानक सपना देखता हुआ चौंक उठा। नीरा चिल्ला रही थी! क्यों नीरा?

अब नीरा हताश हो गई थी और उसने बूढ़े को रोकने का प्रयत्न छोड़ दिया था। वह एकटक बूढ़े का मुँह देख रही थी।

बुड्ढे ने फिर कहना आरम्भ किया—हाँ तो नीरा चिल्ला रही थी। मैं उठकर देखता हूँ, तो मेरे वह परम सहायक महाशय इसी नीरा को दोनों हाथ से पकड़कर घसीट रहे थे और यह बेचारी छूटने का व्यर्थ प्रयत्न कर रही थी। मैंने अपने दोनों दुर्बल हाथों को उठाकर उस नीच उपकारी के ऊपर दे मारा। वह नीरा को छोड़कर 'पाजी, बदमाश, निकल मेरे घर से' कहता हुआ मेरा अकिंचन सामान बाहर फेंकने लगा। बाहर ओले-सी बूँदें पड़ रही थीं और बिजली कौंधती थी। मैं नीरा को लिये सर्दी से दाँत किटकिटाता हुआ एक ठूँठे वृक्ष के नीचे रात भर बैठा रहा। उस समय वह मेरा ऐश्वर्यशाली सहायक बिजली के लैम्पों में मुलायम गद्दे पर सुख की नींद सो रहा था। यद्यपि मैं उसे लौटकर देखने नहीं गया, तो भी मैं निश्चयपूर्वक कहता हूँ कि उसके सुख में किसी प्रकार की बाधा उपस्थित करने का दण्ड देने के लिए भगवान् का न्याय अपने भीषण रूप में नहीं प्रकट हुआ। मैं रोता था—पुकारता था; किन्तु वहाँ सुनता कौन है!

तुम्हारा बदला लेने के लिए भगवान् नहीं आये, इसीलिए तुम अविश्वास करने लगे! लेखकों की कल्पना का साहित्यिक न्याय तुम सर्वत्र प्रत्यक्ष देखना चाहते हो न! निवास ने तत्परता से कहा।

क्यों न मैं ऐसा चाहता? क्या मुझे इतना भी अधिकार न था?

तुम समाचार-पत्र पढ़ते हो न?

अवश्य!

तो उसमें कहानियाँ भी कहीं-कहीं पढ़ लेते होंगे और उनकी आलोचनाएँ भी?

हाँ, तो फिर!

जैसे एक साधारण आलोचक प्रत्येक लेखक से अपने मन की कहानी कहलाया चाहता है और हठ करता है कि नहीं, यहाँ तो ऐसा न होना चाहिए था; ठीक उसी तरह तुम सृष्टिकर्ता से अपने जीवन की घटनावली अपने मनोनुकूल सही कराना चाहते हो। महाशय! मैं भी इसका अनुभव करता हूँ कि सर्वत्र यदि पापों का भीषण दण्ड तत्काल ही मिल जाया करता, तो यह सृष्टि पाप करना छोड़ देती। किन्तु वैसा नहीं हुआ। उलटे यह एक व्यापक और भयानक मनोवृत्ति बन गई है कि मेरे कष्टों का कारण कोई दूसरा है। इस तरह मनुष्य अपने कर्मों को सरलता से भूल सकता है। क्या तुमने अपने अपराधों पर विचार किया है?

निवास बड़े वेग में बोल रहा था। बुड्ढा, न जाने क्यों काँप उठा। साइकिल का तीव्र आलोक उसके विकृत मुख पर पड़ रहा था। बुड्ढे का सिर धीरे-धीरे नीचे झुकने लगा। नीरा चौंक उठी और एक फटा-सा कम्बल उस बुड्ढे को ओढ़ाने लगी। सहसा बुड्ढे ने सिर उठाकर कहा—मैं इसे मान लेता हूँ कि आपके पास बड़ी अच्छी युक्तियाँ हैं और वर्तमान दशा का कारण आप मुझे ही प्रमाणित कर सकते हैं। किन्तु वृक्ष के नीचे पुआल से ढँकी हुई मेरी झोपड़ी को और उसमें पड़े हुए अनाहार, सर्दी

और रोगों से जीर्ण मुझ अभागे को मेरा ही भ्रम बताकर आप किसी बड़े भारी सत्य का आविष्कार कर रहे हैं, तो कीजिए। जाइए, मुझे क्षमा कीजिए।

देवनिवास कुछ बोलने ही वाला था कि नीरा ने दृढ़ता से कहा—आप लोग क्यों बाबा को तंग कर रहे हैं? अब उन्हें सोने दीजिए।

निवास ने देखा कि नीरा के मुख पर आत्मनिर्भरता और सन्तोष की गम्भीर शान्ति है। स्त्रियों का हृदय अभिलाषाओं का, संसार के सुखों का, क्रीड़ास्थल है; किन्तु नीरा का हृदय, नीरा का मस्तिष्क इस किशोर अवस्था में ही कितना उदासीन और शान्त है। वह मन-ही-मन नीरा के सामने प्रणत हुआ।

दोनों मित्र उस झोपड़ी से निकले। रात अधिक बीत चली थी। वे कलकत्ता महानगरी की घनी बस्ती में धीरे-धीरे साइकिल चलाते हुए घुसे। दोनों का हृदय भारी था। वे चुप थे।

देवनिवास का मित्र कच्चा नागरिक नहीं था। उसको अपने आँकड़ों का और उनके उपयोग पर पूरा विश्वास था। वह सुख और दुःख, दरिद्रता और विभव, कटुता और मधुरता की परीक्षा करता। जो उसके काम के होते, उन्हें सम्हाल लेता; फिर अपने मार्ग पर चल देता। सार्वजनिक जीवन का ढोंग रचने में वह पूरा खिलाड़ी था। देवनिवास के आतिथ्य का उपभोग करके अपने लिए कुछ मसाला जुटाकर वह चला गया।

किन्तु निवास की आँखों में, उस रात्रि में बूढ़े की झोपड़ी का दृश्य, अपनी छाया ढालता ही रहा। एक सप्ताह बीतने पर वह फिर उसी ओर चला।

झोपड़ी में बुड्ढा पुआल पर पड़ा था। उसकी आँखें कुछ बड़ी हो गई थीं, ज्वर से लाल थीं। निवास को देखते ही एक रुग्ण हँसी उसके मुँह पर दिखाई दी। उसने धीरे से पूछा—बाबूजी, आज फिर.....।

नहीं, मैं वाद-विवाद करने नहीं आया हूँ। तुम क्या बीमार हो?

हाँ, बीमार हूँ बाबूजी, और यह आपकी कृपा है।

मेरी?

हाँ, उसी दिन से आपकी बातें मेरे सिर में चक्कर काटने लगी हैं। मैं ईश्वर पर विश्वास करने की बात सोचने लगा हूँ। बैठ जाइए, सुनिये।

निवास बैठ गया था। बुड्ढे ने फिर कहना आरम्भ किया—मैं हिन्द हूँ। कुछ सामान्य पूजा-पाठ का प्रभाव मेरे हृदय पर पड़ा रहा, जिन्हे मैं बाल्यकाल में अपने घर पर्वों और उत्सवों पर देख चुका था। मुझे ईश्वर के बारे में कभी कुछ बताया नहीं गया। अच्छा, जाने दीजिए, वह मेरी लम्बी कहानी है, मेरे जीवन की संसार से झगड़ते रहने की कथा है। अपनी घोर आवश्यकताओं से लड़ता-झगड़ता मैं कुली बन कर 'मोरिशस' पहुँचा। वहाँ 'कुलसम' से, नीरा की माँ से, मुझसे भेंट हो गई। मेरा उसका ब्याह हो गया। आप हँसिए मत, कुलियों के लिए वहाँ किसी काजी या पुरोहित की उतनी आवश्यकता नहीं। हम दोनों को एक दूसरे की आवश्यकता थी। 'कुलसम' ने मेरा घर बसाया। पहिले वह चाहे जैसी रही—किन्तु मेरे साथ सम्बन्ध होने के बाद से आजीवन वह एक साध्वी गृहिणी बनी रही। कभी-कभी वह अपने ढंग पर ईश्वर का विचार करती और मुझे भी इसके लिए प्रेरित करती; किन्तु मेरे मन में जितना 'कुलसम' के प्रति आकर्षण था, उतना ही उसके ईश्वर सम्बन्धी-विचारों से विद्रोह। मैं कुलसम के ईश्वर को तो कदापि नही समझ सका। मैं पुरुष होने की धारणा से यह तो सोचता, था कि 'कुलसम' वैसा ही ईश्वर माने जैसा उसे मैं समझ सकूँ और वह मेरा ईश्वर हिन्द हो! क्योंकि मैं सब छोड़ सकता था, लेकिन हिन्द होने का दम्भपूर्ण विचार मेरे मन में दृढ़ता से जम गया था; तो भी समझदार 'कुलसम' के सामने ईश्वर की कल्पना अपने ढंग की उपस्थित करने का मेरे पास कोई साधन न था। मेरे मन ने ढोंग किया कि मैं नास्तिक हो जाऊँ। जब कभी ऐसा अवसर आता, मैं 'कुलसम' के विचारों

की खिल्ली उड़ाता हुआ हँसकर कह देता—'मेरे लिए तो तुम्हीं ईश्वर हो, तुम्हीं खुदा हो, तुम्हीं सब कुछ हो।' वह मुझे चापलूसी करते हुए देखकर हँस देती थी, किन्तु उसका रोआँ-रोआँ रोने लगता।

मैं अपनी गाढ़ी कमाई के रुपये को शराब के प्याले में गलाकर मस्त रहता! मेरे लिए वह भी कोई विशेष बात न थी, न तो मेरे लिए आस्तिक बनने में ही कोई विशेषता थी। धीरे-धीरे मैं उच्छृंखल हो गया। कुलसम रोती, बिलखती और मुझे समझाती; किन्तु मुझे ये सब बातें व्यर्थ की-सी जान पड़तीं। मैं अधिक अविचारी हो उठा। मेरे जीवन का वह भयानक परिवर्तन बड़े वेग से आरम्भ हुआ। कुलसम उस कष्ट को सहन करने के लिए जीवित न रह सकी। उस दिन जब गोली चली थी, तब कुलसम के वहाँ जाने की आवश्यकता न थी। मैं सच कहता हूँ बाबूजी, वह आत्महत्या करने का उसका एक नया ढंग था। मुझे विश्वास होता है कि मैं ही इसका कारण था। इसके बाद मेरी वह सब उद्दण्डता तो नष्ट हो गई, जीवन की पूँजी जो मेरा निज का अभिमान था—वह भी चूर-चूर हो गया। मैं नीरा को लेकर भारत के लिए चल पड़ा। तब तक तो मैं ईश्वर के सम्बन्ध में एक उदासीन नास्तिक था; किन्तु इस दुःख ने मुझे विद्रोही बना दिया। मैं अपने कष्टों का कारण ईश्वर को ही समझने लगा और मेरे मन में यह बात जम गई कि यह मुझे दण्ड दिया गया है।

बुड्ढा उत्तेजित हो उठा था। उसका दम फूलने लगा, खाँसी आने लगी। नीरा मिट्टी के घड़े में जल लिये हुए झोपड़ी में आई। उसने देवनिवास को और अपने पिता को अन्वेषक दृष्टि से देखा। यह समझ लेने पर कि दोनों में से किसी के मुख पर कटुता नहीं है, वह प्रकृतिस्थ हुई। धीरे-धीरे पिता का सिर सहलाते हुए उसने पूछा—बाबा, लावा ले आई हूँ, कुछ खा लो।

बुड्ढे ने कहा—ठहरो बेटी! फिर निवास की ओर देखकर कहने लगा—बाबूजी, उस दिन भी जब नीरा के लिए मैंने भगवान् को पुकारा था, तब उसी कटुता से। सम्भव है, इसीलिए वे न आए हों। आज कई दिनों से मैं भगवान् को समझने की चेष्टा कर रहा हूँ। नीरा के लिए मुझे चिन्ता हो रही है। वह क्या करेगी? किसी अत्याचारी के हाथ पड़कर नष्ट तो न हो जायगी?

निवास कुछ बोलने ही को था कि नीरा कह उठी—बाबा, तुम मेरी चिन्ता न करो, भगवान् मेरी रक्षा करेंगे। निवास की अन्तरात्मा पुलकित हो उठी। बुड्ढे ने कहा—करेंगे बेटी? उसके मुख पर एक व्याकुल प्रसन्नता झलक उठी।

निवास ने बूढ़े की ओर देख कर विनीत स्वर में कहा—मैं नीरा से ब्याह करने के लिए प्रस्तुत हूँ। यदि तुम्हें— बूढ़े को अबकी खाँसी के साथ ढेर-सा रक्त गिरा, तो भी उसके मुँह पर सन्तोष और विश्वास की प्रसन्न-लीला खेलने लगी। उसने अपने दोनों हाथ निवास और नीरा पर फैलाकर रखते हुए कहा-हे मेरे भगवान्!

पुरस्कार

आर्द्रा नक्षत्र; आकाश में काले-काले बादलों की घुमड़, जिसमें देव-दुन्दभी का गम्भीर घोष। प्राची के एक निरभ्र कोने से स्वर्ण-पुरुष झाँकने लगा था।-देखने लगा महाराज की सवारी। शैलमाला के अञ्चल में समतल उर्वरा भूमि से सोंधी बास उठ रही थी। नगर-तोरण से जयघोष हुआ, भीड़ में गजराज का चामरधारी शुण्ड उन्नत दिखायी पड़ा। वह हर्ष और उत्साह का समुद्र हिलोर भरता हुआ आगे बढ़ने लगा।

प्रभात की हेम-किरणों से अनुरञ्जित नन्ही-नन्ही बूँदों का एक झोंका स्वर्ण-मल्लिका के समान बरस पड़ा। मंगल सूचना से जनता ने हर्ष-ध्वनि की।

रथों, हाथियों और अश्वारोहियों की पंक्ति जम गई। दर्शकों की भीड़ भी कम न थी। गजराज बैठ गया, सीढ़ियों से महाराज उतरे। सौभाग्यवती और कुमारी सुन्दरियों के दो दल, आम्रपल्लवों से सुशोभित मंगल-कलश और फूल, कुंकुम तथा खीलों से भरे थाल लिए, मधुर गान करते हुए आगे बढ़े।

महाराज के मुख पर मधुर मुस्क्यान थी। पुरोहित-वर्ग ने स्वस्त्ययन किया। स्वर्ण-रञ्जित हल की मूठ पकड़ कर महाराज ने जुते हुए सुन्दर पुष्ट बैलों को चलने का संकेत किया। बाजे बजने लगे। किशोरी कुमारियों ने खीलों और फूलों की वर्षा की।

कोशल का यह उत्सव प्रसिद्ध था। एक दिन के लिए महाराज को कृषक बनना पड़ता-उस दिन इंद्र-पूजन की धूम-धाम होती; गोठ होती। नगर-निवासी उस पहाड़ी भूमि में आनन्द मनाते। प्रतिवर्ष कृषि का यह महोत्सव उत्साह से सम्पन्न होता; दूसरे राज्यों से भी युवक राजकुमार इस उत्सव में बड़े चाव से आकर योग देते।

मगध का एक राजकुमार अरुण अपने रथ पर बैठा बड़े कुतूहल से यह दृश्य देख रहा था।

बीजों का एक बाल लिये कुमारी मधूलिका महाराज के साथ थी। बीज बोते हुए महाराज जब हाथ बढ़ाते, तब मधूलिका उनके सामने थाल कर देती। यह खेत मधूलिका का था, जो इस साल महाराज की खेती के लिए चुना गया था; इसलिए बीज देने का सम्मान मधूलिका ही को मिला। वह कुमारी थी। सुन्दरी थी। कौशेयवसन उसके शरीर पर इधर-उधर लहराता हुआ स्वयं शोभित हो रहा था। वह कभी उसे सम्हालती और कभी अपने रूखे अलकों को। कृषक बालिका के शुभ भाल पर श्रमकणों की भी कमी न थी, वे सब बरौनियों में गुँथे जा रहे थे। सम्मान और लज्जा उसके अधरों पर मन्द मुस्कराहट के साथ सिहर उठते; किन्तु महाराज को बीज देने में उसने शिथिलता नहीं की। सब लोग महाराज का हल चलाना देख रहे थे-विस्मय से, कुतूहल से। और अरुण देख रहा था कृषक कुमारी मधूलिका को। अहा कितना भोला सौन्दर्य! कितनी सरल चितवन!

उत्सव का प्रधान कृत्य समाप्त हो गया। महाराज ने मधूलिका के खेत का पुरस्कार दिया, थाल में कुछ स्वर्ण मुद्राएँ। वह राजकीय अनुग्रह था। मधूलिका ने थाली सिर से लगा ली; किन्तु साथ उसमें की स्वर्णमुद्राओं को महाराज पर न्योछावर करके बिखेर दिया। मधूलिका की उस समय की ऊर्जस्वित मूर्ति लोग आश्चर्य से देखने लगे! महाराज की भृकुटी भी जरा चढ़ी ही थी कि मधूलिका ने सविनय

कहा- देव! यह मेरे पितृ-पितामहों की भूमि है। इसे बेचना अपराध है; इसलिए मूल्य स्वीकार करना मेरी सामर्थ्य के बाहर है। महाराज के बोलने के पहले ही वृद्ध मन्त्री ने तीखे स्वर से कहा-अबोध! क्या बक रही है? राजकीय अनुग्रह का तिरस्कार! तेरी भूमि से चौगुना मूल्य है; फिर कोशल का तो यह सुनिश्चित राष्ट्रीय नियम है। तू आज से राजकीय रक्षण पाने की अधिकारिणी हुई, इस धन से अपने को सुखी बना।

राजकीय रक्षण की अधिकारिणी तो सारी प्रजा है, मन्त्रिवर! .... महाराज को भूमि-समर्पण करने में तो मेरा कोई विरोध न था और न है; किन्तु मूल्य स्वीकार करना असम्भव है।-मधूलिका उत्तेजित हो उठी।

महाराज के संकेत करने पर मन्त्री ने कहा-देव! वाराणसी-युद्ध के अन्यतम वीर सिंहमित्र की यह एक-मात्र कन्या है।-महाराज चौंक उठे-सिंहमित्र की कन्या! जिसने मगध के सामने कोशल की लाज रख ली थी, उसी वीर की मधूलिका कन्या है?

हाँ, देव! - सविनय मन्त्री ने कहा।

इस उत्सव के परम्परागत नियम क्या हैं, मन्त्रिवर?-महाराज ने पूछा।

देव, नियम तो बहुत साधारण हैं। किसी भी अच्छी भूमि को इस उत्सव के लिए चुनकर नियमानुसार पुरस्कार-स्वरूप उसका मूल्य दे दिया जाता है। वह भी अत्यन्त अनुग्रहपूर्वक अर्थात् भू-सम्पत्ति का चौगुना मूल्य उसे मिलता है। उस खेती को वही व्यक्ति वर्ष भर देखता है। वह राजा का खेत कहा जाता है।

महाराज को विचार-संघर्ष से विश्राम की अत्यन्त आवश्यकता थी। महाराज चुप रहे। जयघोष के साथ सभा विसर्जित हुई। सब अपने-अपने शिविरों में चले गये। किन्तु मधूलिका को उत्सव में फिर किसी ने न देखा। वह अपने खेत की सीमा पर विशाल मधूक-वृक्ष के चिकने हरे पत्तों की छाया में अनमनी चुपचाप बैठी रही।

रात्रि का उत्सव अब विश्राम ले रहा था। राजकुमार अरुण उसमें सम्मिलित नहीं हुआ-अपने विश्राम-भवन में जागरण कर रहा था। आँखों में नींद न थी। प्राची में जैसी गुलाली खिल रही थी, वह रंग उसकी आँखों में था। सामने देखा तो मुण्डेर पर कपोती एक पैर पर खड़ी पंख फैलाये अँगड़ाई ले रही थी। अरुण उठ खड़ा हुआ। द्वार पर सुसज्जित अश्व था, वह देखते-देखते नगर-तोरण पर जा पहुँचा। रक्षक-गण ऊँघ रहे थे, अश्व के पैरों के शब्द से चौंक उठे।

युवक-कुमार तीर-सा निकल गया। सिन्धुदेश का तुरंग प्रभात के पवन से पुलकित हो रहा था। घूमता-घूमता अरुण उसी मधूक-वृक्ष के नीचे पहुँचा, जहाँ मधूलिका अपने हाथ पर सिर धरे हुए खिन्न-निद्रा का सुख ले रही थी।

अरुण ने देखा, एक छिन्न माधवीलता वृक्ष की शाखा से च्युत होकर पड़ी है। सुमन मुकुलित, भ्रमर निस्पन्द थे। अरुण ने अपने अश्व को मौन रहने का संकेत किया, उस सुषमा को देखने लिए, परन्तु कोकिल बोल उठा। जैसे उसने अरुण से प्रश्न किया-छि:, कुमारी के सोये हुए सौन्दर्य पर दृष्टिपात करनेवाले धृष्ट, तुम कौन? मधूलिका की आँखे खुल पड़ीं। उसने देखा, एक अपरिचित युवक। वह संकोच से उठ बैठी। - भद्रे! तुम्हीं न कल के उत्सव की सञ्चालिका रही हो?

उत्सव! हाँ, उत्सव ही तो था।

कल उस सम्मान.... क्यों आपको कल का स्वप्न सता रहा है? भद्र! आप क्या मुझे इस अवस्था में सन्तुष्ट न रहने देंगे?

मेरा हृदय तुम्हारी उस छवि का भक्त बन गया है, देवि!

मेरे उस अभिनय का-मेरी विडम्बना का। आह! मनुष्य कितना निर्दय है, अपरिचित! क्षमा करो, जाओ अपने मार्ग।

सरलता की देवि! मैं मगध का राजकुमार तुम्हारे अनुग्रह का प्रार्थी हूँ-मेरे हृदय की भावना अवगुण्ठन में रहना नहीं जानती। उसे अपनी....।

राजकुमार! मैं कृषक-बालिका हूँ। आप नन्दनबिहारी और मैं पृथ्वी पर परिश्रम करके जीनेवाली। आज मेरी स्नेह की भूमि पर से मेरा अधिकार छीन लिया गया है। मैं दुःख से विकल हूँ; मेरा उपहास न करो।

मैं कोशल-नरेश से तुम्हारी भूमि तुम्हें दिलवा दूंगा।

नहीं, वह कोशल का राष्ट्रीय नियम है। मैं उसे बदलना नहीं चाहती-चाहे उससे मुझे कितना ही दुःख हो।

तब तुम्हारा रहस्य क्या है?

यह रहस्य मानव-हृदय का है, मेरा नहीं। राजकुमार, नियमों से यदि मानव-हृदय बाध्य होता, तो आज मगध के राजकुमार का हृदय किसी राजकुमारी की ओर न खिंच कर एक कृषक-बालिका का अपमान करने न आता। मधूलिका उठ खड़ी हुई।

चोट खाकर राजकुमार लौट पड़ा। किशोर किरणों में उसका रत्नकिरीट चमक उठा। अश्व वेग से चला जा रहा था और मधूलिका निष्ठुर प्रहार करके क्या स्वयं आहत न हुई? उसके हृदय में टीस-सी होने लगी। वह सजल नेत्रों से उड़ती हुई धूल देखने लगी।

मधूलिका ने राजा का प्रतिपादन, अनुग्रह नहीं लिया। वह दूसरे खेतों में काम करती और चौथे पहर रूखी-सूखी खाकर पड़ रहती। मधूक-वृक्ष के नीचे छोटी-सी पर्णकुटीर थी। सूखे डंठलों से उसकी दीवार बनी थी। मधूलिका का वही आश्रय था। कठोर परिश्रम से जो रूखा अन्न मिलता, वही उसकी साँसों को बढ़ाने के लिए पर्याप्त था।

दुबली होने पर भी उसके अंग पर तपस्या की कान्ति थी। आस-पास के कृषक उसका आदर करते। वह एक आदर्श बालिका थी। दिन, सप्ताह, महीने और वर्ष बीतने लगे।

शीतकाल की रजनी, मेघों से भरा आकाश, जिसमें बिजली की दौड़-धूप। मधूलिका का छाजन टपक रहा था! ओढ़ने की कमी थी। वह ठिठुरकर एक कोने में बैठी थी। मधूलिका अपने अभाव को आज बढ़ाकर सोच रही थी। जीवन से सामञ्जस्य बनाये रखने वाले उपकरण तो अपनी सीमा निर्धारित रखते हैं; परन्तु उनकी आवश्यकता और कल्पना भावना के साथ बढ़ती-घटती रहती है। आज बहुत दिनों पर उसे बीती हुई बात स्मरण हुई। दो, नहीं-नहीं, तीन वर्ष हुए होंगे, इसी मधूक के नीचे प्रभात में-तरुण राजकुमार ने क्या कहा था?

वह अपने हृदय से पूछने लगी-उन चाटुकारी के शब्दों को सुनने के लिए उत्सुक-सी वह पूछने लगी-क्या कहा था? दुःख-दग्ध हृदय उन स्वप्न-सी बातों को स्मरण रख सकता था? और स्मरण ही होता, तो भी कष्टों की इस काली निशा में वह कहने का साहस करता। हाय री बिडम्बना!

आज मधूलिका उस बीते हुए क्षण को लौटा लेने के लिए विकल थी। दारिद्रय की ठोकरों ने उसे व्यथित और अधीर कर दिया है। मगध की प्रासाद-माला के वैभव का काल्पनिक चित्र-उन सूखे डंठलों के रन्ध्रों से, नभ में-बिजली के आलोक में-नाचता हुआ दिखाई देने लगा। खिलवाड़ी शिशु जैसे श्रावण की सन्ध्या में जुगनू को पकड़ने के लिए हाथ लपकाता है, वैसे ही मधूलिका मन-ही-मन कर रही थी। 'अभी वह निकल गया'। वर्षा ने भीषण रूप धारण किया। गड़गड़ाहट बढ़ने लगी; ओले पड़ने की सम्भावना थी। मधूलिका अपनी जर्जर झोपड़ी के लिए काँप उठी। सहसा बाहर कुछ शब्द हुआ- कौन है यहाँ? पथिक को आश्रय चाहिए।

मधूलिका ने डंठलों का कपाट खोल दिया। बिजली चमक उठी। उसने देखा, एक पुरुष घोड़े की डोर पकड़े खड़ा है। सहसा वह चिल्ला उठी-राजकुमार!

मधूलिका?-आश्चर्य से युवक ने कहा।

एक क्षण के लिए सन्नाटा छा गया। मधूलिका अपनी कल्पना को सहसा प्रत्यक्ष देखकर चकित हो गई - इतने दिनों के बाद आज फिर!

अरुण ने कहा-कितना समझाया मैंने-परन्तु.....

मधूलिका अपनी दयनीय अवस्था पर संकेत करने देना नहीं चाहती थी। उसने कहा-और आज आपकी यह क्या दशा है?

सिर झुकाकर अरुण ने कहा-मैं मगध का विद्रोही निर्वासित कोशल में जीविका खोजने आया हूँ।

मधूलिका उस अन्धकार में हँस पड़ी-मगध का विद्रोही राजकुमार का स्वागत करे एक अनाथिनी कृषक-बालिका, यह भी एक विडम्बना है, तो भी मैं स्वागत के लिए प्रस्तुत हूँ।

शीतकाल की निस्तब्ध रजनी, कुहरे से धुली हुई चाँदनी, हाड़ कँपा देनेवाला समीर, तो भी अरुण और मधूलिका दोनों पहाड़ी गह्वर के द्वार पर वट-वृक्ष के नीचे बैठे हुए बातें कर रहे हैं। मधूलिका की वाणी में उत्साह था, किन्तु अरुण जैसे अत्यन्त सावधान होकर बोलता।

मधूलिका ने पूछा-जब तुम इतनी विपन्न अवस्था में हो, तो फिर इतने सैनिकों को साथ रखने की क्या आवश्यकता है?

मधूलिका! बाहुबल ही तो वीरों की आजीविका है। ये मेरे जीवन-मरण के साथी हैं, भला मैं इन्हें कैसे छोड़ देता? और करता ही क्या?

क्यों? हम लोग परिश्रम से कमाते और खाते। अब तो तुम...।

भूल न करो, मैं अपने बाहुबल पर भरोसा करता हूँ। नये राज्य की स्थापना कर सकता हूँ। निराश क्यों हो जाऊँ?-अरुण के शब्दों में कम्पन था; वह जैसे कुछ कहना चाहता था; पर कह न सकता था।

नवीन राज्य! ओहो, तुम्हारा उत्साह तो कम नहीं। भला कैसे? कोई ढंग बताओ, तो मैं भी कल्पना का आनन्द ले लूँ।

कल्पना का आनन्द नहीं मधूलिका, मैं तुम्हे राजरानी के सम्मान में सिंहासन पर बिठाऊँगा! तुम अपने छिने हुए खेत की चिन्ता करके भयभीत न हो।

एक क्षण में सरल मधूलिका के मन में प्रमाद का अन्धड़ बहने लगा-द्वन्द्व मच गया। उसने सहसा कहा-आह, मैं सचमुच आज तक तुम्हारी प्रतीक्षा करती थी, राजकुमार!

अरुण ढिठाई से उसके हाथों को दबाकर बोला-तो मेरा भ्रम था, तुम सचमुच मुझे प्यार करती हो?

युवती का वक्षस्थल फूल उठा, वह हाँ भी नहीं कह सकी, ना भी नहीं। अरुण ने उसकी अवस्था का अनुभव कर लिया। कुशल मनुष्य के समान उसने अवसर को हाथ से न जाने दिया। तुरन्त बोल उठा-तुम्हारी इच्छा हो, तो प्राणों से पण लगाकर मैं तुम्हें इस कोशल-सिंहासन पर बिठा दूँ। मधूलिके! अरुण के खड्ग का आतंक देखोगी?-मधूलिका एक बार काँप उठी। वह कहना चाहती थी...नहीं; किन्तु उसके मुँह से निकला-क्या?

सत्य मधूलिका, कोशल-नरेश तभी से तुम्हारे लिए चिन्तित हैं। यह मैं जानता हूँ, तुम्हारी साधारण-सी प्रार्थना वह अस्वीकार न करेंगे। और मुझे यह भी विदित है कि कोशल के सेनापति अधिकांश सैनिको के साथ पहाड़ी दस्युओं का दमन करने के लिए बहुत दूर चले गये हैं।

मधूलिका की आँखों के आगे बिजलियाँ हँसने लगी। दारुण भावना से उसका मस्तक विकृत हो उठा। अरुण ने कहा-तुम बोलती नहीं हो?

जो कहोगे, वह करूँगी....मन्त्रमुग्ध-सी मधूलिका ने कहा।

स्वर्णमञ्च पर कोशल-नरेश अर्द्धनिद्रित अवस्था में आँखे मुकुलित किये हैं। एक चामधारिणी युवती पीछे खड़ी अपनी कलाई बड़ी कुशलता से घुमा रही है। चामर के शुभ्र आन्दोलन उस प्रकोष्ठ में धीरे-धीरे सञ्चलित हो रहे हैं। ताम्बूल-वाहिनी प्रतिमा के समान दूर खड़ी है।

प्रतिहारी ने आकर कहा-जय हो देव! एक स्त्री कुछ प्रार्थना लेकर आई है।

आँख खोलते हुए महाराज ने कहा-स्त्री! प्रार्थना करने आई? आने दो।

प्रतिहारी के साथ मधूलिका आई। उसने प्रणाम किया। महाराज ने स्थिर दृष्टि से उसकी ओर देखा और कहा-तुम्हें कहीं देखा है?

तीन बरस हुए देव! मेरी भूमि खेती के लिए ली गई थी।

ओह, तो तुमने इतने दिन कष्ट में बिताये, आज उसका मूल्य माँगने आई हो, क्यों? अच्छा-अच्छा तुम्हें मिलेगा। प्रतिहारी!

नहीं महाराज, मुझे मूल्य नहीं चाहिए।

मूर्ख! फिर क्या चाहिए?

उतनी ही भूमि, दुर्ग के दक्षिणी नाले के समीप की जंगली भूमि, वहीं मैं अपनी खेती करूँगी। मुझे एक सहायक मिल गया है। वह मनुष्यों से मेरी सहायता करेगा, भूमि को समतल भी बनाना होगा।

महाराज ने कहा-कृषक बालिके! वह बड़ी उबड़-खाबड़ भूमि है। तिस पर वह दुर्ग के समीप एक सैनिक महत्व रखती है।

तो फिर निराश लौट जाऊँ?

सिंहमित्र की कन्या! मैं क्या करूँ, तुम्हारी यह प्रार्थना....

देव! जैसी आज्ञा हो!

जाओ, तुम श्रमजीवियों को उसमें लगाओ। मैं अमात्य को आज्ञापत्र देने का आदेश करता हूँ।

जय हो देव!-कहकर प्रणाम करती हुई मधूलिका राजमन्दिर के बाहर आई।

दुर्ग के दक्षिण, भयावने नाले के तट पर, घना जंगल है, आज मनुष्यों के पद-सञ्चार से शून्यता भंग हो रही थी। अरुण के छिपे वे मनुष्य स्वतन्त्रता से इधर-उधर घूमते थे। झाड़ियों को काट कर पथ बन रहा था। नगर दूर था, फिर उधर यों ही कोई नहीं आता था। फिर अब तो महाराज की आज्ञा से वहाँ मधूलिका का अच्छा-सा खेत बन रहा था। तब इधर की किसको चिन्ता होती?

एक घने कुञ्ज में अरुण और मधूलिका एक दूसरे को हर्षित नेत्रों से देख रहे थे। सन्ध्या हो चली थी। उस निविड़ वन में उन नवागत मनुष्यों को देखकर पक्षीगण अपने नीड़ को लौटते हुए अधिक कोलाहल कर रहे थे।

प्रसन्नता से अरुण की आँखे चमक उठीं। सूर्य की अन्तिम किरण झुरमुट में घुसकर मधूलिका के कपोलों से खेलने लगी। अरुण ने कहा-चार प्रहर और, विश्वास करो, प्रभात में ही इस जीर्ण-कलेवर कोशल-राष्ट्र की राजधानी श्रावस्ती में तुम्हारा अभिषेक होगा और मगध से निर्वासित मैं एक स्वतन्त्र राष्ट्र का अधिपति बनूँगा, मधूलिके!

भयानक! अरुण, तुम्हारा साहस देखकर मैं चकित हो रही हूँ। केवल सौ सैनिकों से तुम...

रात के तीसरे प्रहर मेरी विजय-यात्रा होगी।

तो तुमको इस विजय पर विश्वास है?

अवश्य, तुम अपनी झोपड़ी में यह रात बिताओ; प्रभात से तो राज-मन्दिर ही तुम्हारा लीला-निकेतन बनेगा।

मधूलिका प्रसन्न थी; किन्तु अरुण के लिए उसकी कल्याण-कामना सशंक थी। वह कभी-कभी उद्विग्न-सी होकर बालकों के समान प्रश्न कर बैठती। अरुण उसका समाधान कर देता। सहसा कोई संकेत पाकर उसने कहा-अच्छा, अन्धकार अधिक हो गया। अभी तुम्हें दूर जाना है और मुझे भी प्राण-पण से इस अभियान के प्रारम्भिक कार्यों को अर्द्धरात्रि तक पूरा कर लेना चाहिए; तब रात्रि भर के लिए विदा! मधूलिके!

मधूलिका उठ खड़ी हुई। कँटीली झाड़ियों से उलझती हुई क्रम से, बढ़नेवाले अन्धकार में वह झोपड़ी की ओर चली।

पथ अन्धकारमय था और मधूलिका का हृदय भी निविड़-तम से घिरा था। उसका मन सहसा विचलित हो उठा, मधुरता नष्ट हो गई। जितनी सुख-कल्पना थी, वह जैसे अन्धकार में विलीन होने लगी। वह भयभीत थी, पहला भय उसे अरुण के लिए उत्पन्न हुआ, यदि वह सफल न हुआ तो? फिर सहसा सोचने लगी-वह क्यों सफल हो? श्रावस्ती दुर्ग एक विदेशी के अधिकार में क्यों चला जाय? मगध का चिरशत्रु! ओह, उसकी विजय! कोशल-नरेश ने क्या कहा था-'सिंहमित्र की कन्या।' सिंहमित्र, कोशल का रक्षक वीर, उसी की कन्या आज क्या करने जा रही है? नहीं, नहीं, मधूलिका! मधूलिका!!' जैसे उसके पिता उस अन्धकार में पुकार रहे थे। वह पगली की तरह चिल्ला उठी। रास्ता भूल गई।

रात एक पहर बीत चली, पर मधूलिका अपनी झोपड़ी तक न पहुँची। वह उधेड़बुन में विक्षिप्त-सी चली जा रही थी। उसकी आँखों के सामने कभी सिंहमित्र और कभी अरुण की मूर्ति अन्धकार में चित्रित होती जाती। उसे सामने आलोक दिखाई पड़ा। वह बीच पथ में खड़ी हो गई। प्राय: एक सौ उल्काधारी अश्वारोही चले आ रहे थे और आगे-आगे एक वीर अधेड़ सैनिक था। उसके बायें हाथ में अश्व की वल्गा और दाहिने हाथ में नग्न खड्ग। अत्यन्त धीरता से वह टुकड़ी अपने पथ पर चल रही थी। परन्तु मधूलिका बीच पथ से हिली नहीं। प्रमुख सैनिक पास आ गया; पर मधूलिका अब भी नहीं हटी। सैनिक ने अश्व रोककर कहा-कौन? कोई उत्तर नहीं मिला। तब तक दूसरे अश्वारोही ने सड़क पर कहा-तू कौन है, स्त्री? कोशल के सेनापति को उत्तर शीघ्र दे।

रमणी जैसे विकार-ग्रस्त स्वर में चिल्ला उठी-बाँध लो, मुझे बाँध लो! मेरी हत्या करो। मैंने अपराध ही ऐसा किया है।

सेनापति हँस पड़े, बोले-पगली है।

पगली नहीं, यदि वही होती, तो इतनी विचार-वेदना क्यों होती? सेनापति! मुझे बाँध लो। राजा के पास ले चलो।

क्या है, स्पष्ट कह!

श्रावस्ती का दुर्ग एक प्रहर में दस्युओं के हस्तगत हो जायेगा। दक्षिणी नाले के पार उनका आक्रमण होगा।

सेनापति चौंक उठे। उन्होंने आश्चर्य से पूछा-तू क्या कह रही है?

मैं सत्य कह रही हूँ; शीघ्रता करो।

सेनापति ने अस्सी सैनिकों को नाले की ओर धीरे-धीरे बढ़ने की आज्ञा दी और स्वयं बीस

अश्वारोहियों के साथ दुर्ग की ओर बढ़े। मधूलिका एक अश्वारोही के साथ बाँध दी गई।

श्रावस्ती का दुर्ग, कोशल राष्ट्र का केन्द्र, इस रात्रि में अपने विगत वैभव का स्वप्न देख रहा था। भिन्न राजवंशों ने उसके प्रान्तों पर अधिकार जमा लिया है। अब वह केवल कई गाँवों का अधिपति है। फिर भी उसके साथ कोशल के अतीत की स्वर्ण-गाथाएँ लिपटी हैं। वही लोगों की ईर्ष्या का कारण है। जब थोड़े से अश्वारोही बड़े वेग से आते हुए दुर्ग-द्वार पर रुके, तब दुर्ग के प्रहरी चौंक उठे। उल्का के आलोक में उन्होंने सेनापति को पहचाना, द्वार खुला। सेनापति घोड़े की पीठ से उतरे। उन्होंने कहा-अग्निसेन! दुर्ग में कितने सैनिक होंगे?

सेनापति की जय हो! दो सौ।

उन्हें शीघ्र ही एकत्र करो; परन्तु बिना किसी शब्द के। सौ को लेकर तुम शीघ्र ही चुपचाप दुर्ग के दक्षिण की ओर चलो। आलोक और शब्द न हों।

सेनापति ने मधूलिका की ओर देखा। वह खोल दी गई। उसे अपने पीछे आने का संकेत कर सेनापति राजमन्दिर की ओर बढ़े। प्रतिहारी ने सेनापति को देखते ही महाराज को सावधान किया। वह अपनी सुख-निद्रा के लिये प्रस्तुत हो रहे थे; किन्तु सेनापति और साथ में मधूलिका को देखते ही चञ्चल हो उठे। सेनापति ने कहा-जय हो देव! इस स्त्री के कारण मुझे इस समय उपस्थित होना पड़ा है।

महाराज ने स्थिर नेत्रों से देखकर कहा-सिंहमित्र की कन्या! फिर यहाँ क्यों? क्या तुम्हारा क्षेत्र नहीं बन रहा है? कोई बाधा? सेनापति! मैंने दुर्ग के दक्षिणी नाले के समीप की भूमि इसे दी है। क्या उसी सम्बन्ध में तुम कहना चाहते हो?

देव! किसी गुप्त शत्रु ने उसी ओर से आज की रात में दुर्ग पर अधिकार कर लेने का प्रबन्ध किया है और इसी स्त्री ने मुझे पथ में यह सन्देश दिया है।

राजा ने मधूलिका की ओर देखा। वह काँप उठी। घृणा और लज्जा से वह गड़ी जा रही थी। राजा ने पूछा-मधूलिका, यह सत्य है!

हाँ, देव!

राजा ने सेनापति से कहा-सैनिकों को एकत्र करके तुम चलो मैं अभी आता हूँ। सेनापति के चले जाने पर राजा ने कहा-सिंहमित्र की कन्या! तुमने एक बार फिर कोशल का उपकार किया। यह सूचना देकर तुमने पुरस्कार का काम किया है। अच्छा, तुम यहीं ठहरो। पहले उन आततायियों का प्रबन्ध कर लूँ।

अपने साहसिक अभियान में अरुण बन्दी हुआ और दुर्ग उल्का के आलोक में अतिरञ्जित हो गया। भीड़ ने जयघोष किया। सबके मन में उल्लास था। श्रावस्ती-दुर्ग आज एक दस्यु के हाथ में जाने से बचा था। आबाल-वृद्ध-नारी आनन्द से उन्मत्त हो उठे।

ऊषा के आलोक में सभा-मण्डप दर्शकों से भर गया। बन्दी अरुण को देखते ही जनता ने रोष से हूँकार करते हुए कहा-'वध करो!' राजा ने सबसे सहमत होकर आज्ञा दी-'प्राण दण्ड।' मधूलिका बुलायी गई। वह पगली-सी आकर खड़ी हो गई। कोशल-नरेश ने पूछा-मधूलिका, तुझे जो पुरस्कार लेना हो, माँग। वह चुप रही।

राजा ने कहा-मेरी निज की जितनी खेती है, मैं सब तुझे देता हूँ। मधूलिका ने एक बार बन्दी अरुण की ओर देखा। उसने कहा-मुझे कुछ न चाहिए। अरुण हँस पड़ा। राजा ने कहा-नहीं, मैं तुझे अवश्य दूँगा। माँग ले।

तो मुझे भी प्राणदण्ड मिले। कहती हुई वह बन्दी अरुण के पास जा खड़ी हुई।

आकाशदीप
(कहानी संग्रह)

आकाशदीप

१

"बन्दी!"

"क्या है? सोने दो।"

"मुक्त होना चाहते हो?"

"अभी नहीं, निद्रा खुलने पर, चुप रहो।"

"फिर अवसर न मिलेगा।"

"बड़ा शीत है, कहीं से एक कम्बल डालकर कोई शीत से मुक्त करता।"

"आँधी की सम्भावना है। यही अवसर है। आज मेरे बन्धन शिथिल हैं।"

"तो क्या तुम भी बन्दी हो?"

"हाँ, धीरे बोलो, इस नाव पर केवल दस नाविक और प्रहरी हैं।"

"शस्त्र मिलेगा?"

"मिल जायगा। पोत से सम्बद्ध रज्जु काट सकोगे?"

"हाँ।"

समुद्र में हिलोरें उठने लगीं। दोनों बन्दी आपस में टकराने लगे। पहले बन्दी ने अपने को स्वतन्त्र कर लिया। दूसरे का बन्धन खोलने का प्रयत्न करने लगा। लहरों के धक्के एक-दूसरे को स्पर्श से पुलकित कर रहे थे। मुक्ति की आशा-स्नेह का असम्भावित आलिंगन। दोनों ही अन्धकार में मुक्त हो गये। दूसरे बन्दी ने हर्षातिरेक से उसको गले से लगा लिया। सहसा उस बन्दी ने कहा-"यह क्या? तुम स्त्री हो?"

"क्या स्त्री होना कोई पाप है?"-अपने को अलग करते हुए स्त्री ने कहा।

"शस्त्र कहाँ है-तुम्हारा नाम?"

"चम्पा।"

तारक-खचित नील अम्बर और समुद्र के अवकाश में पवन ऊधम मचा रहा था। अन्धकार से मिलकर पवन दुष्ट हो रहा था। समुद्र में आन्दोलन था। नौका लहरों में विकल थी। स्त्री सतर्कता से लुढ़कने लगी। एक मतवाले नाविक के शरीर से टकराती हुई सावधानी से उसका कृपाण निकालकर, फिर लुढ़कते हुए, बन्दी के समीप पहुँच गई। सहसा पोत से पथ-प्रदर्शक ने चिल्लाकर कहा-"आँधी!"

आपत्ति-सूचक तूर्य बजने लगा। सब सावधान होने लगे। बन्दी युवक उसी तरह पड़ा रहा। किसी ने रस्सी पकड़ी, कोई पाल खोल रहा था। पर युवक बन्दी ढुलक कर उस रज्जु के पास पहुँचा, जो पोत से संलग्न थी। तारे ढँक गये। तरंगें उद्वेलित हुईं, समुद्र गरजने लगा। भीषण आँधी, पिशाचिनी के

समान नाव को अपने हाथों में लेकर कन्दक-क्रीड़ा और अट्टहास करने लगी।

एक झटके के साथ ही नाव स्वतन्त्र थी। उस संकट में भी दोनों बन्दी खिलखिला कर हँस पड़े। आँधी के हाहाकार में उसे कोई न सुन सका।

२

अनन्त जलनिधि में ऊषा का मधुर आलोक फूट उठा। सुनहली किरणों और लहरों की कोमल सृष्टि मुस्कराने लगी। सागर शान्त था। नाविकों ने देखा, पोत का पता नहीं। बन्दी मुक्त हैं।

नायक ने कहा-"बुधगुप्त! तुमको मुक्त किसने किया?"

कृपाण दिखाकर बुधगुप्त ने कहा-"इसने।"

नायक ने कहा-"तो तुम्हें फिर बन्दी बनाऊँगा।"

"किसके लिये? पोताध्यक्ष मणिभद्र अतल जल में होगा-नायक! अब इस नौका का स्वामी मैं हूँ।"

"तुम? जलदस्यु बुधगुप्त? कदापि नहीं।"-चौंक कर नायक ने कहा और अपना कृपाण टटोलने लगा! चम्पा ने इसके पहले उस पर अधिकार कर लिया था। वह क्रोध से उछल पड़ा।

"तो तुम द्वंद्वयुद्ध के लिये प्रस्तुत हो जाओ; जो विजयी होगा, वह स्वामी होगा।"-इतना कहकर बुधगुप्त ने कृपाण देने का संकेत किया। चम्पा ने कृपाण नायक के हाथ में दे दिया।

भीषण घात-प्रतिघात आरम्भ हुआ। दोनों कुशल, दोनों त्वरित गतिवाले थे। बड़ी निपुणता से बुधगुप्त ने अपना कृपाण दाँतों से पकड़कर अपने दोनों हाथ स्वतन्त्र कर लिये। चम्पा भय और विस्मय से देखने लगी। नाविक प्रसन्न हो गये। परन्तु बुधगुप्त ने लाघव से नायक का कृपाण वाला हाथ पकड़ लिया और विकट हुंकार से दूसरा हाथ कटि में डाल, उसे गिरा दिया। दूसरे ही क्षण प्रभात की किरणों में बुधगुप्त का विजयी कृपाण हाथों में चमक उठा। नायक की कातर आँखें प्राण-भिक्षा माँगने लगीं।

बुधगुप्त ने कहा-"बोलो, अब स्वीकार है कि नहीं?"

"मैं अनुचर हूँ, वरुणदेव की शपथ। मैं विश्वासघात नहीं करूँगा।" बुधगुप्त ने उसे छोड़ दिया।

चम्पा ने युवक जलदस्यु के समीप आकर उसके क्षतों को अपनी स्निग्ध दृष्टि और कोमल करों से वेदना विहीन कर दिया। बुधगुप्त के सुगठित शरीर पर रक्त-बिन्द विजय-तिलक कर रहे थे।

विश्राम लेकर बुधगुप्त ने पूछा "हम लोग कहाँ होंगे?"

"बालीद्वीप से बहुत दूर, सम्भवत: एक नवीन द्वीप के पास, जिसमें अभी हम लोगों का बहुत कम आना-जाना होता है। सिंहल के वणिकों का वहाँ प्राधान्य है।"

"कितने दिनों में हम लोग वहाँ पहुँचेंगे?"

"अनुकूल पवन मिलने पर दो दिन में। तब तक के लिये खाद्य का अभाव न होगा।"

सहसा नायक ने नाविकों को डाँड़ लगाने की आज्ञा दी, और स्वयं पतवार पकड़कर बैठ गया। बुधगुप्त के पूछने पर उसने कहा-"यहाँ एक जलमग्न शैलखण्ड है। सावधान न रहने से नाव टकराने का भय है।"

३

"तुम्हें इन लोगों ने बन्दी क्यों बनाया?"

"वणिक् मणिभद्र की पाप-वासना ने।"

"तुम्हारा घर कहाँ है?"

"जाह्ववी के तट पर। चम्पा-नगरी की एक क्षत्रिय बालिका हूँ। पिता इसी मणिभद्र के यहाँ प्रहरी का काम करते थे। माता का देहावसान हो जाने पर मैं भी पिता के साथ नाव पर ही रहने लगी। आठ बरस से समुद्र ही मेरा घर है। तुम्हारे आक्रमण के समय मेरे पिता ने ही सात दस्युओं को मारकर जल-समाधि ली। एक मास हुआ, मैं इस नील नभ के नीचे, नील जलनिधि के ऊपर, एक भयानक अनन्तता में निस्सहाय हूँ-अनाथ हूँ। मणिभद्र ने मुझसे एक दिन घृणित प्रस्ताव किया। मैंने उसे गालियाँ सुनाईं। उसी दिन से बन्दी बना दी गई।"-चम्पा रोष से जल रही थी।

"मैं भी ताम्रलिप्ति का एक क्षत्रिय हूँ, चम्पा! परन्तु दुर्भाग्य से जलदस्यु बन कर जीवन बिताता हूँ। अब तुम क्या करोगी?"

"मैं अपने अदृष्ट को अनिर्दिष्ट ही रहने दूँगी। वह जहाँ ले जाय।" -चम्पा की आँखें निस्सीम प्रदेश में निरुद्देश्य थीं। किसी आकांक्षा के लाल डोरे न थे। धवल अपांगों में बालकों के सदृश विश्वास था। हत्या-व्यवसायी दस्यु भी उसे देखकर काँप गया। उसके मन में एक सम्भ्रमपूर्ण श्रद्धा यौवन की पहली लहरों को जगाने लगी। समुद्र-वक्ष पर विलम्बमयी राग-रञ्जित सन्ध्या थिरकने लगी। चम्पा के असंयत कुन्तल उसकी पीठ पर बिखरे थे। दुर्दान्त दस्यु ने देखा, अपनी महिमा में अलौकिक एक तरुण बालिका! वह विस्मय से अपने हृदय को टटोलने लगा। उसे एक नई वस्तु का पता चला। वह थी-कोमलता!

उसी समय नायक ने कहा-"हम लोग द्वीप के पास पहुँच गये।"

बेला से नाव टकराई। चम्पा निर्भीकता से कूद पड़ी। माँझी भी उतरे। बुधगुप्त ने कहा-"जब इसका कोई नाम नहीं है, तो हम लोग इसे चम्पा-द्वीप कहेंगे।"

चम्पा हँस पड़ी।

४

पाँच बरस बाद- शरद के धवल नक्षत्र नील गगन में झलमला रहे थे। चन्द्र की उज्ज्वल विजय पर अन्तरिक्ष में शरदलक्ष्मी ने आशीर्वाद के फूलों और खीलों को बिखेर दिया।

चम्पा के एक उच्चसौध पर बैठी हुई तरुणी चम्पा दीपक जला रही थी। बड़े यत्न से अभ्रक की मञ्जषा में दीप धरकर उसने अपनी सुकुमार उँगलियों से डोरी खींची। वह दीपाधार ऊपर चढ़ने लगा। भोली-भोली आँखें उसे ऊपर चढ़ते बड़े हर्ष से देख रही थीं। डोरी धीरे-धीरे खींची गई। चम्पा की कामना थी कि उसका आकाश-दीप नक्षत्रों से हिलमिल जाय; किन्तु वैसा होना असम्भव था। उसने आशाभरी आँखें फिरा लीं।

सामने जल-राशि का रजत शृंगार था। वरुण बालिकाओं के लिए लहरों से हीरे और नीलम की क्रीड़ा शैल-मालायें बन रही थीं-और वे मायाविनी छलनायें-अपनी हँसी का कलनाद छोड़कर छिप जाती थीं। दूर-दूर से धीवरों का वंशी-झनकार उनके संगीत-सा मुखरित होता था। चम्पा ने देखा कि तरल संकुल जल-राशि में उसके कण्डील का प्रतिबिम्ब अस्तव्यस्त था! वह अपनी पूर्णता के लिए सैकड़ों चक्कर काटता था। वह अनमनी होकर उठ खड़ी हुई। किसी को पास न देखकर पुकारा- "जया!"

एक श्यामा युवती सामने आकर खड़ी हुई। वह जंगली थी। नील नभोमण्डल-से मुख में शुद्ध नक्षत्रों की पंक्ति के समान उसके दाँत हँसते ही रहते। वह चम्पा को रानी कहती; बुधगुप्त की आज्ञा थी।

"महानाविक कब तक आवेंगे, बाहर पूछो तो।" चम्पा ने कहा। जया चली गई।

दूरागत पवन चम्पा के अञ्चल में विश्राम लेना चाहता था। उसके हृदय में गुदगुदी हो रही थी। आज न जाने क्यों वह बेसुध थी। वह दीर्घकाल दृढ़ पुरुष ने उसकी पीठ पर हाथ रख चमत्कृत कर दिया। उसने फिरकर कहा-"बुधगुप्त!"

"बावली हो क्या? यहाँ बैठी हुई अभी तक दीप जला रही हो, तुम्हें यह काम करना है?"

"क्षीरनिधिशायी अनन्त की प्रसन्नता के लिए क्या दासियों से आकाश-दीप जलवाऊँ?"

"हँसी आती है। तुम किसको दीप जलाकर पथ दिखलाना चाहती हो? उसको, जिसको तुमने भगवान् मान लिया है?"

"हाँ, वह भी कभी भटकते हैं, भूलते हैं, नहीं तो, बुधगुप्त को इतना ऐश्वर्य क्यों देते?"

"तो बुरा क्या हुआ, इस द्वीप की अधीश्वरी चम्पारानी!"

"मुझे इस बन्दीगृह से मुक्त करो। अब तो बाली, जावा और सुमात्रा का वाणिज्य केवल तुम्हारे ही अधिकार में है महानाविक! परन्तु मुझे उन दिनों की स्मृति सुहावनी लगती है, जब तुम्हारे पास एक ही नाव थी और चम्पा के उपकूल में पण्य लाद कर हम लोग सुखी जीवन बिताते थे-इस जल में अगणित बार हम लोगों की तरी आलोकमय प्रभात में तारिकाओं की मधुर ज्योति में-थिरकती थी। बुधगुप्त! उस विजन अनन्त में जब माँझी सो जाते थे, दीपक बुझ जाते थे, हम-तुम परिश्रम से थककर पालों में शरीर लपेटकर एक-दूसरे का मुँह क्यों देखते थे? वह नक्षत्रों की मधुर छाया....."

"तो चम्पा! अब उससे भी अच्छे ढंग से हम लोग विचर सकते हैं। तुम मेरी प्राणदात्री हो, मेरी सर्वस्व हो।"

"नहीं-नहीं, तुमने दस्युवृत्ति छोड़ दी परन्तु हृदय वैसा ही अकरुण, सतृष्ण और ज्वलनशील है। तुम भगवान के नाम पर हँसी उड़ाते हो। मेरे आकाश-दीप पर व्यंग कर रहे हो। नाविक! उस प्रचण्ड आँधी में प्रकाश की एक-एक किरण के लिए हम लोग कितने व्याकुल थे। मुझे स्मरण है, जब मैं छोटी थी, मेरे पिता नौकरी पर समुद्र में जाते थे-मेरी माता, मिट्टी का दीपक बाँस की पिटारी में भागीरथी के तट पर बाँस के साथ ऊँचे टाँग देती थी। उस समय वह प्रार्थना करती-'भगवान! मेरे पथ-भ्रष्ट नाविक को अन्धकार में ठीक पथ पर ले चलना।' और जब मेरे पिता बरसों पर लौटते तो कहते-'साध्वी! तेरी प्रार्थना से भगवान ने संकटों में मेरी रक्षा की है।' वह गद्गद हो जाती। मेरी माँ? आह नाविक! यह उसी की पुण्य-स्मृति है। मेरे पिता, वीर पिता की मृत्यु के निष्ठुर कारण, जलदस्यु! हट जाओ।"-सहसा चम्पा का मुख क्रोध से भीषण होकर रंग बदलने लगा। महानाविक ने कभी यह रूप न देखा था। वह ठठाकर हँस पड़ा।

"यह क्या, चम्पा? तुम अस्वस्थ हो जाओगी, सो रहो।"-कहता हुआ चला गया। चम्पा मुट्ठी बाँधे उन्मादिनी-सी घूमती रही।

५

निर्जन समुद्र के उपकूल में वेला से टकरा कर लहरें बिखर जाती थीं। पश्चिम का पथिक थक गया था। उसका मुख पीला पड़ गया। अपनी शान्त गम्भीर हलचल में जलनिधि विचार में निमग्न था। वह जैसे प्रकाश की उन्मलिन किरणों से विरक्त था।

चम्पा और जया धीरे-धीरे उस तट पर आकर खड़ी हो गईं। तरंग से उठते हुए पवन ने उनके वसन को अस्त-व्यस्त कर दिया। जया के संकेत से एक छोटी-सी नौका आई। दोनों के उस पर बैठते ही नाविक उतर गया। जया नाव खेने लगी। चम्पा मुग्ध-सी समुद्र के उदास वातावरण में अपने को मिश्रित कर देना चाहती थी।

"इतना जल! इतनी शीतलता! हृदय की प्यास न बुझी। पी सकूँगी? नहीं! तो जैसे वेला में चोट खाकर सिन्धु चिल्ला उठता है, उसी के समान रोदन करूँ? या जलते हुए स्वर्ण-गोलक सदृश अनन्त जल में डूब कर बुझ जाऊँ?"-चम्पा के देखते-देखते पीड़ा और ज्वलन से आरक्त बिम्ब धीरे-धीरे सिन्धु में चौथाई-आधा, फिर सम्पूर्ण विलीन हो गया। एक दीर्घ निश्वास लेकर चम्पा ने मुँह फेर लिया। देखा, तो महानाविक का बजरा उसके पास है। बुधगुप्त ने झुक कर हाथ बढ़ाया। चम्पा उसके सहारे बजरे पर चढ़ गयी। दोनों पास-पास बैठ गये।

"इतनी छोटी नाव पर इधर घूमना ठीक नहीं। पास ही वह जलमग्न शैल खण्ड है। कहीं नाव टकरा जाती या ऊपर चढ़ जाती, चम्पा तो?"

"अच्छा होता, बुधगुप्त! जल में बन्दी होना कठोर प्राचीरों से तो अच्छा है।"

आह चम्पा, तुम कितनी निर्दय हो! बुधगुप्त को आज्ञा देकर देखो तो, वह क्या नहीं कर सकता। जो तुम्हारे लिये नये द्वीप की सृष्टि कर सकता है, नई प्रजा खोज सकता है, नये राज्य बना सकता है, उसकी परीक्षा लेकर देखो तो....। कहो, चम्पा! वह कृपाण से अपना हृदय-पिण्ड निकाल अपने हाथों अतल जल में विसर्जन कर दे।"-महानाविक-जिसके नाम से बाली, जावा और चम्पा का आकाश गूँजता था, पवन थर्राता था-घुटनों के बल चम्पा के सामने छलछलाई आँखों से बैठा था।

सामने शैलमाला की चोटी पर हरियाली में विस्तृत जल-देश में, नील पिंगल सन्ध्या, प्रकृति की सहृदय कल्पना, विश्राम की शीतल छाया, स्वप्नलोक का सृजन करने लगी। उस मोहिनी के रहस्यपूर्ण नीलजाल का कुहक स्फुट हो उठा। जैसे मदिरा से सारा अन्तरिक्ष सिक्त हो गया। सृष्टि नील कमलों में भर उठी। उस सौरभ से पागल चम्पा ने बुधगुप्त के दोनों हाथ पकड़ लिये। वहाँ एक आलिंगन हुआ, जैसे क्षितिज में आकाश और सिन्धु का। किन्तु उस परिरम्भ में सहसा चैतन्य होकर चम्पा ने अपनी कंचुकी से एक कृपाण निकाल लिया।

"बुधगुप्त! आज मैं अपने प्रतिशोध का कृपाण अतल जल में डुबा देती हूँ। हृदय ने छल किया, बार-बार धोखा दिया!"-चमककर वह कृपाण समुद्र का हृदय बेधता हुआ विलीन हो गया।

"तो आज से मैं विश्वास करूँ, क्षमा कर दिया गया?"-आश्चर्यचकित कम्पित कण्ठ से महानाविक ने पूछा।

'विश्वास? कदापि नहीं, बुधगुप्त ! जब मैं अपने हृदय पर विश्वास नहीं कर सकी, उसी ने धोखा दिया, तब मैं कैसे कहूँ? मैं तुम्हें घृणा करती हूँ, फिर भी तुम्हारे लिए मर सकती हूँ। अंधेर है जलदस्यु। तुम्हें प्यार करती हूँ।" चम्पा रो पड़ी।

वह स्वप्नों की रंगीन सन्ध्या, तम से अपनी आँखें बन्द करने लगी थी। दीर्घ निश्वास लेकर महानाविक ने कहा-"इस जीवन की पुण्यतम घड़ी की स्मृति में एक प्रकाश-गृह बनाऊँगा, चम्पा! चम्पा यहीं उस पहाड़ी पर। सम्भव है कि मेरे जीवन की धुंधली सन्ध्या उससे आलोकपूर्ण हो जाय।"

६

चम्पा के दूसरे भाग में एक मनोरम शैलमाला थी। वह बहुत दूर तक सिन्धु-जल में निमग्न थी। सागर का चञ्चल जल उस पर उछलता हुआ उसे छिपाये था। आज उसी शैलमाला पर चम्पा के आदि-निवासियों का समारोह था। उन सर्बों ने चम्पा को वनदेवी-सा सजाया था। ताम्रलिप्ति के बहुत से सैनिक नाविकों की श्रेणी में वन-कुसुम-विभूषिता चम्पा शिविकारूढ़ होकर जा रही थी।

शैल के एक उँचे शिखर पर चम्पा के नाविकों को सावधान करने के लिए सुदृढ़ दीप-स्तम्भ बनवाया गया था। आज उसी का महोत्सव है। बुधगुप्त स्तम्भ के द्वार पर खड़ा था। शिविका से सहायता देकर चम्पा को उसने उतारा। दोनों ने भीतर पदार्पण किया था कि बाँसुरी और ढोल बजने

लगे। पंक्तियों में कुसुम-भूषण से सजी वन-बालाएँ फूल उछालती हुई नाचने लगीं।

दीप-स्तम्भ की ऊपरी खिड़की से यह देखती हुई चम्पा ने जया से पूछा-"यह क्या है जया? इतनी बालिकाएँ कहाँ से बटोर लाई?"

"आज रानी का ब्याह है न?"-कह कर जया ने हँस दिया।

बुधगुप्त विस्तृत जलनिधि की ओर देख रहा था। उसे झकझोर कर चम्पा ने पूछा-"क्या यह सच है?"

"यदि तुम्हारी इच्छा हो, तो यह सच भी हो सकता है, चम्पा! "कितने वर्षों से मैं ज्वालामुखी को अपनी छाती में दबाये हूँ।

"चुप रहो, महानाविक ! क्या मुझे निस्सहाय और कंगाल जानकर तुमने आज सब प्रतिशोध लेना चाहा?"

"मैं तुम्हारे पिता का घातक नहीं हूँ, चम्पा! वह एक दूसरे दस्यु के शस्त्र से मरे।"

"यदि मैं इसका विश्वास कर सकती। बुधगुप्त, वह दिन कितना सुन्दर होता, वह क्षण कितना स्पृहणीय! आह! तुम इस निष्ठुरता में भी कितने महान होते।"

जया नीचे चली गई थी। स्तम्भ के संकीर्ण प्रकोष्ठ में बुधगुप्त और चम्पा एकान्त में एक दूसरे के सामने बैठे थे।

बुधगुप्त ने चम्पा के पैर पकड़ लिये। उच्छ्वसित शब्दों में वह कहने लगा-चम्पा, हम लोग जन्मभूमि-भारतवर्ष से कितनी दूर इन निरीह प्राणियों में इन्द्र और शची के समान पूजित हैं। पर न जाने कौन अभिशाप हम लोगों को अभी तक अलग किये है। स्मरण होता है वह दार्शनिकों का देश! वह महिमा की प्रतिमा! मुझे वह स्मृति नित्य आकर्षित करती है; परन्तु मैं क्यों नहीं जाता? जानती हो, इतना महत्त्व प्राप्त करने पर भी मैं कंगाल हूँ! मेरा पत्थर-सा हृदय एक दिन सहसा तुम्हारे स्पर्श से चन्द्रकान्तमणि की तरह द्रवित हुआ।

"चम्पा! मैं ईश्वर को नहीं मानता, मैं पाप को नहीं मानता, मैं दया को नहीं समझ सकता, मैं उस लोक में विश्वास नहीं करता। पर मुझे अपने हृदय के एक दुर्बल अंश पर श्रद्धा हो चली है। तुम न जाने कैसे एक बहकी हुई तारिका के समान मेरे शून्य में उदित हो गई हो। आलोक की एक कोमल रेखा इस निविड़तम में मुस्कराने लगी। पशु-बल और धन के उपासक के मन में किसी शान्त और एकान्त कामना की हँसी खिलखिलाने लगी; पर मैं न हँस सका!

"चलोगी चम्पा? पोतवाहिनी पर असंख्य धनराशि लाद कर राजरानी-सी जन्मभूमि के अंक में? आज हमारा परिणय हो, कल ही हम लोग भारत के लिए प्रस्थान करें। महानाविक बुधगुप्त की आज्ञा सिन्धु की लहरें मानती हैं। वे स्वयं उस पोत-पुञ्ज को दक्षिण पवन के समान भारत में पहुँचा देंगी। आह चम्पा! चलो।"

चम्पा ने उसके हाथ पकड़ लिये। किसी आकस्मिक झटके ने एक पलभर के लिए दोनों के अधरों को मिला दिया। सहसा चैतन्य होकर चम्पा ने कहा-"बुधगुप्त! मेरे लिए सब भूमि मिट्टी है; सब जल तरल है; सब पवन शीतल है। कोई विशेष आकांक्षा हृदय में अग्नि के समान प्रज्वलित नहीं। सब मिलाकर मेरे लिए एक शून्य है। प्रिय नाविक! तुम स्वदेश लौट जाओ, विभवों का सुख भोगने के लिए, और मुझे, छोड़ दो इन निरीह भोले-भाले प्राणियों के दुःख की सहानुभूति और सेवा के लिए।"

"तब मैं अवश्य चला जाऊँगा, चम्पा! यहाँ रहकर मैं अपने हृदय पर अधिकार रख सकूँ-इसमें सन्देह है। आह! उन लहरों में मेरा विनाश हो जाय।"- महानाविक के उच्छ्वास में विकलता थी। फिर उसने पूछा-"तुम अकेली यहाँ क्या करोगी?"

"पहले विचार था कि कभी-कभी इस दीप-स्तम्भ पर से आलोक जला कर अपने पिता की समाधि का इस जल से अन्वेषण करूँगी। किन्तु देखती हूँ, मुझे भी इसी में जलना होगा, जैसे आकाश-दीप।"

७

एक दिन स्वर्ण-रहस्य के प्रभात में चम्पा ने अपने दीप-स्तम्भ पर से देखा-सामुद्रिक नावों की एक श्रेणी चम्पा का उपकूल छोड़कर पश्चिम-उत्तर की ओर महा जल-व्याल के समान सन्तरण कर रही है। उसकी आँखों से आँसू बहने लगे।

यह कितनी ही शताब्दियों पहले की कथा है। चम्पा आजीवन उस दीप-स्तम्भ में आलोक जलाती रही। किन्तु उसके बाद भी बहुत दिन, दीपनिवासी, उस माया-ममता और स्नेह-सेवा की देवी की समाधि-सदृश पूजा करते थे।

एक दिन काल के कठोर हाथों ने उसे भी अपनी चञ्चलता से गिरा दिया।

ममता

१

रोहतास-दुर्ग के प्रकोष्ठ में बैठी हुई युवती ममता, शोण के तीक्ष्ण गम्भीर प्रवाह को देख रही है। ममता विधवा थी। उसका यौवन शोण के समान ही उमड़ रहा था। मन में वेदना, मस्तक में आँधी, आँखों में पानी की बरसात लिये, वह सुख के कण्टक-शयन में विकल थी। वह रोहतास-दुर्गपति के मन्त्री चूड़ामणि की अकेली दुहिता थी, फिर उसके लिए कुछ अभाव होना असम्भव था, परन्तु वह विधवा थी-हिन्द-विधवा संसार में सबसे तुच्छ निराश्रय प्राणी है-तब उसकी विडम्बना का कहाँ अन्त था?

चूड़ामणि ने चुपचाप उसके प्रकोष्ठ में प्रवेश किया। शोण के प्रवाह में, उसके कल-नाद में अपना जीवन मिलाने में वह बेसुध थी। पिता का आना न जान सकी। चूड़ामणि व्यथित हो उठे। स्नेह-पालिता पुत्री के लिए क्या करें, यह स्थिर न कर सकते थे। लौटकर बाहर चले गये। ऐसा प्राय: होता, पर आज मन्त्री के मन में बड़ी दुश्चिन्ता थी। पैर सीधे न पड़ते थे।

एक पहर बीत जाने पर वे फिर ममता के पास आये। उस समय उनके पीछे दस सेवक चाँदी के बड़े थालों में कुछ लिये हुए खड़े थे; कितने ही मनुष्यों के पद-शब्द सुन ममता ने घूम कर देखा। मन्त्री ने सब थालों को रखने का संकेत किया। अनुचर थाल रखकर चले गये।

ममता ने पूछा-"यह क्या है, पिताजी?"

"तेरे लिये बेटी! उपहार है।"-कहकर चूड़ामणि ने उसका आवरण उलट दिया। स्वर्ण का पीलापन उस सुनहली सन्ध्या में विकीर्ण होने लगा। ममता चौंक उठी- "इतना स्वर्ण! यहा कहाँ से आया?"

"चुप रहो ममता, यह तुम्हारे लिये है!"

"तो क्या आपने म्लेच्छ का उत्कोच स्वीकार कर लिया? पिताजी यह अनर्थ है, अर्थ नहीं। लौटा दीजिये। पिताजी! हम लोग ब्राह्मण हैं, इतना सोना लेकर क्या करेंगे?"

"इस पतनोन्मुख प्राचीन सामन्त-वंश का अन्त समीप है, बेटी! किसी भी दिन शेरशाह रोहिताश्र पर अधिकार कर सकता है; उस दिन मन्त्रित्व न रहेगा, तब के लिए बेटी!"

"हे भगवान! तब के लिए! विपद के लिए! इतना आयोजन! परम पिता की इच्छा के विरुद्ध इतना साहस! पिताजी, क्या भीख न मिलेगी? क्या कोई हिन्द भू-पृष्ठ पर न बचा रह जायेगा, जो ब्राह्मण को दो मुट्ठी अन्न दे सके? यह असम्भव है। फेर दीजिए पिताजी, मैं काँप रही हूँ-इसकी चमक आँखों को अन्धा बना रही है।"

"मूर्ख है"-कहकर चूड़ामणि चले गये।

दूसरे दिन जब डोलियों का ताँता भीतर आ रहा था, ब्राह्मण-मन्त्री चूड़ामणि का हृदय धक-धक करने लगा। वह अपने को रोक न सका। उसने जाकर रोहिताश्र दुर्ग के तोरण पर डोलियों का आवरण खुलवाना चाहा। पठानों ने कहा- "यह महिलाओं का अपमान करना है।"

बात बढ़ गई। तलवारें खिंचीं, ब्राह्मण वहीं मारा गया और राजा-रानी और कोष सब छली शेरशाह के हाथ पड़े; निकल गई ममता। डोली में भरे हुए पठान-सैनिक दुर्ग भर में फैल गये, पर ममता न मिली।

२

काशी के उत्तर धर्मचक्र विहार, मौर्य और गुप्त सम्राटों की कीर्ति का खंडहर था। भग्न चूड़ा, तृण-गुल्मों से ढके हुए प्राचीर, ईंटों की ढेर में बिखरी हुई भारतीय शिल्प की विभूति, ग्रीष्म की चन्द्रिका में अपने को शीतल कर रही थी।

जहाँ पञ्चवर्गीय भिक्षु गौतम का उपदेश ग्रहण करने के लिए पहले मिले थे, उसी स्तूप के भग्नावशेष की मलिन छाया में एक झोपड़ी के दीपालोक में एक स्त्री पाठ कर रही थी-

"अनन्याश्चिन्तयन्तो मां ये जना: पर्युपासते ....."

पाठ रुक गया। एक भीषण और हताश आकृति दीप के मन्द प्रकाश में सामने खड़ी थी। स्त्री उठी, उसने कपाट बन्द करना चाहा। परन्तु उस व्यक्ति ने कहा-"माता! मुझे आश्रय चाहिये।"

"तुम कौन हो?"-स्त्री ने पूछा।

"मैं मुगल हूँ। चौसा-युद्ध में शेरशाह से विपन्न होकर रक्षा चाहता हूँ। इस रात अब आगे चलने में असमर्थ हूँ।"

"क्या शेरशाह से?"-स्त्री ने अपने ओठ काट लिये।

"हाँ, माता!"

"परन्तु तुम भी वैसे ही क्रूर हो, वही भीषण रक्त की प्यास, वही निष्ठर प्रतिबिम्ब, तुम्हारे मुख पर भी है! सैनिक! मेरी कुटी में स्थान नहीं। जाओ, कहीं दूसरा आश्रय खोज लो।"

"गला सूख रहा है, साथी छूट गये हैं, अश्व गिर पड़ा है-इतना थका हुआ हूँ-इतना!"-कहते-कहते वह व्यक्ति धम-से बैठ गया और उसके सामने ब्रह्माण्ड घूमने लगा। स्त्री ने सोचा, यह विपत्ति कहाँ से आई! उसने जल दिया, मुगल के प्राणों की रक्षा हुई। वह सोचने लगी-"ये सब विधर्मी दया के पात्र नहीं-मेरे पिता का वध करने वाले आततायी!" घृणा से उसका मन विरक्त हो गया।

स्वस्थ होकर मुगल ने कहा-"माता! तो फिर मैं चला जाऊँ?"

स्त्री विचार कर रही थी-'मैं ब्राह्मणी हूँ, मुझे तो अपने धर्म-अतिथिदेव की उपासना-का पालन करना चाहिए। परन्तु यहाँ...नहीं-नहीं ये सब विधर्मी दया के पात्र नहीं। परन्तु यह दया तो नहीं .... कर्तव्य करना है। तब?"

मुगल अपनी तलवार टेककर खड़ा हुआ। ममता ने कहा-"क्या आश्चर्य है कि तुम भी छल करो; ठहरो।"

"छल! नहीं, तब नहीं-स्त्री! जाता हूँ, तैमूर का वंशधर स्त्री से छल करेगा? जाता हूँ। भाग्य का खेल है।"

ममता ने मन में कहा-"यहाँ कौन दुर्ग है! यही झोपड़ी न; जो चाहे ले-ले, मुझे तो अपना कर्तव्य करना पड़ेगा।" वह बाहर चली आई और मुगल से बोली-"जाओ भीतर, थके हुए भयभीत पथिक! तुम चाहे कोई हो, मैं तुम्हें आश्रय देती हूँ। मैं ब्राह्मण-कुमारी हूँ; सब अपना धर्म छोड़ दें,तो मैं भी क्यों छोड़ दूँ?" मुगल ने चन्द्रमा के मन्द प्रकाश में वह महिमामय मुखमण्डल देखा, उसने मन-ही-मन नमस्कार किया। ममता पास की टूटी हुई दीवारों में चली गई। भीतर, थके पथिक ने झोपड़ी में विश्राम किया।

प्रभात में खंडहर की सन्धि से ममता ने देखा, सैकड़ों अश्वारोही उस प्रान्त में घूम रहे हैं। वह अपनी मूर्खता पर अपने को कोसने लगी।

अब उस झोपड़ी से निकलकर उस पथिक ने कहा-"मिरजा! मैं यहाँ हूँ।"

शब्द सुनते ही प्रसन्नता की चीत्कार-ध्वनि से वह प्रान्त गूँज उठा। ममता अधिक भयभीत हुई। पथिक ने कहा-"वह स्त्री कहाँ है? उसे खोज निकालो।" ममता छिपने के लिए अधिक सचेष्ट हुई। वह मृग-दाव में चली गई। दिन-भर उसमें से न निकली। सन्ध्या में जब उन लोगों के जाने का उपक्रम हुआ, तो ममता ने सुना, पथिक घोड़े पर सवार होते हुए कह रहा है-"मिरजा! उस स्त्री को मैं कुछ दे न सका। उसका घर बनवा देना, क्योंकि मैंने विपत्ति में यहाँ विश्राम पाया था। यह स्थान भूलना मत।"-इसके बाद वे चले गये।

चौसा के मुगल-पठान-युद्ध को बहुत दिन बीत गये। ममता अब सत्तर वर्ष की वृद्धा है। वह अपनी झोपड़ी में एक दिन पड़ी थी। शीतकाल का प्रभात था। उसका जीर्ण-कंकाल खाँसी से गूँज रहा था। ममता की सेवा के लिये गाँव की दो-तीन स्त्रियाँ उसे घेर कर बैठी थीं; क्योंकि वह आजीवन सबके सुख-दुःख की समभागिनी रही।

ममता ने जल पीना चाहा, एक स्त्री ने सीपी से जल पिलाया। सहसा एक अश्वारोही उसी झोपड़ी के द्वार पर दिखाई पड़ा। वह अपनी धुन में कहने लगा-"मिरजा ने जो चित्र बनाकर दिया है, वह तो इसी जगह का होना चाहिये। वह बुढ़िया मर गई होगी, अब किससे पूछूँ कि एक दिन शाहंशाह हुमायूँ किस छप्पर के नीचे बैठे थे? यह घटना भी तो सैंतालीस वर्ष से ऊपर की हुई!"

ममता ने अपने विकल कानों से सुना। उसने पास की स्त्री से कहा-"उसे बुलाओ।"

अश्वारोही पास आया। ममता ने रुक-रुककर कहा-"मैं नहीं जानती कि वह शाहंशाह था, या साधारण मुगल पर एक दिन इसी झोपड़ी के नीचे वह रहा। मैंने सुना था कि वह मेरा घर बनवाने की आज्ञा दे चुका था! भगवान् ने सुन लिया, मैं आज इसे छोड़े जाती हूँ। अब तुम इसका मकान बनाओ या महल, मैं अपने चिर-विश्राम-गृह में जाती हूँ!"

वह अश्वारोही अवाक् खड़ा था। बुढ़िया के प्राण-पक्षी अनन्त में उड़ गये।

वहाँ एक अष्टकोण मन्दिर बना; और उस पर शिलालेख लगाया गया-

"सातों देश के नरेश हुमायूँ ने एक दिन यहाँ विश्राम किया था। उनके पुत्र अकबर ने उनकी स्मृति में यह गगनचुम्बी मन्दिर बनाया।"

पर उसमें ममता का कहीं नाम नहीं।

स्वर्ग के खंडहर में

१

वन्य कुसुमों की झालरें सुख शीतल पवन से विकम्पित होकर चारों ओर झूल रही थीं। छोटे-छोटे झरनों की कुल्याएँ कतराती हुई बह रही थीं। लता-वितानों से ढँकी हुई प्राकृतिक गुफाएँ शिल्प-रचना-पूर्ण सुन्दर प्रकोष्ठ बनातीं, जिनमें पागल कर देनेवाली सुगन्ध की लहरें नृत्य करती थीं। स्थान-स्थान पर कुञ्जों और पुष्प-शय्याओं का समारोह, छोटे-छोटे विश्राम-गृह, पान-पात्रों में सुगन्धित मदिरा, भाँति-भाँति के सुस्वादु फल-फूलवाले वृक्षों के झुरमुट, दूध और मधु की नहरों के किनारे गुलाबी बादलों का क्षणिक विश्राम। चाँदनी का निभृत रंगमंच, पुलकित वृक्ष-फूलों पर मधु-मक्खियों की भन्राहट, रह-रहकर पक्षियों की हृदय में चुभने वाली तान, मणिदीपों पर लटकती हुई मुकुलित मालायें। तिस पर सौन्दर्य के छँटे हुए जोड़ों-रूपवान बालक और बालिकाओं का हृदयहारी हास-विलास! संगीत की अबाध गति में छोटी-छोटी नावों पर उनका जल-विलास! किसकी आँखें यह देखकर भी नशे में न हो जायँगी-हृदय पागल, इंद्रियाँ विकल न हो रहेंगी। यही तो स्वर्ग है।

झरने के तट पर बैठे हुए एक बालक ने बालिका से कहा-"मैं भूल-भूल जाता हूँ मीना, हाँ मीना, मैं तुम्हें मीना नाम से कब तक पुकारूँ?"

"और मैं तुमको गुल कहकर क्यों बुलाऊँ?"

"क्यों मीना, यहाँ भी तो हम लोगों को सुख ही है। है न? अहा, क्या ही सुन्दर स्थान है! हम लोग जैसे एक स्वप्न देख रहे हैं! कहीं दूसरी जगह न भेजे जायँ, तो क्या ही अच्छा हो!"

"नहीं गुल, मुझे पूर्व-स्मृति विकल कर देती है। कई बरस बीत गये-वह माता के समान दुलार, उस उपासिका की स्नेहमयी करुणा-भरी दृष्टि आँखों में कभी-कभी चुटकी काट लेती है। मुझे तो अच्छा नहीं लगता; बन्दी होकर रहना तो स्वर्ग में भी.....अच्छा, तुम्हें यहाँ रहना नहीं खलता?"

"नहीं मीना, सबके बाद जब मैं तुम्हें अपने पास ही पाता हूँ, तब और किसी आकांक्षा का स्मरण ही नहीं रह जाता। मैं समझता हूँ कि....."

"तुम गलत समझते हो......"

मीना अभी पूरा कहने न पाई थी कि तितलियों के झुण्ड के पीछे, उन्हीं के रंग के कौषेय वसन पहने हुए, बालक और बालिकाओं की दौड़ती हुई टोली ने आकर मीना और गुल को घेर लिया।

"जल-विहार के लिए रंगीली मछलियों का खेल खेला जाय।"

एक साथ ही तालियाँ बज उठीं। मीना और गुल को ढकेलते हुए सब उसी कलनादी स्रोत में कूद पड़े। पुलिन की हरी झाड़ियों में से वंशी बजने लगी। मीना और गुल की जोड़ी आगे-आगे और पीछे-पीछे सब बालक-बालिकाओं की टोली तैरने लगी। तीर पर की झुकी डालों के अन्तराल में लुक-छिपकर निकलना, उन कोमल पाणि-पल्लवों से क्षुद्र वीचियों का कटना, सचमुच उसी स्वर्ग में प्राप्त था।

तैरते-तैरते मीना ने कहा-"गुल, यदि मैं बह जाऊँ और डूबने लगूँ?"

"मैं नाव बन जाऊँगा, मीना!"

"और जो मैं यहाँ से सचमुच चली जाऊँ?"

"ऐसा न कहो; फिर मैं क्या करूँगा?

"क्यों, क्या तुम मेरे साथ न चलोगे?"

इतने में एक दूसरी सुन्दरी, जो कुछ पास थी, बोली-"कहाँ चलोगे गुल? मैं भी चलूँगी, उसी कुञ्ज में। अरे देखो, वह कैसा हरा-भरा अन्धकार है!" गुल उसी ओर लक्ष्य करके सन्तरण करने लगा। बहार उसके साथ तैरने लगी। वे दोनों त्वरित गति से तैर रहे थे, मीना उनका साथ न दे सकी, वह हताश होकर और भी पिछड़ने के लिए धीरे-धीरे तैरने लगी।

बहार और गुल जल से टकराती हुई डालों को पकड़कर विश्राम करने लगे। किसी को समीप में न देखकर बहार ने गुल से कहा-"चलो, हम लोग इसी कुञ्ज में छिप जायँ।"

वे दोनों उसी झुरमुट में विलीन हो गये।

मीना से एक दूसरी सुन्दरी ने पूछा-"गुल किधर गया, तुमने देखा?"

मीना जानकर भी अनजान बन गई। वह दूसरे किनारे की ओर लौटती हुई बोली-"मैं नहीं जानती।"

इतने में एक विशेष संकेत से बजती हुई सीटी सुनाई पड़ी। सब तैरना छोड़ कर बाहर निकले। हरा वस्त्र पहने हुए, एक गम्भीर मनुष्य के साथ, एक युवक दिखाई पड़ा। युवक की आँखें नशे में रंगीली हो रही थीं; पैर लड़खड़ा रहे थे। सबने उस प्रौढ़ को देखते ही सिर झुका लिया। वे बोल उठे- "महापुरुष, क्या कोई हमारा अतिथि आया है?"

"हाँ, यह युवक स्वर्ग देखने की इच्छा रखता है"-हरे वस्त्र वाले प्रौढ़ ने कहा।

सबने सिर झुका लिया। फिर एक बार निर्निमेष दृष्टि से मीना की ओर देखा। वह पहाड़ी दुर्ग का भयानक शेख था। सचमुच उसे एक आत्म-विस्मृति हो चली। उसने देखा, उसकी कल्पना सत्य में परिणत हो रही है।

"मीना-आह! कितना सरल और निर्दोष सौन्दर्य है। मेरे स्वर्ग की सारी माधुरी उसकी भीगी हुई एक लट के बल खाने में बँधी हुई छटपटा रही है।"-उसने पुकारा-"मीना!"

मीना पास आकर खड़ी हो गई, और सब उस युवक को घेरकर एक ओर चल पड़े। केवल मीना शेख के पास रह गई।

शेख ने कहा-"मीना, तुम मेरे स्वर्ग की रत्न हो।"

मीना काँप रही थी। शेख ने उसका ललाट चूम लिया, और कहा-"देखो, तुम किसी भी अतिथि की सेवा करने न जाना। तुम केवल उस द्राक्षा-मण्डप में बैठकर कभी-कभी गा लिया करो। बैठो, मुझे भी वह अपना गीत सुना दो।"

मीना गाने लगी। उस गीत का तात्पर्य था-"मैं एक भटकी हुई बुलबुल हूँ। हे मेरे अपरिचित कुञ्ज! क्षण-भर मुझे विश्राम करने दोगे? यह मेरा क्रन्दन है-मैं सच कहती हूँ, यह मेरा रोना है, गाना नहीं। मुझे दम तो लेने दो। आने दो बसन्त का वह प्रभात-जब संसार गुलाबी रंग में नहाकर अपने यौवन में थिरकने लगेगा और तब मैं तुम्हें अपनी एक तान सुनाकर केवल एक तान इस रजनी विश्राम का मूल्य चुकाकर चली जाऊँगी। तब तक अपनी किसी सूखी हुई टूटी डाल पर ही अन्धकार बिता लेने दो। मैं एक पथ भूली हुई बुलबुल हूँ।"

शेख भूल गया कि मैं ईश्वरीय संदेह-वाहक हूँ, आचार्य हूँ, और महापुरुष हूँ। वह एक क्षण के

लिए अपने को भी भूल गया। उसे विश्वास हो गया कि बुलबुल तो नहीं हूँ, पर कोई भूली हुई वस्तु हूँ। क्या हूँ, यह सोचते-सोचते पागल होकर एक ओर चला गया।

हरियाली से लदा हुआ ढालुवाँ तट था, बीच में बहता हुआ वही कलनादी स्रोत यहाँ कुछ गम्भीर हो गया था। उस रमणीय प्रदेश के छोटे-से आकाश में मदिरा से भरी हुई घटा छा रही थी। लड़ख़ड़ाते, हाथ-से-हाथ मिलाये, बहार और गुल ऊपर चढ़ रहे थे। गुल अपने आपे में नहीं है, बहार फिर भी सावधान है; वह सहारा देकर उसे ऊपर ले आ रही है।

एक शिला-खण्ड पर बैठे हुए गुल ने कहा-प्यास लगी है।

बहार पास के विश्राम-गृह में गई, पान-पात्र भर लाई। गुल पीकर मस्त हो रहा था। बोला-"बहार, तुम बड़े वेग से मुझे खींच रही हो; सम्भाल सकोगी? देखो, मैं गिरा?"

गुल बहार की गोद में सिर रखकर आँखें बन्द किये पड़ा रहा। उसने बहार के यौवन की सुगन्ध से घबराकर आँखें खोल दीं। उसके गले में हाथ डालकर बोला-"ले चलो, मुझे कहाँ ले चलती हो?"

बहार उस स्वर्ग की अप्सरा थी। विलासिनी बहार एक तीव्र मदिरा प्याली थी, मकरन्द-भरी वायु का झकोर आकर उसमें लहर उठा देता है। वह रूप का उर्मिल सरोवर गुल उन्मत्त था। बहार ने हँसकर पूछा-"यह स्वर्ग छोड़कर कहाँ चलोगे?"

"कहीं दूसरी जगह, जहाँ हम हों और तुम।"

"क्यों, यहाँ कोई बाधा है?"

सरल गुल ने कहा-"बाधा! यदि कोई हो? कौन जाने!"

"कौन? मीना?"

"जिसे समझ लो।"

"तो तुम सबकी उपेक्षा करके मुझे-केवल मुझे ही-नहीं...."

"ऐसा न कहो"-बहार के मुँह पर हाथ रखते हुए गुल ने कहा।

ठीक इसी समय नवागत युवक ने वहाँ आकर उन्हें सचेत कर दिया। बहार ने उठकर उसका स्वागत किया। गुल ने अपनी लाल-लाल आँखों से उसको देखा। वह उठ न सका, केवल मद-भरी अँगड़ाई ले रहा था। बहार ने युवक से आज्ञा लेकर प्रस्थान किया। युवक गुल के समीप आकर बैठ गया, और उसे गम्भीर दृष्टि से देखने लगा।

गुल ने अभ्यास के अनुसार कहा-"स्वागत, अतिथि!"

"तुम देवकुमार! आह! तुमको कितना खोजा मैंने!"

"देवकुमार? कौन देवकुमार? हाँ, हाँ, स्मरण होता है, पर वह विषैली पृथ्वी की बात क्यों स्मरण दिलाते हो? तुम मत्र्यलोक के प्राणी! भूल जाओ उस निराशा और अभावों की सृष्टि को; देखो आनन्द-निकेतन स्वर्ग का सौन्दर्य!"

"देवकुमार! तुमको भूल गया, तुम भीमपाल के वंशधर हो? तुम यहाँ बन्दी हो! मूर्ख हो तुम; जिसे तुमने स्वर्ग समझ रक्खा है, वह तुम्हारे आत्मविस्तार की सीमा है। मैं केवल तुम्हारे ही लिए आया हूँ।"

"तो तुमने भूल की। मैं यहाँ बड़े सुख से हूँ। बहार को बुलाऊँ, कुछ खाओ-पीओ....कंगाल! स्वर्ग में भी आकर व्यर्थ समय नष्ट करना! संगीत सुनोगे?"

युवक हताश हो गया।

गुल ने मन में कहा-"मैं क्या करूँ? सब मुझसे रूठ जाते हैं। कहीं सहृदयता नहीं, मुझसे सब

अपने मन की कराना चाहते हैं, जैसे मेरे मन नहीं है, हृदय नहीं है! प्रेम-आकर्षण! यह स्वर्गीय प्रेम में भी जलन! बहार तिनककर चली गई; मीना? यह पहले ही हट रही थी; तो फिर क्या जलन ही स्वर्ग है?"

गुल को उस युवक के हताश होने पर दया आ गई। यह भी स्मरण हुआ कि वह अतिथि है। उसने कहा-"कहिये, आपकी क्या सेवा करूँ? मीना का गान सुनियेगा? वह स्वर्ग की रानी है!"

युवक ने कहा-"चलो।"

द्राक्षा-मण्डप में दोनों पहुँचे। मीना वहाँ बैठी हुई थी। गुल ने कहा-"अतिथि को अपना गान सुनाओ।"

एक निःश्वास लेकर वही बुलबुल का संगीत सुनाने लगी। युवक की आँखें सजल हो गईं, उसने कहा-"सचमुच तुम स्वर्ग की देवी हो!"

"नहीं अतिथि, मैं उस पृथ्वी की प्राणी हूँ-जहाँ कष्टों की पाठशाला है, जहाँ का दुःख इस स्वर्ग-सुख से भी मनोरम था, जिसका अब कोई समाचार नहीं मिलता"-मीना ने कहा।

"तुम उसकी एक करुण-कथा सुनना चाहो, तो मैं तुम्हें सुनाऊँ!"-युवक ने कहा।

"सुनाइये"-मीना ने कहा।

२

युवक कहने लगा-

"वाह्लीक, गान्धार, कपिशा और उद्यान, मुसलमानों के भयानक आतंक में काँप रहे थे। गान्धार के अन्तिम आर्य-नरपति भीमपाल के साथ ही, शाहीवंश का सौभाग्य अस्त हो गया। फिर भी उनके बचे हुए वंशधर उद्यान के मंगली दुर्ग में, सुवास्तु की घाटियों में, पर्वत-माला, हिम और जंगलों के आवरण में अपने दिन काट रहे थे। वे स्वतन्त्र थे।

"देवपाल एक साहसी राजकुमार था। वह कभी-कभी पूर्व गौरव का स्वप्न देखता हुआ, सिन्धु तट तक घूमा करता। एक दिन अभिसार प्रदेश का सिन्धु तट वासना के फूलवाले प्रभात में सौरभ की लहरों में झोंके खा रहा था। कुमारी लज्जा स्नान कर रही थी। उसका कलसा तीर पर पड़ा था। देवपाल भी कई बार पहले की तरह आज फिर साहस भरे नेत्रों से उसे देख रहा था। उसकी चञ्चलता इतने से ही न रुकी, वह बोल उठा-

"ऊषा के इस शान्त आलोक में किसी मधुर कामना से यह भिखारी हृदय हँस रहा था। और मानस-नन्दिनी! तुम इठलाती हुई बह चली हो। वाह रे तुम्हारा इतराना! इसीलिए तो जब कोई स्नान करके तुम्हारी लहर की तरह तरल और आर्द्र वस्त्र ओढ़कर, तुम्हारे पथरीले पुलिन में फिसलता हुआ ऊपर चढ़ने लगता है, तब तुम्हारी लहरों में आँसुओं की झालरें लटकने लगती हैं। परन्तु मुझ पर दया नहीं; यह भी कोई बात है!

"तो फिर मैं क्या करूँ? उस क्षण की, उस कण की, सिन्धु से, बादलों से, अन्तरिक्ष और हिमालय से टहलकर लौट आने की प्रतिज्ञा करूँ? और इतना भी न कहोगी कि कब तक? बलिहारी!

"कुमारी लज्जा भीरु थी। वह हृदय के स्पन्दनों से अभिभूत हो रही थी। क्षुद्र बीचियों के सदृश काँपने लगी। वह अपना कलसा भी न भर सकी और चल पड़ी। हृदय में गुदगुदी के धक्के लग रहे थे। उसके भी यौवन-काल के स्वर्गीय दिवस थे-फिसल पड़ी। धृष्ट युवक ने उसे सम्भाल कर अंक में ले लिया।

"कुछ दिन स्वर्गीय स्वप्न चला। जलते हुए प्रभात के समान तारा देवी ने वह स्वप्न भंग कर दिया।

तारा अधिक रूप-शालिनी, कश्मीर की रूप-माधुरी थी। देवपाल को कश्मीर से सहायता की भी आशा थी। हतभागिनी लज्जा ने कुमार सुदान की तपोभूमि में अशोक-निर्मित विहार में शरण ली। वह उपासिका, भिक्षुणी, जो कहो, बन गई।

"गौतम की गम्भीर प्रतिमा के चरण-तल में बैठकर उसने निश्चय किया, सब दुःख है, सब क्षणिक है, सब अनित्य है।"

"सुवास्तु का पुण्य-सलिल उस व्यथित हृदय की मलिनता को धोने लगा। वह एक प्रकार से रोग-मुक्त हो रही थी।"

"एक सुनसान रात्रि थी, स्थविर धर्म-भिक्षु थे नहीं। सहसा कपाट पर आघात होने लगा। और 'खोलो! खोलो!' का शब्द सुनाई पड़ा। विहार में अकेली लज्जा ही थी। साहस करके बोली-

"कौन है?"

"पथिक हूँ, आश्रय चाहिये"-उत्तर मिला।

"तुषारावृत अँधेरा पथ था। हिम गिर रहा था। तारों का पता नहीं, भयानक शीत और निर्जन निशीथ। भला ऐसे समय में कौन पथ पर चलेगा? वातायन का परदा हटाने पर भी उपासिका लज्जा झाँककर न देख सकी कि कौन है। उसने अपनी कुभावनाओं से डरकर पूछा-"आप लोग कौन हैं?"

"आहा, तुम उपासिका हो! तुम्हारे हृदय में तो अधिक दया होनी चाहिये। भगवान् की प्रतिमा की छाया में दो अनाथों को आश्रय मिलने का पुण्य दें।"

लज्जा ने अर्गला खोल दी। उसने आश्चर्य से देखा, एक पुरुष अपने बड़े लबादे में आठ-नौ बरस के बालक और बालिका को लिये भीतर आकर गिर पड़ा। तीनों मुमूर्ष हो रहे थे। भूख और शीत से तीनों विकल थे। लज्जा ने कपाट बन्द करते हुए अग्नि धधकाकर उसमें कुछ गन्ध-द्रव्य डाल दिया। एक बार द्वार खुलने पर जो शीतल पवन का झोंका घुस आया था, वह निर्बल हो चला।

"अतिथि-सत्कार हो जाने पर लज्जा ने उसका परिचय पूछा। आगन्तुक ने कहा-'मंगली-दुर्ग के अधिपति देवपाल का मैं भृत्य हूँ। जगद्ग्राहक चंगेज खाँ ने समस्त गान्धार प्रदेश को जलाकर, लूट-पाटकर उजाड़ दिया और कल ही इस उद्यान के मंगली दुर्ग पर भी उन लोगों का अधिकार हो गया। देवपाल बन्दी हुए, उनकी पत्नी तारादेवी ने आत्महत्या की। दुर्गपति ने पहले ही मुझसे कहा था कि इस बालक को अशोक-विहार में ले जाना, वहाँ की एक उपासिका लज्जा इसके प्राण बचा ले तो कोई आश्चर्य नहीं।

"यह सुनते ही लज्जा की धमनियों में रक्त का तीव्र सञ्चार होने लगा। शीताधिक्य में भी उसे स्वेद आने लगा। उसने बात बदलने के लिए बालिका की ओर देखा। आगन्तुक ने कहा-'यह मेरी बालिका है, इसकी माता नहीं है, लज्जा ने देखा, बालिका का शुभ्र शरीर मलिन वस्त्र में दमक रहा था। नासिका मूल से कानों के समीप तक भ्रू युगल की प्रभव-शालिनी रेखा और उसकी छाया में दो उनींदे कमल संसार से अपने को छिपा लेना चाहते थे। उसका विरागी सौन्दर्य, शरद के शुभ्र घन के आवरण में पूर्णिमा के चन्द्र-सा आप ही लज्जित था। चेष्टा करके भी लज्जा अपनी मानसिक स्थिति को चञ्चल होने से न सम्भाल सकी। वह-'अच्छा, आप लोग सो रहिये, थके होंगे'-कहती हुई दूसरे प्रकोष्ठ में चली गई।

"लज्जा ने वातायन खोलकर देखा, आकाश स्वच्छ हो रहा था, पार्वत्य प्रदेश के निस्तब्ध गगन में तारों की झिलमिलाहट थी। उन प्रकाश की लहरों में अशोक निर्मित स्तूप की चूड़ा पर लगा हुआ स्वर्ण का धर्मचक्र जैसे हिल रहा था।

"दूसरे दिन जब धर्म-भिक्षु आये, तो उन्होंने इन आगन्तुकों को आश्चर्य से देखा, और जब पूरे समाचार सुने, तो और भी उबल पड़े। उन्होंने कहा-'राज-कुटुम्ब को यहाँ रखकर क्या इस विहार और स्तूप को भी तुम ध्वस्त कराना चाहती हो? लज्जा, तुमने यह किस प्रलोभन से किया? चंगेज़ खाँ

बौद्ध है, संघ उसका विरोध क्यों करे?'

"स्थविर! किसी को आश्रय देना क्या गौतम के धर्म के विरुद्ध है? मैं स्पष्ट कह देना चाहती हूँ कि देवपाल ने मेरे साथ बड़ा अन्याय किया, फिर भी मुझ पर उसका विश्वास था, क्यों था, मैं स्वयं नहीं जान सकी। इसे चाहे मेरी दुर्बलता ही समझ लें, परन्तु मैं अपने प्रति विश्वास का किसी को भी दुरुपयोग नहीं करने देना चाहती। देवपाल को मैं अधिक-से-अधिक प्यार करती थी, और भी अब बिल्कुल निशशेष समझ कर उस प्रणय का तिरस्कार कर सकूँगी, इसमें सन्देह है।"-लज्जा ने कहा।

"तो तुम संघ के सिद्धान्त से च्युत हो रही हो, इसलिये तुम्हें भी विहार का त्याग करना पड़ेगा।"-धर्म-भिक्षु ने कहा।

लज्जा व्यथित हो उठी थी। बालक के मुख पर देवपाल की स्पष्ट छाया उसे बार-बार उत्तेजित करती, और वह बालिका तो उसे छोड़ना ही न चाहती थी।

"उसने साहस करके कहा-'तब यही अच्छा होगा कि मैं भिक्षुणी होने का ढोंग छोड़कर अनाथों के सुख-दुःख में सम्मिलित होऊँ।'

"उसी रात को वह दोनों बालक-बालिका और विक्रमभृत्य को लेकर, निस्सहाय अवस्था में चल पड़ी। छद्मवेष में यह दल यात्रा कर रहा था। इसे भिक्षा का अवलम्ब था। वाह्लीक के गिरिव्रज नगर के भग्न पांथ-निवास के टूटे कोने में इन लोगों को आश्रय लेना पड़ा। उस दिन आहार नहीं जुट सका, दोनों बालकों के सन्तोष के लिए कुछ बचा था, उसी को खिलाकर वे सुला दिये गये। लज्जा और विक्रम, अनाहार से म्रियमाण, अचेत हो गये।

"दूसरे दिन आँखे खुलते ही उन्होंने देखा, तो वह राजकुमार और बालिका, दोनों ही नहीं! उन दोनों की खोज में ये लोग भी भिन्न-भिन्न दिशा को चल पड़े। एक दिन पता चला कि केकय के पहाड़ी दुर्ग के समीप कहीं स्वर्ग है, वहाँ रूपवान बालकों और बालिकाओं की अत्यन्त आवश्यकता रहती है....

"और भी सुनोगी पृथ्वी की दुःख-गाथा? क्या करोगी सुनकर, तुम यह जानकर क्या करोगी कि उस उपासिका या विक्रम का फिर क्या हुआ?"

अब मीना से न रहा गया। उसने युवक के गले से लिपटकर कहा-"तो....तुम्हीं वह उपासिका हो? आहा, सच कह दो।"

गुल की आँखों में अभी नशे का उतार था। उसने अँगड़ाई लेकर एक जँभाई ली, और कहा-"बड़े आश्चर्य की बात है। क्यों मीना, अब क्या किया जाय?"

अकस्मात् स्वर्ग के भयानक रक्षियों ने आकर उस युवक को बन्दी कर लिया। मीना रोने लगी, गुल चुपचाप खड़ा था, बहार खड़ी हँस रही थी।

सहसा पीछे से आते हुए प्रहरियों के प्रधान ने ललकारा-"मीना और गुल को भी।"

अब उस युवक ने घूमकर देखा; घनी दाढ़ी-मूछों वाले प्रधान की आँखों से आँखें मिलीं।

युवक चिल्ला उठा-"देवपाल।"

"कौन! लज्जा? अरे!"

"हाँ, तो देवपाल, इस अपने पुत्र गुल को भी बन्दी करो, विधर्मी का कर्तव्य यही आज्ञा देता है।"-लज्जा ने कहा।

"ओह!"-कहता हुआ प्रधान देवपाल सिर पकड़कर बैठ गया। क्षण भर में वह उन्मत्त हो उठा और दौड़कर गुल के गले से लिपट गया।

सावधान होने पर देवपाल ने लज्जा को बन्दी करने वाले प्रहरी से कहा-"उसे छोड़ दो।"

प्रहरी ने बहार की ओर देखा। उसका गूढ़ संकेत समझकर वह बोल उठा-"मुक्त करने का अधिकार केवल शेख को है।"

देवपाल का क्रोध सीमा का अतिक्रम कर चुका था, उसने खड्ग चला दिया। प्रहरी गिरा। उधर बहार 'हत्या! हत्या! चिल्लाती हुई भागी।

३

संसार की विभूति जिस समय चरणों में लोटने लगती है, वही समय पहाड़ी दुर्ग के सिंहासन का था। शेख क्षमता की ऐश्वर्य-मण्डित मूर्ति था। लज्जा, मीना, गुल और देवपाल बन्दी-वेश में खड़े थे। भयानक प्रहरी दूर-दूर खड़े, पवन की भी गति जाँच रहे थे। जितना भीषण प्रभाव सम्भव है, वह शेख के उस सभागृह में था। शेख ने पूछा-"देवपाल तुझे इस धर्म पर विश्वास है कि नहीं?"

"नहीं!"- देवपाल ने उत्तर दिया।

"तब तुमने हमको धोखा दिया?"

"नहीं, चंगेज़ के बन्दी-गृह से छुड़ाने में जब समर-खण्ड में तुम्हारे अनुचरों ने मेरी सहायता की और मैं तुम्हारे उत्कोच या मूल्य से क्रीत हुआ, तब मुझे तुम्हारी आज्ञा पूरी करने की स्वभावत: इच्छा हुई। अपने शत्रु चंगेज़ का ईश्वरीय कोप, चंगेज़ का नाश करने की एक विकट लालसा मन में खेलने लगी, और मैंने उसकी हत्या की भी। मैं धर्म मानकर कुछ करने गया था, वह समझना भ्रम है।"

"यहाँ तक तो मेरी आज्ञा के अनुसार ही हुआ, परन्तु उस अलाउद्दीन की हत्या क्यों की?"-दाँत पीसकर शेख ने कहा।

"यह मेरा उससे प्रतिशोध था!" अविचल भाव से देवपाल ने कहा।

"तुम जानते हो कि इस पहाड़ के शेख केवल स्वर्ग के ही अधिपति नहीं, प्रत्युत हत्या के दूत भी हैं!" क्रोध से शेख ने कहा।

"इसके जानने की मुझे उत्कण्ठा नहीं है, शेख। प्राणी-धर्म में मेरा अखण्ड विश्वास है। अपनी रक्षा करने के लिए, अपने प्रतिशोध के लिए, जो स्वाभाविक जीवन-तत्व के सिद्धान्त की अवहेलना करके चुप बैठता है, उसे मृतक, कायर, सजीवता विहीन, हड्डी-मांस के टुकड़े के अतिरिक्त मैं कुछ नहीं समझता। मनुष्य परिस्थितियों का अन्ध-भक्त है, इसलिए मुझे जो करना था, वह मैंने किया, अब तुम अपना कर्तव्य कर सकते हो।"-देवपाल का स्वर दृढ़ था।

भयानक शेख अपनी पूर्ण उत्तेजना से चिल्ला उठा। उसने कहा-"और, तू कौन है स्त्री? तेरा इतना साहस! मुझे ठगना!"

लज्जा अपना बाह्य आवरण फेंकती हुई बोली-"हाँ शेख, अब आवश्यकता नहीं कि मैं छिपाऊँ, मैं देवपाल की प्रणयिनी हूँ?"

"तो तुम इन सबको ले जाने या बहकाने आई थी, क्यों?"

"आवश्यकता से प्रेरित होकर जैसे अत्यन्त कुत्सित मनुष्य धर्माचार्य बनने का ढोंग कर रहा है, ठीक उसी प्रकार मैं स्त्री होकर भी पुरुष बनी। यह दूसरी बात है कि संसार की सबसे पवित्र वस्तु धर्म की आड़ में आकांक्षा खेलती है। तुम्हारे पास साधन हैं, मेरे पास नहीं, अन्यथा मेरी आवश्यकता किसी से कम न थी।"-लज्जा हाँफ रही थी।

शेख ने देखा, वह दृप्त सौन्दर्य! यौवन के ढलने में भी एक तीव्र प्रवाह था-जैसे चाँदनी रात में पहाड़ से झरना गिर रहा हो! एक क्षण के लिए उसकी समस्त उत्तेजना पालतू पशु के समान सौम्य

हो गई। उसने कहा-"तुम ठीक मेरे स्वर्ग की रानी होने के योग्य हो। यदि मेरे मत में तुम्हारा विश्वास हो, तो मैं तुम्हें मुक्त कर सकता हूँ। बोलो!"

"स्वर्ग! इस पृथ्वी को स्वर्ग की आवश्यकता क्या है, शेख? ना, ना, इस पृथ्वी को स्वर्ग के ठेकेदारों से बचाना होगा। पृथ्वी का गौरव स्वर्ग बन जाने से नष्ट हो जायेगा। इसकी स्वाभाविकता साधारण स्थिति में ही रह सकती है। पृथ्वी को केवल वसुन्धरा होकर मानव जाति के लिए जीने दो, अपनी आकांक्षा के कल्पित स्वर्ग के लिए, क्षुद्र स्वार्थ के लिए इस महती को, इस धरणी को नरक न बनाओ, जिसमें देवता बनने के प्रलोभन में पड़कर मनुष्य राक्षस न बन जाय, शेख।"-लज्जा ने कहा।

शेख पत्थर-भरे बादलों के समान कड़कड़ा उठा। उसने कहा-"ले जाओ, इन दोनों को बन्दी करो। मैं फिर विचार करूँगा, और गुल, तुम लोगों का यह पहला अपराध है, क्षमा करता हूँ, सुनती हो मीना, जाओ अपने कुञ्ज में भागो। इन दोनों को भूल जाओ।"

बहार ने एक दिन गुल से कहा-"चलो, द्राक्षा-मण्डप में संगीत का आनन्द लिया जाय।" दोनों स्वर्गीय मदिरा में झूम रहे थे। मीना वहाँ अकेली बैठी उदासी में गा रही थी-

"वही स्वर्ग तो नरक है, जहाँ प्रियजन से विच्छेद है। वही रात प्रलय की है, जिसकी कालिमा में विरह का संयोग है। वह यौवन निष्फल है, जिसका हृदयवान् उपासक नहीं। वह मदिरा हलाहल है, पाप है, जो उन मधुर अधरों को उच्छिष्ट नहीं। वह प्रणय विषाक्त छुरी है, जिसमें कपट है। इसलिये हे जीवन, तू स्वप्न न देख, विस्मृति की निद्रा में सो जा! सुषुप्ति यदि आनन्द नहीं, तो दुःखों का अभाव तो है। इस जागरण से-इस आकांक्षा और अभाव के जागरण से-वह निद्रवंद्व सोना कहीं अच्छा है मेरे जीवन!"

बहार का साहस न हुआ कि वह मण्डप में पैर धरे, पर गुल, वह तो जैसे मूक था! एक भूल, अपराध और मनोवेदना के निर्जन कानन में भटक रहा था, यद्यपि उसके चरण निश्चल थे। इतने में हलचल मच गई। चारों ओर दौड़-धूप होने लगी। मालूम हुआ, स्वर्ग पर तातार के खान की चढ़ाई है।

बरसों घिरे रहने से स्वर्ग की विभूति निश्शेष हो गई थी। स्वर्गीय जीव अनाहार से तड़प रहे थे। तब भी मीना को आहार मिलता। आज शेख सामने बैठा था। उसकी प्याली में मदिरा की कुछ अन्तिम बूँदें थीं। जलन की तीव्र पीड़ा से व्याकुल और आहत बहार उधर तड़प रही थी। आज बन्दी भी मुक्त कर दिये गये थे। स्वर्ग के विस्तृत प्रांगण में बन्दियों के दम तोड़ने की कातर ध्वनि गूँज रही थी। शेख ने एक बार उन्हें हँसकर देखा, फिर मीना की ओर देखकर उसने कहा-"मीना! आज अंतिम दिन है! इस प्याली में अन्तिम घूँटें है, मुझे अपने हाथ से पिला दोगी?"

"बन्दी हूँ शेख! चाहे जो कहो।"

शेख एक दीर्घ निश्वास लेकर उठ खड़ा हुआ। उसने अपनी तलवार सँभाली। इतने में द्वार टूट पड़ा, तातारी घुसते हुए दिखलाई पड़े, शेख के पाप-दुर्बल हाथों से तलवार गिर पड़ी।

द्राक्षा के रूखे कुञ्ज में देवपाल, लज्जा और गुल के शव के पास मीना चुपचाप बैठी थी। उसकी आँखों में न आँसू थे, न ओठों पर क्रन्दन। वह सजीव अनुकम्पा, निष्ठर हो रही थी।

तातारों के सेनापति ने आकर देखा, उस दावाग्नि के अन्धड़ में तृण-कुसुम सुरक्षित है। वह अपनी प्रतिहिंसा से अन्धा हो रहा था। कड़ककर उसने पूछा-"तू शेख की बेटी है?"

मीना ने जैसे मूर्च्छा से आँखें खोलीं। उसने विश्वास-भरी वाणी से कहा-"पिता, मैं तुम्हारी लीला हूँ!"

सेनापति विक्रम को उस प्रान्त का शासन मिला; पर मीना उन्हीं स्वर्ग के खण्डहरों में उन्मुक्त घूमा करती। जब सेनापति बहुत स्मरण दिलाता, तो वह कह देती-मैं एक भटकी हुई बुलबुल हूँ। मुझे किसी टूटी डाल पर अन्धकार बिता लेने दो! इस रजनी-विश्राम का मूल्य अन्तिम तान सुनाकर

जाऊँगी।"

मालूम नहीं, उसकी अन्तिम तान किसी ने सुनी या नहीं।

सुनहला साँप

"यह तुम्हारा दुस्साहस है, चन्द्रदेव!"

"मैं सत्य कहता हूँ, देवकुमार।"

"तुम्हारे सत्य की पहचान बहुत दुर्बल है, क्योंकि उसके प्रकट होने का साधन असत् है। समझता हूँ कि तुम प्रवचन देते समय बहुत ही भावात्मक हो जाते हो। किसी के जीवन का रहस्य, उसका विश्वास समझ लेना हमारी-तुम्हारी बुद्धिरूपी 'एक्सरेज़' की पारदर्शिता के परे है।"-कहता हुआ देवकुमार हँस पड़ा; उसकी हँसी में विज्ञता की अवज्ञा थी।

चन्द्रदेव ने बात बदलने के लिए कहा-"इस पर मैं फिर वाद-विवाद करूँगा। अभी तो वह देखो, झरना आ गया-हम लोग जिसे देखने के लिए आठ मील से आये हैं।"

"सत्य और झूठ का पुतला मनुष्य अपने ही सत्य की छाया नहीं छू सकता, क्योंकि वह सदैव अन्धकार में रहता है। चन्द्रदेव, मेरा तो विश्वास है कि तुम अपने को भी नहीं समझ पाते।"-देवकुमार ने कहा।

चन्द्रदेव बैठ गया। वह एकटक उस गिरते हुए प्रपात को देख रहा था। मसूरी पहाड़ का यह झरना बहुत प्रसिद्ध है। एक गहरे गड्ढे में गिरकर, यह नाला बनता हुआ, ठुकराये हुए जीवन के समान भागा जाता है।

चन्द्रदेव एक ताल्लुकेदार का युवक पुत्र था। अपने मित्र देवकुमार के साथ मसूरी के ग्रीष्म-निवास में सुख और स्वास्थ्य की खोज में आया था। इस पहाड़ पर कब बादल छा जायेंगे, कब एक झोंका बरसाता हुआ निकल जायेगा, इसका कोई निश्चय नहीं। चन्द्रदेव का नौकर पान-भोजन का सामान लेकर पहुँचा। दोनों मित्र एक अखरोट-वृक्ष के नीचे बैठकर खाने लगे। चन्द्रदेव थोड़ी मदिरा भी पीता था, स्वास्थ्य के लिए।

देवकुमार ने कहा-"यदि हम लोगों को बीच ही में भीगना न हो, तो अब चल देना चाहिये।"

पीते हुए चन्द्रदेव ने कहा-"तुम बड़े डरपोक हो। तनिक भी साहसिक जीवन का आनन्द लेने का उत्साह तुममें नहीं। सावधान होकर चलना, समय से कमरे में जाकर बन्द हो जाना और अत्यन्त रोगी के समान सदैव पथ्य का अनुचर बने रहना हो, तो मनुष्य घर ही बैठा रहे!"

देवकुमार हँस पड़ा। कुछ समय बीतने पर दोनों उठ खड़े हुए। अनुचर भी पीछे चला। बूँदें पड़ने लगी थीं। सबने अपनी-अपनी बरसाती सँभाली।

परन्तु उस वर्षा में कहीं विश्राम करना आवश्यक प्रतीत हुआ, क्योंकि उससे बचा लेना बरसाती के बूते का काम न था। तीनों छाया की खोज में चले। एक पहाड़ी चट्टान की गुफा मिली, छोटी-सी। ये तीनों उसमें घुस पड़े।

भवों पर से पानी पोंछते हुए चन्द्रदेव ने देखा, एक श्याम किन्तु उज्ज्वल मुख अपने यौवन की आभा में दमक रहा है। वह एक पहाड़ी स्त्री थी। चन्द्रदेव कला-विज्ञ होने का ढोंग करके उस युवती की सुडौल गढ़न देखने लगा। वह कुछ लज्जित हुई। प्रगल्भ चन्द्रदेव ने पूछा-"तुम यहाँ क्या करने

आई हो?"

"बाबू जी, मैं दूसरे पहाड़ी गाँव की रहने वाली हूँ, अपनी जीविका के लिए आई हूँ।"

"तुम्हारी क्या जीविका है?"

"साँप पकड़ती हूँ।"

चन्द्रदेव चौंक उठा। उसने कहा-"तो क्या तुम यहाँ भी साँप पकड़ रही हो? इधर तो बहुत कम साँप होते हैं।"

"हाँ, कभी खोजने से मिल जाते हैं। यहाँ एक सुनहला साँप मैंने अभी देखा है। उसे ...." कहते-कहते युवती ने एक ढोंके की ओर संकेत किया।

चन्द्रदेव ने देखा, दो तीव्र ज्योति!

पानी का झोंका निकल गया था। चन्द्रदेव ने कहा-"चलो देवकुमार, हम चलें। रामू, तू भी तो साँप पकड़ता है न? देवकुमार! यह बड़ी सफाई से बिना किसी मन्त्र-जड़ी के साँप पकड़ लेता है!" देवकुमार ने सिर हिला दिया।

रामू ने कहा-"हाँ सरकार, पकड़ूँ इसे?"

"नहीं-नहीं, उसे पकड़ने दे! हाँ, उसे होटल में लिवा लाना, हम लोग देखेंगे। क्यों देव! अच्छा मनोरंजन रहेगा न?" कहते हुए चन्द्रदेव और देवकुमार चल पड़े।

किसी क्षुद्र हृदय के पास, उसके दुर्भाग्य से दैवी सम्पत्ति या विद्या, बल, धन और सौन्दर्य उसके सौभाग्य का अभिनय करते हुए प्रायः देखे जाते हैं, तब उन विभूतियों का दुरुपयोग अत्यन्त अरुचिकर दृश्य उपस्थित कर देता है। चन्द्रदेव का होटल-निवास भी वैसा ही था। राशि-राशि विडम्बनाएँ उसके चारों ओर घिरकर उसकी हँसी उड़ातीं, पर उनमें चन्द्रदेव को तो जीवन की सफलता ही दिखलायी देती।

उसके कमरे में कई मित्र एकत्र थे। 'नेरा' महुअर बजाकर अपना खेल दिखला रही थी। सबके बाद उसने दिखलाया, अपना पकड़ा हुआ वही सुन्दर सुनहला साँप।

रामू एकटक नेरा की ओर देख रहा था। चन्द्रदेव ने कहा-"रामू, वह शीशे का बक्स तो ले आ!"

रामू ने तुरन्त उसे उपस्थित किया।

चन्द्रदेव ने हँसकर कहा-"नेरा! तुम्हारे सुन्दर साँप के लिए यह बक्स है।"नेरा प्रसन्न होकर अपने नवीन आश्रित को उसमें रखने लगी, परन्तु वह उस सुन्दर घर में जाना नहीं चाहता था। रामू ने उसे बाध्य किया। साँप बक्स में जा रहा। नेरा ने उसे आँखों से धन्यवाद दिया।

चन्द्रदेव के मित्रों ने कहा-"तुम्हारा अनुचर भी तो कम खिलाड़ी नहीं है!"

चन्द्रदेव ने गर्व से रामू की ओर देखा। परन्तु, नेरा की मधुरिमा रामू की आँखों की राह उसके हृदय में भर रही थी। वह एकटक उसे देख रहा था।

देवकुमार हँस पड़ा। खेल समाप्त हुआ। नेरा को बहुत-सा पुरस्कार मिला।

तीन दिन बाद, होटल के पास ही, चीड़ वृक्ष के नीचे चन्द्रदेव चुपचाप खड़ा था- वह बड़े गौर से देख रहा था-एक स्त्री और एक पुरुष को घुल-घुलकर बातें करते। उसे क्रोध आया; परन्तु न जाने क्यों, कुछ बोल न सका। देवकुमार ने पीठ पर हाथ धरकर पूछा-"क्या है?"

चन्द्रदेव ने संकेत से उस ओर दिखा दिया। एक झुरमुट में नेरा खड़ी है और रामू कुछ अनुनय कर रहा है! देवकुमार ने यह देखकर चन्द्रदेव का हाथ पकड़कर खींचते हुए कहा-"चलो।"

दोनों आकर अपने कमरे में बैठे।

देवकुमार ने कहा-"अब कहो, इसी रामू के हृदय की परख तो तुम उस दिन बता रहे थे। इसी तरह सम्भव है, अपने को भी न पहचानते हो।"

चन्द्रदेव ने कहा-'मैं उसे कोड़े से पीटकर ठीक करूँगा-बदमाश!"

चन्द्रदेव 'बाल' देखकर आया था, अपने कमरे में सोने जा रहा था, रात अधिक हो चुकी थी। उसे कुछ फिस-फिस का शब्द सुनाई पड़ा। उसे नेरा का ध्यान आ गया। वह होंठ काटकर अपने पलँग पर जा पड़ा। मात्रा कुछ अधिक थी। आतिशदान के कार्निस पर धरे हुए शीशे का बक्स और बोतल चमक उठे। पर उसे क्रोध ही अधिक आया, बिजली बुझा दी।

कुछ अधिक समय बीतने पर किसी चिल्लाहट से चन्द्रदेव की नींद खुली। रामू का-सा शब्द था। उसने स्विच दबाया, आलोक में चन्द्रदेव ने आश्चर्य से देखा कि रामू के हाथ में वही सुनहला साँप हथकड़ी-सा जकड़ गया है! चन्द्रदेव ने कहा-"क्यों रे बदमाश! तू यहाँ क्या करता था? अरे, इसका तो प्राण संकट में है, नेरा होती तो!"

चन्द्रदेव घबड़ा गया था। इतने में नेरा ने कमरे में प्रवेश किया। इतनी रात को यहाँ? चन्द्रदेव क्रोध से चुप रहा। नेरा ने साँप से रामू का हाथ छुड़ाया और फिर उसे बक्स में बन्द किया। तब चन्द्रदेव ने रामू से पूछा-"क्यों बे, यहाँ क्या कर रहा था?" रामू काँपने लगा।

"बोल, जल्दी बोल! नहीं तो तेरी खाल उधेड़ता हूँ।"

रामू फिर भी चुप था।

चन्द्रदेव का चेहरा अत्यन्त भीषण हो रहा था। वह कभी नेरा की ओर देखता और कभी रामू की ओर। उसने पिस्तौल उठाई, नेरा रामू के सामने आ गई। उसने कहा-"बाबू जी, यह मेरे लिए शराब लेने आया था, जो उस बोतल में धरी है।"

चन्द्रदेव ने देखा, मदिरा उस बोतल में अपनी लाल हँसी में मग्न थी। चन्द्रदेव ने पिस्तौल धर दिया। और बोतल और बक्स उठाकर देते हुए मुँह फेरकर कहा-"तुम दोनों इसे लेकर अभी चले जाओ, और रामू, अब तुम कभी मुझे अपना मुँह मत दिखाना।"

दोनों धीरे-धीरे बाहर हो गये। रामू अपने मालिक का मन पहचानता था।

दूसरे दिन देवकुमार और चन्द्रदेव पहाड़ से उतरे। रामू उनके साथ न था।

ठीक ग्यारह महीने पर फिर उसी होटल में चन्द्रदेव पहुँचा था। तीसरा पहर था, रंगीन बादल थे, पहाड़ी सन्ध्या अपना रंग जमा रही थी, पवन तीव्र था। चन्द्रदेव ने शीशे का पल्ला बन्द करना चाहा। उन्होंने देखा, रामू सिर पर पिटारा धरे चला जा रहा है और पीछे-पीछे अपनी मन्द गति से नेरा। नेरा ने भी ऊपर की ओर देखा, वह मुस्कराकर सलाम करती हुई रामू के पीछे चली गई। चन्द्रदेव ने धड़ से पल्ला बन्द करते हुए सोचा-"सच तो, क्या मैं अपने को भी पहिचान सका?"

हिमालय का पथिक

"गिरि-पथ में हिम-वर्षा हो रही है, इस समय तुम कैसे यहाँ पहुँचे? किस प्रबल आकर्षण से तुम खिंच आये?" खिड़की खोलकर एक व्यक्ति ने पूछा। अमल-धवल चन्द्रिका तुषार से घनीभूत हो रही थी। जहाँ तक दृष्टि जाती है, गगन-चुम्बी शैल-शिखर, जिन पर बर्फ का मोटा लिहाफ पड़ा था, ठिठुरकर सो रहे थे। ऐसे ही समय पथिक उस कुटीर के द्वार पर खड़ा था। वह बोला-"पहले भीतर आने दो, प्राण बचें!"

बर्फ जम गई थी, द्वार परिश्रम से खुला। पथिक ने भीतर जाकर उसे बन्द कर लिया। आग के पास पहुँचा, और उष्णता का अनुभव करने लगा। ऊपर से और दो कम्बल डाल दिये गये। कुछ काल बीतने पर पथिक होश में आया। देखा, शैल-भर में एक छोटा-सा गृह धुँधली प्रभा से आलोकित है। एक वृद्ध है और उसकी कन्या। बालिका-युवती हो चली है।

वृद्ध बोला-"कुछ भोजन करोगे?"

पथिक-"हाँ, भूख तो लगी है।"

वृद्ध ने बालिका की ओर देखकर कहा-"किन्नरी, कुछ ले आओ।"

किन्नरी उठी और कुछ खाने को ले आई। पथिक दत्तचित्त होकर उसे खाने लगा।

किन्नरी चुपचाप आग के पास बैठी देख रही थी। युवक-पथिक को देखने में उसे कुछ संकोच न था। पथिक भोजन कर लेने के बाद घूमा, और देखा। किन्नरी सचमुच हिमालय की किन्नरी है। ऊनी लम्बा कुरता पहने है, खुले हुए बाल एक कपड़े से कसे हैं, जो सिर के चारों ओर टोप के समान बँधा है। कानों में दो बड़े-बड़े फीरोजे लटकते हैं। सौन्दर्य है, जैसे हिमानीमण्डित उपत्यका में वसन्त की फूली हुई वल्लरी पर मध्याह्न का आतप अपनी सुखद कान्ति बरसा रहा हो। हृदय को चिकना कर देने वाला रूखा यौवन प्रत्येक अंग में लालिमा की लहरी उत्पन्न कर रहा है। पथिक देख कर भी अनिच्छा से सिर झुकाकर सोचने लगा।

वृद्ध ने पूछा-"कहो, तुम्हारा आगमन कैसे हुआ?"

पथिक-"निरुद्देश्य घूम रहा हूँ, कभी राजमार्ग, कभी खड्ड, कभी सिन्धुतट और कभी गिरि-पथ देखता-फिरता हूँ। आँखों की तृष्णा मुझे बुझती नहीं दिखाई देती। यह सब क्यों देखना चाहता हूँ, कह नहीं सकता।"

"तब भी भ्रमण कर रहे हो!"

पथिक-"हाँ, अबकी इच्छा है, कि हिमालय में ही विचरण करूँ। इसी के सामने दूर तक चला जाऊँ!"

वृद्ध-"तुम्हारे पिता-माता हैं?"

पथिक-"नहीं।"

किन्नरी-"तभी तुम घूमते हो! मुझे तो पिताजी थोड़ी दूर भी नहीं जाने देते।"-वह हँसने लगी।

वृद्ध ने उसकी पीठ पर हाथ रखकर कहा-"बड़ी पगली है!"

किन्नरी खिलखिला उठी।

पथिक-"अपरिचित देशों में एक रात रमना और फिर चल देना। मन के समान चञ्चल हो रहा हूँ, जैसे पैरों के नीचे चिनगारी हो!"

किन्नरी-"हम लोग तो कहीं जाते नहीं; सबसे अपरिचित हैं, कोई नहीं जानता। न कोई यहाँ आता है। हिमालय की निर्जर शिखर-श्रेणी और बर्फ की झड़ी, कस्तूरी मृग और बर्फ के चूहे, ये ही मेरे स्वजन हैं।"

वृद्ध-"क्यों री किन्नरी! मैं कौन हूँ?"

"किन्नरी-तुम्हारा तो कोई नया परिचय नहीं है; वही मेरे पुराने बाबा बने हो!"

वृद्ध सोचने लगा।

पथिक हँसने लगा। किन्नरी अप्रतिभ हो गई। वृद्ध गम्भीर होकर कम्बल ओढ़ने लगा।

पथिक को उस कुटी में रहते कई दिन हो गये। न जाने किस बन्धन ने उसे यात्रा से वञ्चित कर दिया है। पर्यटक युवक आलसी बनकर चुपचाप खुली धूप में, बहुधा देवदारु की लम्बी छाया में बैठा हिमालय खण्ड की निर्जन कमनीयता की ओर एकटक देखा करता है। जब कभी अचानक आकर किन्नरी उसका कन्धा पकड़कर हिला देती है, तो उसके तुषारतुल्य हृदय में बिजली-सी दौड़ जाती है। किन्नरी हँसने लगती है-जैसे बर्फ गल जाने पर लता के फूल निखर आते हैं।"

एक दिन पथिक ने कहा-"कल मैं जाऊँगा।"

किन्नरी ने पूछा-"किधर?"

पथिक ने हिम-गिरि की चोटी दिखलाते हुए कहा-"उधर, जहाँ कोई न गया हो!"

किन्नरी ने पूछा-"वहाँ जाकर क्या करोगे?"

"देखकर लौट आऊँगा।"

"अभी से क्यों नहीं जाना रोकते, जब लौट ही आना है?"

"देखकर आऊँगा; तुम लोगों से मिलते हुए देश को लौट जाऊँगा। वहाँ जाकर यहाँ का सब समाचार सुनाऊँगा।"

"वहाँ क्या तुम्हारा कोई परिचित है?"

"यहाँ पर कौन था?"

"चले जाने में तुमको कुछ कष्ट नहीं होगा?"

"कुछ नहीं; हाँ एक बार जिनका स्मरण होगा, उनके लिए जी कचोटेगा। परन्तु ऐसे कितने ही हैं!"

"कितने होंगे?"

"बहुत से, जिनके यहाँ दो घड़ी से लेकर दो-चार दिन तक आश्रय ले चुका हूँ। उन दयालुओं की कृतज्ञता से विमुख नहीं होता।"

"मेरी इच्छा होती है कि उस शिखर तक मैं भी तुम्हारे साथ चलकर देखूँ। बाबा से पूछ लूँ।"

"ना-ना, ऐसा मत करना।" पथिक ने देखा, बर्फ की चट्टान पर श्यामल दूर्वा उगने लगी है। मतवाले हाथी के पैर में फूली हुई लता लिपटकर साँकिल बनना चाहती है। वह उठकर फूल बिनने लगा। एक माला बनाई। फिर किन्नरी के सिर का बन्धन खोलकर वहीं माला अटका दी। किन्नरी के

मुख पर कोई भाव न था। वह चुपचाप थी। किसी ने पुकारा-"किन्नरी।"

दोनों ने घूमकर देखा, वृद्ध का मुँह लाल था। उसने पूछा-"पथिक! तुमने देवता का निर्माल्य दूषित करना चाहा-तुम्हारा दण्ड क्या है?"

पथिक ने गम्भीर स्वर से कहा-'निर्वासन।"

"और भी कुछ?"

"इससे विशेष तुम्हें अधिकार नहीं; क्योंकि तुम देवता नहीं, जो पाप की वास्तविकता समझ लो!"

"हूँ!"

"और, मैंने देवता के निर्माल्य को और भी पवित्र बनाया है। उसे प्रेम के गन्धजल से सुरभित कर दिया है। उसे तुम देवता को अर्पण कर सकते हो।"-इतना कहकर पथिक उठा, और गिरिपथ से जाने लगा।

वृद्ध ने पुकारकर कहा-"तुम कहाँ जाओगे? वह सामने भयानक शिखर है!"

पथिक ने लौटकर खड्ड में उतरना चाहा। किन्नरी पुकारती हुई दौड़ी-"हाँ-हाँ, मत उतरना, नहीं तो प्राण न बचेंगे!"

पथिक एक क्षण के लिए रुक गया। किन्नरी ने वृद्ध से घूमकर पूछा-"बाबा, क्या यह देवता नहीं है?"

वृद्ध कुछ कह न सका। किन्नरी और आगे बढ़ी। उसी क्षण एक लाल धुँधली आँधी के सदृश बादल दिखलाई पड़ा। किन्नरी और पथिक गिरि-पथ से चढ़ रहे थे। वे अब दो श्याम-बिन्द की तरह वृद्ध की आँखों में दिखाई देते थे। वह रक्तमलिन मेघ समीप आ रहा था। वृद्ध कुटीर की ओर पुकारता हुआ चला-"दोनों लौट आओ; खूनी बर्फ आ रही है!" परन्तु जब पुकारना था, तब वह चुप रहा। अब वे सुन नहीं सकते थे।

दूसरे ही क्षण खूनी बर्फ, वृद्ध और दोनों के बीच में थी।

भिखारिन

जाह्नवी अपने बालू के कम्बल में ठिठुरकर सो रही थी। शीत कुहासा बनकर प्रत्यक्ष हो रहा था। दो-चार लाल धारायें प्राची के क्षितिज में बहना चाहती थीं। धार्मिक लोग स्नान करने के लिए आने लगे थे।

निर्मल की माँ स्नान कर रही थी, और वह पण्डे के पास बैठा हुआ बड़े कुतूहल से धर्म-भीरु लोगों की स्नान-क्रिया देखकर मुस्करा रहा था। उसकी माँ स्नान करके ऊपर आई। अपनी चादर ओढ़ते हुए स्नेह से उसने निर्मल से पूछा-"क्या तू स्नान न करेगा?"

निर्मल ने कहा-"नहीं माँ, मैं तो धूप निकलने पर घर पर ही स्नान करूँगा।"

पण्डाजी ने हँसते हुए कहा-"माता, अबके लड़के पुण्य-धर्म क्या जानें? यह सब तो जब तक आप लोग हैं, तभी तक है।"

निर्मल का मुँह लाल हो गया। फिर भी वह चुप रहा। उसकी माँ संकल्प लेकर कुछ दान करने लगी। सहसा जैसे उजाला हो गया-एक धवल दाँतों की श्रेणी अपना भोलापन बिखेर गई- "कुछ हमको दे दो, रानी माँ!"

निर्मल ने देखा, एक चौदह बरस की भिखारिन भीख माँग रही है। पण्डाजी झल्लाये, बीच ही में संकल्प अधूरा छोड़कर बोल उठे-"चल हट!"

निर्मल ने कहा- "माँ! कुछ इसे भी दे दो।"

माता ने उधर देखा भी नहीं, परन्तु निर्मल ने उस जीर्ण मलिन वसन में एक दरिद्र हृदय की हँसी को रोते हुए देखा। उस बालिका की आँखों मे एक अधूरी कहानी थी। रूखी लटों में सादी उलझन थी, और बरौनियों के अग्रभाग में संकल्प के जलबिन्द लटक रहे थे, करुणा का दान जैसे होने ही वाला था।

धर्म-परायण निर्मल की माँ स्नान करके निर्मल के साथ चली। भिखारिन को अभी आशा थी, वह भी उन लोगों के साथ चली।

निर्मल एक भावुक युवक था। उसने पूछा-"तुम भीख क्यों माँगती हो?"

भिखारिन की पोटली के चावल फटे कपड़े के छिद्र से गिर रहे थे। उन्हें सँभालते हुए उसने कहा-"बाबूजी, पेट के लिए।"

निर्मल ने कहा-"नौकरी क्यों नही करतीं? माँ, इसे अपने यहाँ रख क्यों नहीं लेती हो? धनिया तो प्राय: आती भी नहीं।"

माता ने गम्भीरता से कहा-"रख लो! कौन जाति है, कैसी है, जाना न सुना; बस रख लो।"

निर्मल ने कहा-"माँ, दरिद्रों की तो एक ही जाति होती है।"

माँ झल्ला उठी, और भिखारिन लौट चली। निर्मल ने देखा, जैसे उमड़ी हुई मेघमाला बिना बरसे हुए लौट गई। उसका जी कचोट उठा। विवश था, माता के साथ चला गया।

"सुने री निर्धन के धन राम! सुने री-"

भैरवी के स्वर पवन में आन्दोलन कर रहे थे। धूप गंगा के वक्ष पर उजली होकर नाच रही थी। भिखारिन पत्थर की सीढ़ियों पर सूर्य की ओर मुँह किये गुनगुना रही थी। निर्मल आज अपनी भाभी, के संग स्नान करने के लिए आया है। गोद में अपने चार बरस के भतीजे को लिये वह भी सीढ़ियों से उतरा। भाभी ने पूछा-"निर्मल! आज क्या तुम भी पुण्य-सञ्चय करोगे?"

"क्यों भाभी! जब तुम इस छोटे से बच्चे को इस सरदी में नहला देना धर्म समझती हो, तो मै ही क्यों वञ्चित रह जाऊँ?"

सहसा निर्मल चौंक उठा। उसने देखा, बगल में वही भिखारिन बैठी गुनगुना रही है। निर्मल को देखते ही उसने कहा-बाबूजी, तुम्हारा बच्चा फले-फूले, बहू का सोहाग बना रहे! आज तो मुझे कुछ मिले।"

निर्मल अप्रतिभ हो गया। उसकी भाभी हँसती हुई बोली-"दुर पगली!"

भिखारिन सहम गई। उसके दाँतो का भोलापन गम्भीरता के परदे में छिप गया। वह चुप हो गई।

निर्मल ने स्नान किया। सब ऊपर चलने के लिए प्रस्तुत थे। सहसा बादल हट गये, उन्हीं अमल-धवल दाँतो की श्रेणी ने फिर याचना की-"बाबूजी, कुछ मिलेगा?"

"अरे , अभी बाबूजी का ब्याह नहीं हुआ। जब होगा, तब तुझे न्योता देकर बुलावेंगे। तब तक सन्तोष करके बैठी रह।" भाभी ने हँसकर कहा।

"तुम लोग बड़ी निष्ठर हो, भाभी! उस दिन माँ से कहा कि इसे नौकर रख लो, तो वह इसकी जाति पूछने लगी; और आज तुम भी हँसी ही कर रही हो!"

निर्मल की बात काटते हुए भिखारिन ने कहा-"बहूजी, तुम्हें देखकर मैं तो यही जानती हूँ कि ब्याह हो गया है। मुझे कुछ न देने के लिए बहाना कर रही हो!"

"मर पगली! बड़ी ढीठ है!" भाभी ने कहा।

"भाभी! उस पर क्रोध न करो। वह क्या जाने, उसकी दृष्टि में सब अमीर और सुखी लोग विवाहित हैं। जाने दो, घर चलें!"

"अच्छा चलो, आज माँ से कहकर इसे तुम्हारे लिए टहलनी रखवा दूँगी।"-कहकर भाभी हँस पड़ी।

युवक हृदय उत्तेजित हो उठा। बोला-"यह क्या भाभी! मैं तो इससे ब्याह करने के लिए भी प्रस्तुत हो जाऊँगा! तुम व्यंग क्यों कर रही हो?"

भाभी अप्रतिभ हो गई। परन्तु भिखारिन अपने स्वाभाविक भोलेपन से बोली-"दो दिन माँगने पर भी तुम लोगों से एक पैसा तो देते नहीं बना, फिर क्यों गाली देते हो, बाबू? ब्याह करके निभाना तो बड़ी दूर की बात है!"-भिखारिन भारी मुँह किये लौट चली।

बालक रामू अपनी चालाकी में लगा था। माँ की जेब से छोटी दुअन्नी अपनी छोटी उँगलियों से उसने निकाल ली और भिखारिन की ओर फेंककर बोला-"लेती जाओ, ओ भिखारिन!"

निर्मल और भाभी को रामू की इस दया पर कुछ प्रसन्नता हुई, पर वे प्रकट न कर सके; क्योंकि भिखारिन ऊपर की सीढ़ियों पर चढ़ती हुई गुनगुनाती चली जा रही थी-

"सुने री निर्धन के धन राम!"

प्रतिध्वनि

मनुष्य की चिता जल जाती है, और बुझ भी जाती है परन्तु उसकी छाती की जलन, द्वेष की ज्वाला, सम्भव है, उसके बाद भी धक्-धक करती हुई जला करे।

तारा जिस दिन विधवा हुई, जिस समय सब लोग रो-पीट रहे थे, उसकी ननद ने, भाई के मरने पर भी, रोदन के साथ, व्यंग स्वर में कहा-"अरे मैया रे, किसका पाप किसे खा गया रे!"- तभी आसन्न वैधव्य ठेलकर, अपने कानों को ऊँचा करके, तारा ने वह तीक्ष्ण व्यंग रोदन के कोलाहल में भी सुन लिया था।

तारा सम्पन्न थी, इसलिए वैधव्य उसे दूर ही से डराकर चला जाता। उसका पूर्ण अनुभव वह कभी न कर सकी। हाँ, ननद रामा अपनी दरिद्रता के दिन अपनी कन्या श्यामा के साथ किसी तरह काटने लगी। दहेज मिलने की निराशा से कोई ब्याह करने के लिए प्रस्तुत न होता। श्यामा चौदह बरस की हो चली। बहुत चेष्टा करके भी रामा उसका ब्याह न कर सकी। वह चल बसी।

श्यामा निस्सहाय अकेली हो गई। पर जीवन के जितने दिन हैं, वे कारावासी के समान काटने ही होंगे। वह अकेली ही गंगा-तट पर अपनी बारी से सटे हुए कच्चे झोपड़े में रहने लगी।

मन्त्री नाम की एक बुढ़िया, जिसे 'दादी' कहती थी, रात को उसके पास सो रहती, और न जाने कहाँ से, कैसे उसके खाने-पीने का कुछ प्रबन्ध कर ही देती। धीरे-धीरे दरिद्रता के सब अवशिष्ट चिह्न बिककर श्यामा के पेट में चले गये। पर, उसकी आम की बारी अभी नीलाम होने के लिए हरी-भरी थी!

कोमल आतप गंगा के शीतल शरीर में अभी ऊष्मा उत्पन्न करने में असमर्थ था। नवीन किसलय उससे चमक उठे थे। वसन्त की किरणों की चोट से कोयल कुहुक उठी। आम की कैरियों के गुच्छे हिलने लगे। उस आम की बारी में माधव-ऋतु का डेरा था और श्यामा के कमनीय कलेवर में यौवन था।

श्यामा अपने कच्चे घर के द्वार पर खड़ी हुई मेघ-संक्रान्ति का पर्व-स्नान करने वालों को कगार के नीचे देख रही थी। समीप होने पर भी वह मनुष्यों की भीड़ उसे चींटियाँ रेंगती हुई जैसी दिखायी पड़ती थी। मन्त्री ने आते ही उसका हाथ पकड़कर कहा-"चलो बेटी, हम लोग भी स्नान कर आवें।"

उसने कहा-"नहीं दादी, आज अंग-अंग टूट रहा है, जैसे ज्वर आने को है।"

मन्त्री चली गई।

तारा स्नान करके दासी के साथ कगारे के ऊपर चढ़ने लगी। श्यामा की बारी के पास से ही पथ था। किसी को वहाँ न देखकर तारा ने सन्तुष्ट होकर साँस ली। कैरियों से गदराई हुई डाली से उसका सिर लग गया। डाली राह में झुकी पड़ती थी। तारा ने देखा, कोई नहीं है; हाथ बढ़ाकर कुछ कैरियाँ तोड़ लीं।

सहसा किसी ने कहा-"और तोड़ लो मामी, कल तो यह नीलाम ही होगा!"

तारा की अग्नि-बाण-सी आँखें किसी को जला देने के लिए खोजने लगीं। फिर उसके हृदय में

वही बहुत दिन की बात प्रतिध्वनित होने लगी-"किसका पाप किसको खा गया, रे!"-तारा चौंक उठी। उसने सोचा, रामा की कन्या व्यंग कर रही है- भीख लेने के लिए कह रही है। तारा होंठ चबाती हुई चली गई।

एक सौ पांच - एक ,

एक सौ पांच - दो ,

एक सौ पांच रुपये- तीन!

बोली हो गई। अमीन ने पूछा-"नीलाम का चौथाई रुपया कौन जमा करता है?"

एक गठीले युवक ने कहा-"चौथाई नहीं, कुल रुपये लीजिये।" तारा के नाम की रसीद बना रुपया सामने रख दिया गया।

श्यामा एक आम के वृक्ष के नीचे चुपचाप बैठी थी। उसे और कुछ नहीं सुनाई पड़ता था, केवल डुग्गियों के साथ एक-दो-तीन की प्रतिध्वनि कानों में गूँज रही थी। एक समझदार मनुष्य ने कहा-"चलो, अच्छा ही हुआ, तारा ने अनाथ लड़की के बैठने का ठिकाना तो बना रहने दिया; नहीं तो गंगा किनारे का घर और तीन बीघे की बारी, एक सौ पांच रुपये में! तारा ने बहुत अच्छा किया।"

बुढ़िया मन्त्री ने कहा-"भगवान् जाने, ठिकाना कहाँ होगा!"

श्यामा चुपचाप सुनती रही। सन्ध्या हो गई। जिनका उसी अमराई में नीड़ था, उन पक्षियों का झुण्ड कलरव करता हुआ घर लौटने लगा। पर श्यामा न हिली; उसे भूल गया कि उसके भी घर है।

बुढ़िया के साथ अमीन साहब आकर खड़े हो गये। अमीन एक सुन्दर कहे जाने योग्य युवक थे, और उनका यह सहज विश्वास था कि कोई भी स्त्री हो, मुझे एक बार अवश्य देखेगी। श्यामा के सौन्दर्य को तो दारिद्रय ने ढँक लिया था; पर उसका यौवन छिपने के योग्य न था। कुमार यौवन अपनी क्रीड़ा में विह्वल था। अमीन ने कहा-"मन्त्री! पूछो, मैं रुपया दे दूँ-अभी एक महीने की अवधि है, रुपया दे देने से नीलाम रुक जायगा!"

श्यामा ने एक बार तीखी आँखों से अमीन की ओर देखा। वह पुष्ट कलेवर अमीन, उस अनाथ बालिका की दृष्टि न सह सका, धीरे से चला गया। मन्त्री ने देखा , बरसात की-सी गीली चिता श्यामा की आँखों में जल रही है। मन्त्री का साहस न हुआ कि उससे घर चलने के लिए कहे। उसने सोचा, ठहरकर आऊँगी तो इसे घर लिवा जाऊँगी। परन्तु जब वह लौटकर आई, तो रजनी के अन्धकार में बहुत खोजने पर भी श्यामा को न पा सकी।

तारा का उत्तराधिकारी हुआ-उसके भाई का पुत्र प्रकाश। अकस्मात् सम्पत्ति मिल जाने से जैसा प्रायः हुआ करता है, वही हुआ-प्रकाश अपने-आपे में न रह सका। वह उस देहात में प्रथम श्रेणी का विलासी बन बैठा। उसने तारा के पहले घर से कोस-भर दूर श्यामा की बारी को भली-भाँति सजाया; उसका कच्चा घर तोड़कर बंगला बन गया। अमराई में सड़कें और क्यारियाँ दौड़ने लगीं। यहीं प्रकाश बाबू की बैठक जमी। अब इसे उसके नौकर 'छावनी' कहते थे।

आषाढ़ का महीना था। सबेरे ही बड़ी उमस थी। पुरवाई से घनमण्डल स्थिर हो रहा था। वर्षा होने की पूरी सम्भावना थी। पक्षियों के झुण्ड आकाश में अस्त-व्यस्त घूम रहे थे। एक पगली गंगा के तट के ऊपर की ओर चढ़ रही थी। वह अपने प्रत्येक पाद-विक्षेप पर एक-दो-तीन अस्फुट स्वर से कह देती, फिर आकाश की ओर देखने लगती थी। अमराई के खुले फाटक से वह घुस आई, और पास के वृक्षों के नीचे घूमती हुई "एक-दो-तीन" करके गिनने लगी।

लहरीले पवन का एक झोंका आया; तिरछी बूँदो की एक बाढ़ पड़ गई। दो-चार आम भी चू पड़े। पगली घबरा गई। तीन से अधिक वह गिनना ही नहीं जानती थी। इधर बूँदो को गिने कि आमों को!

बड़ी गड़बड़ी हुई। पर वह मेघ का टुकड़ा बरसता हुआ निकल गया। पगली एक बार स्वस्थ हो गई।

महोखा एक डाल से बोलने लगा। डुग्गी के समान उसका "डूप-डूप-डूप" शब्द पगली को पहचाना हुआ-सा मालूम पड़ा। वह फिर गिनने लगी-एक-दो-तीन! उसके चुप हो जाने पर पगली ने डालों की ओर देखा और प्रसन्न होकर बोली-एक-दो-तीन! इस बार उसकी गिनती में बड़ा उल्लास था, विस्मय था और हर्ष भी। उसने एक ही डाल में पके हुए तीन आमों को वृन्तों-सहित तोड़ लिया, और उन्हें झुकाते हुए गिनने लगी। पगली इस बार सचमुच बालिका बन गई, जैसे खिलौने के साथ खेलने लगी।

माल आ गया। उसने गाली दी, मारने के लिए हाथ उठाया। पगली अपना खेल छोड़कर चुपचाप उसकी ओर एकटक देखने लगी। वह उसका हाथ पकड़कर प्रकाश बाबू के पास ले चला।

प्रकाश यक्ष्मा से पीड़ित होकर इन दिनों यहाँ निरन्तर रहने लगा था। वह खाँसता जाता था; और तकिये के सहारे बैठा हुआ पीकदान में रक्त और कफ थूकता जाता था। कंकाल-सा शरीर पीला पड़ गया था। मुख में केवल नाक और बड़ी-बड़ी आँखें अपना अस्तित्व चिल्लाकर कह रही थीं। पगली को पकड़कर माली उसके सामने ले आया।

विलासी प्रकाश ने देखा, पागल यौवन अभी उस पगली के पीछे लगा था। कामुक प्रकाश को आज अपने रोग पर क्रोध हुआ, और पूर्ण मात्रा में हुआ। पर क्रोध धक्का खाकर पगली की ओर चला आया। प्रकाश ने आम देखकर ही समझ लिया और फूहड़ गालियों की बौछार से उसकी अभ्यर्थना की।

पगली ने कहा-"यह किस पाप का फल है? तू जानता है, इसे कौन खायगा? बोल! कौन मरेगा? बोल! एक-दो-तीन"-

"चोरी को पागलपन में छिपाना चाहती है! अभी तो तुझे बीसों चाहने वाले मिलेंगे! चोरी क्यों करती है?"-प्रकाश ने कहा।

एक बार पगली का पागलपन, लाल वस्त्र पहनकर उसकी आँखों में नाच उठा। उसने आम तोड़-तोड़ कर प्रकाश के क्षय-जर्जर हृदय पर खींचकर मारते हुए गिना-एक-दो-तीन! प्रकाश तकिये पर चित्त लेटकर हिचकियाँ लेने लगा और पगली हँसते हुए गिनने लगी-एक-दो-तीन। उनकी प्रतिध्वनि अमराई में गूँज उठी।

कला

उसके पिता ने बड़े दुलार से उसका नाम रक्खा था-›कला‹। नवीन इन्दकला-सी वह आलोकमयी और आँखों की प्यास बुझानेवाली थी। विद्यालय में सबकी दृष्टि उस सरल-बालिका की ओर घूम जाती थी; परन्तु रूपनाथ और रसदेव उसके विशेष भक्त थे। कला भी कभी-कभी उन्हीं दोनों से बोलती थी, अन्यथा वह एक सुन्दर नीरवता ही बनी रहती।

तीनों एक-दूसरे से प्रेम करते थे, फिर भी उनमें डाह थी। वे एक-दूसरे को अधिकाधिक अपनी ओर आकर्षित देखना चाहते थे। छात्रावास में और बालकों से उनका सौहार्द नहीं। दूसरे बालक और बालिकायें आपस में इन तीनों की चर्चा करतीं।

कोई कहता-"कला तो इधर आँख उठाकर देखती भी नहीं।"

दूसरा कहता-"रूपनाथ सुन्दर तो है, किन्तु बड़ा कठोर।"

तीसरा कहता-"रसदेव पागल है। उसके भीतर न जाने कितनी हलचल है। उसकी आँखों में निश्छल अनुराग है; पर कला को जैसे सबसे अधिक प्यार करता है।"

उन तीनों को इधर ध्यान देने का अवकाश नहीं। वे छात्रावास की फुलवारी में, अपनी धुन में मस्त विचरते थे। सामने गुलाब के फूल पर एक नीली तितली बैठी थी। कला उधर देखकर गुनगुना रही थी। उसकी सजन स्वर-लहरी अवगुण्ठित हो रही थी। पतले-पतले अधरों से बना हुआ छोटे-से मुँह का अवगुण्ठन उसे ढँकने में असमर्थ था। रूप एकटक देख रहा था और रस नीले आकाश में आँखें गड़ाकर उस गुञ्जार की मधुर श्रुति में काँप रहा था।

रूप ने कहा-"आह, कला! जब तुम गुनगुनाने लगती हो, तब तुम्हारे अधरों में कितनी लहरें खेलती है। भवें जैसे अभिव्यक्ति के मंच पर चढ़ती-उतरती कितनी अमिट रेखायें हृदय पर बना देती हैं।" रूप की बातें सुनकर कला ने गुनगुनाना बन्द कर दिया। रस ने व्याघात समझ कर भ्रू-भंग सहित उसकी ओर देखा।

कला ने कहा-"अब मैं घर जाऊँगी, मेरी शिक्षा समाप्त हो चुकी।"

दोनों लुट गये। रूप ने कहा- "मैं तुम्हारा चित्र बनाकर उसकी पूजा करूँगा।"

रस ने कहा-"भला तुम्हें कभी भूल सकता हूँ।"

कला चली गई। एक दिन वसन्त के गुलाब खिले थे, सुरभि से छात्रावास का उद्यान भर रहा था। रूपनाथ और रसदेव बैठे हुए कला की बातें कर रहे थे।

रूपनाथ ने कहा-"उसका रूप कितना सुन्दर है!"

रसदेव ने कहा-"और उसके हृदय के सौन्दर्य का तो तुम्हें ध्यान ही नहीं।"

"हृदय का सौन्दर्य ही तो आकृति ग्रहण करता है, तभी मनोहरता रूप में आती है।"

"परन्तु कभी-कभी हृदय की अवस्था आकृति से नहीं खुलती, आँखे धोखा खाती हैं।"

"मैं रूप से हृदय की गहराई नाप लूँगा। रसदेव, तुम जानते हो कि मैं रेखा-विज्ञान में कुशल हूँ। मैं चित्र बनाकर उसे जब चाहूँगा, प्रत्यक्ष कर लूँगा। उसका वियोग मेरे लिए कुछ भी नहीं है।"

"आह! रूपनाथ! तुम्हारी आकांक्षा साधन-सापेक्ष है। भीतर की वस्तु को बाहर लाकर संसार की दूषित वायु से उसे नष्ट होने के लिए। ...."

"चुप रहो, तुम मन-ही-मन गुनगुनाया करो। कुछ है भी तुम्हारे हृदय में? कुछ खोलकर कह या दिखला सकते हो? .... कहकर रूपनाथ उठकर जाने लगा।

क्षुब्ध होकर उसका कन्धा पीछे से पकड़ते हुए रसदेव ने कहा-"तो मैं उसकी उपासना करने में असमर्थ हूँ?"

रूपनाथ अवहेलना में देखता हुआ मुस्कराता चला गया।

काल के विश्रृंखल पवन ने उन तीनों को जगत् के अञ्चल पर बिखेर दिया, पर वे सदैव एक दूसरे को स्मरण करते रहे। रूपनाथ एक चतुर चित्रकार बन गया। केवल कला का चित्र बनाने के लिए अपने अभ्यास को उसने और भी प्रखर कर लिया। वह अपनी प्रेम-छवि की पूजा के नित्य नये उपकरण जुटाता। वह पवन के थपेड़े से मुँह फेरे हुए फूलों का श्रृङ्गार, चित्रपटी के जंगलों को देता। उसकी तूलिका से जड़ होकर भीतरी आन्दोलनों से बाह्य दृश्य अनेक सुन्दर आकृतियों की विकृतियों में स्थायी बना दिये जाते। उसकी बड़ी ख्याति थी। फिर भी उसका गर्वस्फीत सिर अपनी चित्रशाला में आकर न जाने क्यों नीचे झुक जाता। वह अपने अभाव को जानता था, पर किसी से कहता न था। वह आज भी कला का अपने मनोनुकूल चित्र नहीं बना पाया।

रसदेव का जीवन नीरव निकुञ्जों में बीत रहा था। वह चुपचाप रहता। नदी-तट पर बैठे हुए उस पार की परियाली देखते-देखते अन्धकार का परदा खींच लेना, यही उसकी दिनचर्या थी, और नक्षत्र-माला-सुशोभित गगन के नीचे अवाक्, निस्पन्द पड़े हुए, सकुतूहल आँखों से जिज्ञासा करती उसकी रात्रिचर्या।

कुछ संगीतों की असंगति और कुछ अस्पष्ट छाया उसके हृदय की निधि थी, पर लोग उसे निकम्मा, पागल और आलसी कहते। एकाएक रजनी में, सरिता कलोल करती हुई बही जा रही थी। रसदेव ने कल्पना के नेत्रों से देखा, अकस्मात् नदी का जल स्थिर हो गया और अपने मरकत-मृणाल पर एक सहस्रदल मणि-पद्म जल-तल के ऊपर आकर नैशपवन में झूमने लगा। लहरों में स्वर के उपकरण से मूर्ति बनी, फिर नूपुरों की झनकार होने लगी। धीर मन्थर गति से तरल आस्तरण पर पैर रखते हुए एक छवि आकर उस कमल पर बैठ गई।

रसदेव बड़बड़ा उठा। वह काली रजनीवाले दुष्ट दिनों की दुःख-गाथा और आज की वैभवशालिनी निशा की सुख-कथा मिलाकर कुछ कहने लगा। वह छवि सुनती-सुनती मुस्कराने लगी, फिर चली गई। नूपुरों की मधुर-मधुर ध्वनि अपने संगीत का आधार उसे देती गई। विश्व का रूप रसमय हो गया। आकृतियों का आवरण हट गया। रसदेव की आँखें पारदर्शी हो गईं। आज रसदेव के हृदय की अव्यक्त ध्वनि सार्थक हो गई। वह कोमल पदावली गाने लगा।

नगर में आज बड़ी धूम-धाम है। जिसे देखो, रंगशाला की ओर दौड़ा जा रहा है। रंगशाला के विशिष्ट मञ्च पर सम्पन्न चित्रकार रूपनाथ, ठाटबाट से बैठा है। धनी, शिक्षित और अधिकारी लोग अपने आसनों पर जमे हैं! वीणा और मृदंग की मधुर-ध्वनि के साथ अभिनेत्री ने यवनिका उठते ही पदार्पण किया। नूपुर की झनकारों की लहर ठहर-ठहर कर उठने लगी। उँगली और कलाई, कटि और बाहुमूल स्वर की मरोर से बल खा रहे थे। लोगों ने कहा-"देखने की वस्तु आज ही दिखलाई पड़ी। जीवन का सबसे बड़ा लाभ आज ही मिला।"

कितने सहृदय अपने उछलते हुए हृदय को हाथों से दबाये थे। शालीनता उनके लिए विपत्ति

बन गई थी।

चित्रकार का अन्धभक्त धनकुबेर भी पास ही बैठा था। उसने कहा-"रूपनाथ, इसका एक सुन्दर चित्र बनाकर तुम मुझे दे सकोगे?"

चित्रकार ने देखा, एक अतुलनीय छविराशि! तूलिका इसके समीप पहुँच सकेगी? वह आँखों में अंकित करने लगा। सहसा अभिनेत्री के अधर खुल पड़े। नृत्य-श्वास-श्लथ प्रश्वास क्षण भर के लिए रुके, बाँसुरी बज उठी। वागेश्वरी के स्वरों के कम्पन की लहरें ज्योति-सी बिखरने लगीं। चित्रकार पुकार उठा-"कला!"

परन्तु यह क्या, उसने देखा, कला सजीव चित्र थी। उसकी पूर्णता स्वर-कम्पन के ज्योति-मण्डल में ओतप्रोत थी। उसने पागलों की तरह चिल्लाकर कहा-"मैं असफल हूँ। मैं इस भाव को रूप नहीं दे सकूँगा।" वह उठकर चला गया।

कंगाल रसदेव भी पीछे के मञ्च पर अपने एक साथी के साथ बैठा था। उसने कहा- ''रसदेव, यह तो तुम्हारी बनाई हुई, 'स्मृति' नाम की कविता गा रही है; तुम्हारी रसमयी भावुकता ही इस स्वर्गीय संगीत का केन्द्र है, आत्मा है। जैसे वर्णमाला पहनकर आलोक-शिखा नृत्य कर रही है।''

संगीत में उस समय विश्राम था। अभिनेत्री ने वीणा और मृदंग को संकेत से रोककर मूक अभिनय आरम्भ कर दिया था। अपने झलमले अञ्चल को माया-जाल के समान फैलाकर स्मृति की प्रत्यक्ष अनुभूति बन रही थी। कवि की मधुर वाणी उसे सुनाई पड़ी। कवि रसदेव ने अपने साथी से हँसते हुए कहा-"इसकी अन्तिम और मुख्य पदावली यह भूल गई, उसका अर्थ है-मेरी भूल ही तेरा रहस्य है, इसीलिए कितनी ही कल्पनाओं में तुझे खोजता हूँ, देखता हूँ, हे मेरे चिर सुन्दर!"

वह स्मृति में जैसे जग पड़ी। उसने सतृष्ण दृष्टि से उस कहने वाले को खोजा और अपने बधाई के फूल-विजयमाला-उस दूर खड़े कंगाल कवि के चरणों में श्रद्धांजलि के सदृश बिखेरने चाहे।

रसदेव ने गर्वस्फीत सर झुका दिया।

देवदासी

१

'.......'
1.3.25

प्रिय रमेश!

परदेस में किसी अपने के घर लौट आने का अनुरोध बड़ी सान्त्वना देता है, परन्तु अब तुम्हारा मुझे बुलाना एक अभिनय-सा है। हाँ, मैं कटूक्ति करता हूँ, जानते हो क्यों? मैं झगड़ना चाहता हूँ, क्योंकि संसार में अब मेरा कोई नहीं है, मैं उपेक्षित हूँ। सहसा अपने का-सा स्वर सुनकर मन में क्षोभ होता है। अब मेरा घर लौटकर आना अनिश्चित है। मैंने '--' के हिन्दी-प्रचार-कार्यालय में नौकरी कर ली है। तुम तो जानते ही हो कि मेरे लिए प्रयाग और '--' बराबर हैं। अब अशोक विदेश में भूखा न रहेगा। मैं पुस्तक बेचता हूँ।

यह तुम्हारा लिखना ठीक है कि एक आने का टिकट लगाकर पत्र भेजना मुझे अखरता है। पर तुम्हारे गाल यदि मेरे समीप होते, तो उन पर पाँचों नहीं तो मेरी तीन उँगलियाँ अपना चिह्न अवश्य ही बना देतीं; तुम्हारा इतना साहस-मुझे लिखते हो कि बेयरिंग पत्र भेज दिया करो! ये सब गुण मुझमें होते, तो मैं भी तुम्हारी तरह प्रेस में प्रूफरीडर का काम करता होता। सावधान, अब कभी ऐसा लिखोगे, तो मैं उत्तर भी न दूँगा।

लल्लू को मेरी ओर से प्यार कर लेना। उससे कह देना कि पेट से बचा सकूँगा, तो एक रेलगाड़ी भेज दूँगा।

यद्यपि अपनी यात्रा का समाचार बराबर लिखकर मैं तुम्हारा मनोरंजन न कर सकूँगा, तो भी सुन लो। '....' में एक बड़ा पर्व है, वहाँ '....' का देवमन्दिर बड़ा प्रसिद्ध है। तुम तो जानते होगे कि दक्षिण में कैसे-कैसे दर्शनीय देवालय हैं, उनमें भी यह प्रधान है। मैं वहाँ कार्यालय की पुस्तकें बेचने के लिए जा रहा हूँ।

तुम्हारा,
अशोक

पुनश्च-

मुझे विश्वास है कि मेरा पता जानने के लिए कोई उत्सुक न होगा। फिर भी सावधान! किसी पर प्रकट न करना।

२

'.......'
10.3.25

प्रिय रमेश!

रहा नहीं गया! लो सुनो-मन्दिर देखकर हृदय प्रसन्न हो गया, ऊँचा गोपुरम्, सुदृढ़ प्राचीर, चौड़ी परिक्रमाएँ और विशाल सभा-मण्डप भारतीय स्थापत्य-कला के चूड़ान्त निदर्शन हैं। यह देव-मन्दिर हृदय पर गम्भीर प्रभाव डालता है। हम जानते हैं कि तुम्हारे मन में यहाँ के पण्डों के लिए प्रश्न होगा, फिर भी वे उत्तरीय भारत से बुरे नहीं हैं। पूजा और आरती के समय एक प्रभावशाली वातावरण हृदय को भारावनत कर देता है।

मैं कभी-कभी एकटक देखता हूँ-उन मन्दिरों को ही नहीं, किन्तु उस प्राचीन भारतीय संस्कृति को, जो सर्वोच्च शक्ति को अपनी महत्ता, सौन्दर्य और ऐश्वर्य के द्वारा व्यक्त करना जानती थी। तुमसे कहूँगा, यदि कभी रुपये जुटा सको, तो एक बार दक्षिण के मन्दिरों को अवश्य देखना, देव-दर्शन की कला यहाँ देखने में आती है। एक बात और है, मैं अभी बहुत दिनों तक यहाँ रहूँगा। मैं यहाँ की भाषा भली-भाँति बोल लेता हूँ। मुझे परिक्रमा के भीतर ही एक कोठरी संयोग से मिल गई है। पास में ही एक कुँआ भी है। मुझे प्रसाद भी मन्दिर से ही मिलता है। मैं बड़े चैन से हूँ। यहाँ पुस्तकें बेच भी लेता हूँ, सुन्दर चित्रों के कारण पुस्तकों की अच्छी बिक्री हो जाती है। गोपुरम् के पास ही मैं दूकान फैला देता हूँ और महिलाएँ मुझसे पुस्तकों का विवरण पूछती हैं। मुझे समझाने में बड़ा आनन्द आता है। पास ही बड़े सुन्दर-सुन्दर दृश्य हैं-नदी, पहाड़ और जंगल सभी तो हैं। मैं कभी-कभी घूमने भी चला जाता हूँ। परन्तु उत्तरीय भारत के समान यहाँ के देवविग्रहों के समीप हम लोग नहीं जा सकते। दूर से ही दीपालोक में उस अचल मूर्ति की झाँकी हो जाती है। यहाँ मन्दिरों में संगीत और नृत्य का भी आनन्द रहता है। बड़ी चहल-पहल है। आजकल यात्रियों के कारण और भी सुन्दर-सुन्दर प्रदर्शन होते हैं।

तुम जानते हो कि मैं अपना पत्र इतना सविस्तार क्यों लिख रहा हूँ!-तुम्हारे कृपण और संकुचित हृदय में उत्कण्ठा बढ़ाने के लिए! मुझे इतना ही सुख सही।

तुम्हारा,
अशोक

३

'........'
17.3.25

प्रिय रमेश!

समय की उलाहना देने की प्राचीन प्रथा को मैं अच्छा नहीं समझता। इसलिए जब वह शुष्क मांसपेशी अलग दिखाने वाला, चौड़ी हड्डियों का अपना शरीर लठिया के बल पर टेकता हुआ, चिदम्बरम् नाम का पण्डा मेरे समीप बैठकर अपनी भाषा में उपदेश देने लगता है, तो मैं घबरा जाता हूँ। वह समय का एक दुर्दृश्य चित्र खींचकर, अभाव और आपदाओं का उल्लेख करके विभीषिका उत्पन्न करता है। मैं उनसे मुक्त हूँ; भोजन मात्र के लिए अर्जन करके सन्तुष्ट घूमता हूँ-सोता हूँ। मुझे समय की क्या चिन्ता है। पर मैं यह जानता हूँ कि वही मेरा सहायक है-मित्र है, इतनी आत्मीयता दिखलाता है कि मैं उसकी उपेक्षा नहीं कर सकता। अहा, एक बात तो लिखना मैं भूल ही गया था! उसे अवश्य लिखूँगा क्योंकि तुम्हारे सुने बिना मेरा सुख अधूरा रहेगा। मेरे सुख को मैं ही जानूँ, तब उसमें धरा ही क्या है, जब तुम्हें उसकी डाह न हो! तो सुनो- सभा-मण्डप के शिल्प-रचनापूर्ण स्तम्भ से टिकी हुई एक उज्ज्वल श्यामवर्ण की बालिका को अपनी पतली बाहुलता के सहारे घुटने को छाती से लगाये प्रायः बैठी हुई देखता हूँ। स्वर्ण-मल्लिका की माला उसके जूड़े से लगी रहती है। प्रायः वह कुसुमाभरण-भूषिता रहती है। उसे देखने का मुझे चस्का लग गया है। वह मुझसे हिन्दी सीखना

चाहती है। मैं तुमसे पूछता हूँ कि उसे पढ़ाना आरम्भ कर दूँ? उसका नाम है पद्मा। चिदम्बरम् और पद्मा में खूब पटती है, वह हरिनी की तरह झिझकती भी है। पर न जाने क्यों मेरे पास आ बैठती है, मेरी पुस्तकें उलट-पलट देती है। मेरी बातें सुनते-सुनते वह ऐसी हो जाती है, जैसे कोई आलाप ले रही हो और मैं प्राय: आधी बात कहते-कहते रुक जाता हूँ। इसका अनुभव मुझे तब होता है, जब मेरे दृष्टि-पथ से वह हट जाती है। उसे देखकर मेरे हृदय में कविता करने की इच्छा होती है, यह क्यों? मेरे हृदय का सोता हुआ सौन्दर्य जाग उठता है। तुम मुझे नीच समझोगे और कहोगे कि अभागे अशोक के हृदय की स्पर्द्धा तो देखो! पर मैं सच कहता हूँ, उसे देखने पर मैं अनन्त ऐश्वर्यशाली हो जाता हूँ।

हाँ, वह मन्दिर में नाचती और गाती है। और भी बहुत-सी हैं, पर मैं कहूँगा, वैसी एक भी नहीं। लोग उसे देवदासी पद्मा कहते हैं, वे अधम हैं; वह देवबाला पद्मा है!

वही,

अशोक

४

'........'

28.3.25

प्रिय रमेश!

तुम्हारा उलाहना निस्सार है। मैं इस समय केवल पद्मा को समझ सकता हूँ। फिर अपने या तुम्हारे कुशल-मंगल की चर्चा क्यों करूँ? तुम उसका रूप-सौन्दर्य पूछते हो, मैं उसका विवरण देने में असमर्थ हूँ। हृदय में उपमाएँ नाचकर चली जाती हैं, ठहरने नहीं पातीं कि मैं लिपि-बद्ध करूँ। वह एक ज्योति है, जो अपनी महत्ता और आलोक में अपना अवयव छिपाये रखती है। केवल तरल, नील, शुभ्र और करुण आँखें मेरी आँखों से मिल जाती हैं, मेरी आँखों में श्यामा कादम्बिनी की शीतलता छा जाती है। और संसार के अत्याचारों से निराश इस झंझरीदार कलेजे के वातायन से वह स्निग्ध मलयानिल के झोंके की तरह घुस आती है। एक दिन की घटना लिखे बिना नहीं रहा जाता- मैं अपनी पुस्तकों की दूकान फैलाये बैठा था। गोपुरम् के समीप ही वह कहीं से झपटी हुई चली आती थी। दूसरी ओर से एक युवक उसके सामने आ खड़ा हुआ। वह युवक, मन्दिर का कृपा-भाजन एक धनी दर्शनार्थी था; यह बात उसके कानों के चमकते हुए हीरे के 'टप' से प्रकट थी। वह बेरोक-टोक मन्दिर में चाहे जहाँ आता-जाता है। मन्दिर में प्राय: लोगों को उससे कुछ मिलता है; सब उसका सम्मान करते हैं। उसे सामने देखकर पद्मा को खड़ी होना पड़ा। उसने बड़ी नीच मुखाकृति से कुछ बातें कहीं, किन्तु पद्मा कुछ न बोली। फिर उसने स्पष्ट शब्दों में रात्रि को अपने मिलने का स्थान निर्देश किया। पद्मा ने कहा-" मैं नहीं आ सकूँगी।" वह लाल-पीला होकर बकने लगा। मेरे मन में क्रोध का धक्का लगा, मैं उठकर उसके पास चला आया। वह मुझे देखकर हटा तो, पर कहता गया कि-" अच्छा देख लूँगा!"

उस नील-कमल से मकरन्द-बिन्द टपक रहे थे। मेरी इच्छा हुई कि वह मोती बटोर लूँ। पहली बार मैंने उन कपोलों पर हाथ लगाकर उन्हें लेना चाहा। आह, उन्होंने वर्षा कर दी! मैंने पूछा-" उससे तुम इतनी भयभीत क्यों हो?"

" मन्दिर में दर्शन करने वालों का मनोरंजन करना मेरा कर्तव्य है; मैं देवदासी हूँ!"-उसने कहा।

" यह तो बड़ा अत्याचार है। तुम क्यों यहाँ रहकर अपने को अपमानित करती हो?-मैंने कहा।

" कहाँ जाऊँ, मैं देवता के लिए उत्सर्ग कर दी गई हूँ।"-उसने कहा।

" नहीं-नहीं, देवता तो क्या, राक्षस भी मानव-स्वभाव की बलि नहीं लेता-वह तो रक्त-मांस से ही

सन्तुष्ट हो जाता है। तुम अपनी आत्मा और अन्त:करण की बलि क्यों करती हो?"-मैंने कहा।

" ऐसा न कहो, पाप होगा; देवता रुष्ट होंगे।"-उसने कहा।

" पापों को देवता खोजें, मनुष्य के पास कुछ पुण्य भी है, पद्मा! तुम उसे क्यों नहीं खोजती हो? पापों का न करना ही पुण्य नहीं। तुम अपनी आत्मा की अधिकारिणी हो, अपने हृदय की तथा शरीर की सम्पूर्ण स्वामिनी हो, मत डरो। मैं कहता हूँ कि इससे देवता प्रसन्न होंगे; आशीर्वाद की वर्षा होगी।"-मैंने एक साँस में कहकर देखा कि उसके मस्तक में उज्ज्वलता आ गई है, वह एक स्फूर्ति का अनुभव करने लगी है। उसने कहा-" अच्छा, तो फिर मिलूँगी।"

वह चली गई। मैंने देखा कि बूढ़ा चिदम्बरम् मेरे पीछे खड़ा मुस्करा रहा है। मुझे क्रोध भी आया पर कुछ न बोलकर, मैंने पुस्तक बटोरना आरम्भ किया।

तुम कुछ अपनी सम्मति दोगे?

-अशोक

५

'........
1.4.25

रमेश!

कल संगीत हो रहा था। मन्दिर आलोक-माला से सुसज्जित था। नृत्य करती हुई पद्मा गा रही थी " नाम-समेतं वृत-संकेतं वादयते मृदु-वेणुं ....।" ओह! वे संगीत-मदिरा की लहरें थीं। मैं उनमें ऊभ-चूभ होने लगा। उसकी कुसुम-आभरण से भूषित अंगलता के सञ्चालन से वायुमण्डल सौरभ से भर जाता था। वह विवश थी, जैसे कुसुमिता लता तीव्र पवन के झोंके से रागों के स्वर का स्पन्दन उसके अभिनय में था। लोग उसे विस्मय-विमुग्ध देखते थे। पर न जाने क्यों, मेरे मन में उद्वेग हुआ, मैं जाकर अपनी कोठरी में पड़ रहा। आज कार्यालय से लौट जाने के लिए पत्र आया था। उसी को विचारता हुआ कब तक आँखे बन्द किये पड़ा रहा, मुझे विदित नहीं, सहसा सायँ-सायँ, फुस-फुस का शब्द सुनाई पड़ा; मैं ध्यान लगाकर सुनने लगा।

ध्यान देने पर मैं जान गया कि दो व्यक्ति बातें कर रहे थे-चिदंबरम् और रामस्वामी नाम का वही धनी युवक। मैं मनोयोग से सुनने लगा-

चिदम्बरम्-तुमने आज तक उसकी इच्छा के विरुद्ध बड़े-बड़े अत्याचार किये हैं, अब जब वह नहीं चाहती, तो तुम उसे क्यों सताते हो?

रामस्वामी-सुनो चिदम्बरम्, सुन्दरियों की कमी नहीं; पर न जाने क्यों मेरा हृदय उसे छोड़कर दूसरी ओर नहीं जाता। वह इतनी निरीह है कि उसे मसलने में आनन्द आता है! एक बार उससे कह दो, मेरी बातें सुन ले, फिर जो चाहे करे।

चिदम्बरम् चला गया और उसकी बातें बन्द हुईं। और सच कहता हूँ , मन्दिर से मेरा मन प्रतिकूल होने लगा। पैरों के शब्द हुए , वही जैसे रोती हुई बोली-" रामस्वामी मुझ पर दया न करोगे?" ओह! कितनी वेदना थी उसके शब्दों में। परन्तु रामस्वामी के हृदय में तीव्र ज्वाला जल रही थी। उसके वाक्यों में लू-जैसी झुलस थी। उसने कहा-पद्मा! यदि तुम मेरे हृदय की ज्वाला समझ सकती, तो तुम ऐसा न कहती। मेरे हृदय की तुम अधिष्ठात्री हो, तुम्हारे बिना मैं जी नहीं सकता। चलो, मैं देवता का कोप सहने के लिए प्रस्तुत हूँ, मैं तुम्हें लेकर कहीं चल चलूँगा।

" देवता का निर्माल्य तुमने दूषित कर दिया है, पहले इसका तो प्रायश्चित्त करो। मुझे केवल देवता

के चरणों में मुरझाये हुए फूल के समान गिर जाने दो। रामस्वामी, ऐसा स्मरण होता है कि मैं भी तुम्हे चाहने लगी थी। उस समय मेरे मन में यह विश्वास था कि देवता यदि पत्थर के न होंगे, तो समझेंगे कि यह मेरे मांसल यौवन और रक्तपूर्ण हृदय की साधारण आवश्यकता है। मुझे क्षमा कर देंगे। परन्तु मैं यदि वैसा पुण्य परिणय कर सकती! आह! तुम इस तपस्वी के कुटी समान हृदय में इतना सौन्दर्य लेकर क्यों अतिथि हुए! रामस्वामी, तुम मेरे दु:खों के मेघ में वज्रपात थे।"

पद्मा रो रही थी। सन्नाटा हो गया। सहसा जाते-जाते रामस्वामी ने कहा-"मैं तुम्हारे बिना नहीं रह सकता!" रमेश! मैं भी पद्मा के बिना नहीं रह सकता; मैंने भी कार्यालय में त्याग-पत्र भेज दिया है। भूखों मरूँगा, पर उपाय क्या है?

-अभागा अशोक

६

'..........'
2.4.25

रमेश!

मैं बड़ा विचलित हो रहा हूँ। एक कराल छाया मेरे जीवन पर पड़ रही है! अदृष्ट मुझे अज्ञात पथ पर खींच रहा है, परन्तु तुमको लिखे बिना नहीं रह सकता।

मधुमास में जंगली फूलों की भीनी-भीनी महक सरिता के कूल की शैलमाला को आलिंगन दे रही थी। मक्खियों की भन्राहट का कलनाद गुञ्जरित हो रहा था। नवीन पल्लवों के कोमल स्पर्श से वनस्थली पुलकित थी। मैं जंगली जर्द चमेली के अकृत्रिम कुञ्ज के अन्तराल में बैठा, नीचे बहती हुई नदी के साथ बसन्त की धूप का खेल देख रहा था। हृदय में आशा थी। आह! वह अपने तुहिन-जाल से रत्नाकर के सब रत्नों को, आकाश से सब मुक्ताओं को निकाल, खींचकर मेरे चरणों में उझल देती थी। प्रभात की पीली किरणों से हेमगिरि को घसीट ले आती थी; और ले आती थी पद्मा की मौन प्रणय-स्वीकृति। मैं भी आज वन-यात्रा के उत्सव में देवता के भोग-विग्रह के साथ इस वनस्थली में आया था। बहुत-से नागरिक भी आये थे। देव-विग्रह विशाल वट-वृक्ष के नीचे स्थित हुआ और यात्री-दल इधर-उधर नदी-तट के नीचे शैलमाला, कुञ्जों, गह्वरों और घाटियों की हरियाली में छिप गया। लोग आमोद-प्रमोद , पान-भोजन में लग गये। हरियाली के भीतर से कहीं पिकलू कहीं क्लारेनेट और देवदासियों के कोकिल-कण्ठ का सुन्दर स्वर निकलने लगा। वह कानन नन्दन हो रहा था और मैं उसमें विचरनेवाला एक देवता। क्यों? मेरा विश्वास था कि देवबाला पद्मा यहाँ है। वह भी देव-गृह के आगे-आगे नृत्य-गान करती हुई आई थी।

मैं सोचने लगा-" आह! वह समय भी आयेगा, जब मैं पद्मा के साथ एकान्त में इस कानन में विचरूँगा। वह पवित्र-वह मेरे जीवन का महत्तम योग कब आयेगा?" आशा ने कहा-'उसे आया समझो'। मैं मस्त होकर वंशी बजाने लगा। आज मेरी बाँस की बाँसुरी में बड़ा उन्माद था। वंशी नहीं, मेरा हृदय बज रहा था। चिदम्बरम्-आकर मेरे सामने खड़ा हो गया। वह भी मुग्ध था। उसने कभी मेरी बाँसुरी नहीं सुनी थी। जब मैंने अपनी आसावरी बन्द की, वह बोल उठा-'अशोक, तुम एक कुशल कलावन्त हो।' कहना न होगा कि वह देवदासियों का संगीत-शिक्षक भी था। वह चला गया और थोड़ी ही देर में पद्मा को साथ लिये आया। उसके हाथों में भोजन का सामान भी था। पद्मा को उसने उत्तेजित कर दिया था। वह आते ही बोली-'मुझे भी सुनाओ।' जैसे मैं स्वप्न देखने लगा। पद्मा और मुझसे अनुनय करे! मैंने कहा 'बैठ जाओ।' और जब वह कुसुम-कंकण मण्डित करों पर कपोल धरकर मल्लिका की छाया में आ बैठी, तो मैं बजाने लगा। रमेश, मैंने वंशी नहीं बजाई! सच कहता हूँ , मैं अपनी वेदना श्वासों से निकाल रहा था। इतनी करुण, इतनी स्निग्ध, मैं तानें ले-लेकर उसमें स्वयं पागल हो जाता था।

मेरी आँखों में मदविकार था, मुझे उस समय अपनी पलकें बोझ मालूम होती थीं।

बाँसुरी रखने पर भी उसकी प्रतिध्वनि का सोहाग वन-लक्ष्मी के चारों ओर घूम रहा था। पद्मा ने कहा-'सुन्दर! तुम सचमुच अशोक हो!' वन-लक्ष्मी पद्मा अचल थी। मुझे एक कविता सूझी! मैंने कहा-पद्मा! मैं कठोर पृथ्वी का अशोक, तुम तरल जल की पद्मा! भला अशोक के राग-भक्त के नव-पल्लवों में पद्मा का विकास कैसे होगा?

बहुत दिनों पर पद्मा हँस पड़ी। उसने कहा-'अशोक, तुम लोगों की वचन-चातुरी सीखूँगी। कुछ खा लो।' वह देती गई, मैं खाता गया। जब हम स्वस्थ होकर बैठे तो देखा, चिदम्बरम् चला गया है, पद्मा नीचे सिर किये अपने नखों को खुरच रही है। हम लोग सबसे ऊँचे कगारे पर थे। नदी की ओर ढालुवाँ पहाड़ी कगार था! मेरे सामने संसार एक हरियाली थी। सहसा रामास्वामी ने आकर कहा-'पद्मा, आज मुझे मालूम हुआ कि तुम उत्तरी दरिद्र पर मरती हो।' पद्मा ने छलछलाई आँखों से उसकी ओर देखकर कहा-'रामास्वामी! तुम्हारे अत्याचारों का कहीं अन्त है?'

'सो नहीं हो सकता। उठो, अभी मेरे साथ चलो।'

'ओह,! नहीं, तुम क्या मेरी हत्या करोगे? मुझे भय लगता है!

'मैं कुछ नहीं करूँगा। चलो, मैं इसके साथ तुम्हे नहीं देख सकता।' कहकर उसने पद्मा का हाथ पकड़कर घसीटा। वह कातर दृष्टि से मुझे देखने लगी। उस दृष्टि में जीवन भर के लिये किये गये अत्याचारों का विवरण था। उन्मत पिशाच-सदृश बल से मैंने रामास्वामी को धक्का दिया। और मैंने हत्बुद्धि होकर देखा, वह तीन सौ फीट नीचे चूर होता हुआ नदी के खरस्त्रोत में जा गिरा, यद्यपि मेरी वैसी इच्छा न थी। पद्मा ने आकर मेरी ओर भयपूर्ण नेत्रों से देखा और अवाक्! उसी समय चिदम्बरम् ने मेरा हाथ पकड़ लिया। पद्मा से कहा-'तुम देवदासियों में जाकर मिलो। सावधान! एक शब्द मुँह से न निकले। मैं अशोक को लेकर नगर की ओर जाता हूँ।' वह बिना उत्तर की प्रतीक्षा किये मुझे घसीटता ले चला। मैं नहीं जानता कि मैं कैसे घर पहुँचा। मैं कोठरी में अचेत पड़ा रहा। रात भर वैसे ही रहा। प्रभात होते ही तुम्हें पत्र लिख रहा हूँ। मैंने क्या किया! रमेश! तुम कुछ लिखो, मैं क्या करूँ!

-अधम अशोक

७

'..........'
8.4.25

प्रिय रमेश!

तुम्हारा यह लिखना कि 'सावधान बनो! पत्र में ऐसी बातें अब न लिखना।' व्यर्थ है। मुझे भय नहीं, जीवन की चिन्ता नहीं।

नगर-भर में केवल यही जनश्रुति फैली है कि 'रामास्वामी उस दिन से कहीं चला गया है और वह पद्मा के प्रेम से हताश हो गया था।' मैं किंकर्तव्यविमूढ़ हूँ। चिदम्बरम् मुझे दो मुट्ठी भात खिलाता है। मैं मन्दिर के विशाल प्रांगण में कहीं-न-कहीं बैठा रहता हूँ। चिदम्बरम् जैसे मेरे उस जन्म का पिता है। परन्तु पद्मा, अहा! उस दिन से मैंने उसे गाते और नाचते नहीं देखा। वह प्रायः सभा-मण्डल के स्तम्भ में टिकी हुई, दोनो हाथों में अपने एक घुटने को छाती से लगाये अर्द्ध स्वप्नावस्था में बैठी रहती है। उसका मुख विवर्ण, शरीर क्षीण, पलक, अपांग और उसके श्वास में यान्त्रिक स्पन्दन है। नये यात्री कभी-कभी उसे देखकर भ्रम करते होंगे कि वह भी कोई प्रतिमा है। और मैं सोचता हूँ कि मैं हत्यारा हूँ। स्नेह से स्नान कर लेता हूँ, घृणा से मुँह ढँक लेता हूँ। उस घटना के बाद से हम तीनों में कभी इसकी चर्चा नहीं हुई। क्या सचमुच पद्मा रामास्वामी को चाहती थी? मेरे प्यार ने भी उसका अपकार

ही किया, और मैं? ओह! वह स्वप्न कैसा सुन्दर था!

रमेश! मैं? देवता की ओर देख भी नहीं सकता। सोचता हूँ कि मैं पागल हो जाऊँगा। फिर मन में आता है कि पद्मा भी बावली हो जायगी। परन्तु मैं पागल न हो सकूँगा; क्योंकि मैं पद्मा से कभी अपना प्रणय नहीं प्रकट कर सका। उससे एक बार कह देने की कामना है-पद्मा, मैं तुम्हारा प्रेमी हूँ। तुम मेरे लिए सुहागिनी के कुंकुम-बिन्द के समान पवित्र, इस मन्दिर के देवता की तरह भक्ति की प्रतिमा और मेरे दोनों लोक की निगूढ़तम आकांक्षा हो।

पर वैसा होने का नहीं। मैं पूछता हूँ कि पद्मा और चिदम्बरम् ने मुझे फाँसी क्यों नहीं दिलायी?

रमेश! अशोक विदा लेता है। वह पत्थर के मन्दिर का एक भिखारी है। अब वैसा नहीं कि तुम्हें पत्र लिखूँ और किसी से माँगूँगा भी नहीं। अधम, नीच अशोक लल्लू को किस मुँह से आशीर्वाद दें?

-हतभाग्य अशोक

समुद्र-संतरण

क्षितिज में नील जलधि और व्योम का चुम्बन हो रहा है। शान्त प्रदेश में शोभा की लहरियाँ उठ रही है। गोधूली का करुण प्रतिबिम्ब, बेला की बालुकामयी भूमि पर दिगन्त की तीक्षा का आवाहन कर रहा है।

नारिकेल के निभृत कुञ्जों में समुद्र का समीर अपना नीड़ खोज रहा था। सूर्य लज्जा या क्रोध से नहीं, अनुराग से लाल, किरणों से शून्य, अनन्त रसनिधि में डूबना चाहता है। लहरियाँ हट जाती हैं। अभी डूबने का समय नहीं है, खेल चल रहा है।

सुदर्शन प्रकृति के उस महा अभिनय को चुपचाप देख रहा है। इस दृश्य में सौन्दर्य का करुण संगीत था। कला का कोमल चित्र नील-धवल लहरों में बनता-बिगड़ता था। सुदर्शन ने अनुभव किया कि लहरों में सौर-जगत् झोंके खा रहा है। वह उसे नित्य देखने आता; परन्तु राजकुमार के वेष में नहीं। उसके वैभव के उपकरण दूर रहते। वह अकेला साधारण मनुष्य के समान इसे देखता, निरीह छात्र के सदृश इस गुरु दृश्य से कुछ अध्ययन करता। सौरभ के समान चेतन परमाणुओं से उसका मस्तक भर उठता। वह अपने राजमन्दिर को लौट जाता।

सुदर्शन बैठा था किसी की प्रतीक्षा में। उसे न देखते हुए, मछली फँसाने का जाल लिये, एक धीवर-कुमारी समुद्र-तट के कगारों पर चढ़ रही थी, जैसे पंख फैलाये तितली। नील भ्रमरी-सी उसकी दृष्टि एक क्षण के लिए कहीं नहीं ठहरती थी। श्याम-सलोनी गोधूली-सी वह सुन्दरी सिकता में अपने पद-चिह्न छोड़ती हुई चली जा रही थी।

राजकुमार की दृष्टि उधर फिरी। सायंकाल का समुद्र-तट उसकी आँखों में दृश्य के उस पार की वस्तुओं का रेखा-चित्र खींच रहा था। जैसे; वह जिसको नहीं जानता था, उसको कुछ-कुछ समझने लगा हो, और वही समझ, वही चेतना एक रूप रखकर सामने आ गई हो। उसने पुकारा-"सुन्दरी!

जाती हुई सुन्दरी धीवर-बाला लौट आई। उसके अधरों में मुस्कान, आँखों में क्रीड़ा और कपोलों पर यौवन की आभा खेल रही थी, जैसे नील मेघ-खण्ड के भीतर स्वर्ण-किरण अरुण का उदय।

धीवर-बाला आकर खड़ी हो गई। बोली-"मुझे किसने पुकारा?"

"मैंने।"

"क्या कहकर पुकारा?"

"सुन्दरी!"

"क्यों, मुझमें क्या सौन्दर्य है? और है भी कुछ, तो क्या तुमसे विशेष?"

"हाँ, मैं आज तक किसी को सुन्दरी कहकर नहीं पुकार सका था, क्योंकि यह सौन्दर्य-विवेचना मुझमें अब तक नहीं थी।"

"आज अकस्मात् यह सौन्दर्य-विवेक तुम्हारे हृदय में कहाँ से आया?"

"तुम्हें देखकर मेरी सोई हुई सौन्दर्य-तृष्णा जाग गई।"

"परन्तु भाषा में जिसे सौन्दर्य कहते हैं, वह तो तुममें पूर्ण है।"

"मैं यह नहीं मानता, क्योंकि फिर सब मुझी को चाहते, सब मेरे पीछे बावले बने घूमते। यह तो नहीं हुआ। मैं राजकुमार हूँ; मेरे वैभव का प्रभाव चाहे सौन्दर्य का सृजन कर देता हो, पर मैं उसका स्वागत नहीं करता। उस प्रेम-निमन्त्रण में वास्तविकता कुछ नहीं।"

"हाँ, तो तुम राजकुमार हो! इसी से तुम्हारा सौन्दर्य सापेक्ष है।"

"तुम कौन हो?"

"धीवर-बालिका।"

"क्या करती हो?"

"मछली फँसाती हूँ।"-कहकर उसने जाल को लहरा दिया।

"जब इस अनन्त एकान्त में लहरियों के मिस प्रकृति अपनी हँसी का चित्र दत्तचित्त होकर बना रही, तब तुम उसके अञ्चल में ऐसा निष्ठर काम करती हो?"

"निष्ठर है तो, पर मैं विवश हूँ। हमारे द्वीप के राजकुमार का परिणय होने वाला है। उसी उत्सव के लिए सुनहली मछलियाँ फँसाती हूँ। ऐसी ही आज्ञा है।"

"परन्तु वह ब्याह तो होगा नहीं।"

"तुम कौन हो?"

"मैं भी राजकुमार हूँ। राजकुमारों को अपने चक्र की बात विदित रहती है, इसलिए कहता हूँ।"

धीवर-बाला ने एक बार सुदर्शन के मुख की ओर देखा, फिर कहा-

"तब तो मैं इन निरीह जीवों को छोड़ देती हूँ।"

सुदर्शन ने कुतूहल से देखा, बालिका ने अपने अञ्चल से सुनहली मछलियों की भरी हुई मूठ समुद्र में बिखेर दी; जैसे जल-बालिका वरुण के चरण में स्वर्ण-सुमनों का उपहार दे रही हो। सुदर्शन ने प्रगल्भ होकर उसका हाथ पकड़ लिया, और कहा- "यदि मैंने झूठ कहा, तो?"

"तो कल फिर जाल डालूँगी।"

"तुम केवल सुन्दरी ही नहीं, सरल भी हो।"

"और तुम वञ्चक हो।"-कहकर धीवर-बाला ने एक निश्वास ली, और सन्ध्या के समय अपना मुख फेर लिया। उसकी अलकावली जाल के साथ मिलकर निशीथ का नवीन अध्याय खोलने लगी। सुदर्शन सिर नीचा करके कुछ सोचने लगा। धीवर-बालिका चली गई। एक मौन अन्धकार टहलने लगा। कुछ काल के अनन्तर दो व्यक्ति एक अश्व लिये आये। सुदर्शन से बोले-"श्रीमन्, विलम्ब हुआ। बहुत-से निमन्त्रित लोग आ रहे हैं। महाराज ने आपको स्मरण किया है।"

"मेरा यहाँ पर कुछ खो गया है, उसे ढूँढ़ लूँगा, तब लौटूँगा।"

"श्रीमन्, रात्रि समीप है।"

"कुछ चिन्ता नहीं, चन्द्रोदय होगा।"

"हम लोगों को क्या आज्ञा है?"

"जाओ।

सब लोग गये। राजकुमार सुदर्शन बैठा रहा। चाँदी का थाल लिये रजनी समुद्र से कुछ अमृत-भिक्षा लेने आई। उदार सिन्धु देने के लिए उमड़ उठा। लहरियाँ सुदर्शन के पैर चूमने लगीं। उसने

देखा, दिगन्त-विस्तृत जलराशि पर कोई गोल और धवल पाल उड़ाता हुआ अपनी सुन्दर तरणी लिए हुए आ रहा है। उसका विषय-शून्य हृदय व्याकुल हो उठा। उत्कट प्रतीक्षा-दिगन्त-गामिनी अभिलाषा-उसकी जन्मान्तर की स्मृति बनकर उस निर्जन प्रकृति में रमणीयता की-समुद्र-गर्जन में संगीत की सृष्टि करने लगी। धीरे-धीरे उसके कानों में एक कोमल अस्फुट नाद गूँजने लगा। उस दूरागत स्वर्गीय संगीत ने उसे अभिभूत कर दिया। नक्षत्र-मालिनी प्रकृति हीरे-नीलम से जड़ी पुतली के समान उसकी आँखों का खेल बन गई।

सुदर्शन ने देखा, सब सुन्दर है। आज तक जो प्रकृति उदास चित्र बनकर सामने आती थी, वह उसे हँसती हुई मोहनी और मधुर सौन्दर्य से ओतप्रोत दिखाई देने लगी। अपने में और सबमें फैली हुई उस सौन्दर्य की विभूति को देखकर सुदर्शन की तन्मयता उत्कण्ठा में बदल गई। उसे उन्माद हो चला। इच्छा होती थी कि वह समुद्र बन जाय। उसकी उद्वेलित लहरों से चन्द्रमा की किरणें खेलें और वह हँसा करे। इतने में ध्यान आया उस धीवर-बालिका का। इच्छा हुई कि वह भी वरुण-कन्या सी चन्द्रकिरणों से लिपटी हुई उसके विशाल वक्षस्थल में विहार करे। उसकी आँखों में गोल धवल पालवाली नाव समा गई, कानों में अस्फुट संगीत भर गया। सुदर्शन उन्मत्त था। कुछ पद-शब्द सुनाई पड़े। उसे ध्यान आया कि मुझे लौटा ले जाने के लिए कुछ लोग आ रहे हैं। वह चञ्चल हो उठा, फेनिल जलधि में फाँद पड़ा। लहरों में तैर चला।

बेला से दूर-चारों ओर जल-आँखों में वही धवल पाल, कानों में अस्फुट संगीत। सुदर्शन तैरते-तैरते थक चला था। संगीत और वंशी समीप जा रही थी। एक छोटी मछली पकड़ने की नाव आ रही थी। पास जाने पर देखा, धीवर-बाला वंशी बजा रही है और नाव अपने मन से चल रही है।

धीवर-बाला ने कहा-आओगे?

लहरों को चीरते हुए सुदर्शन ने पूछा-कहाँ ले चलोगी?

पृथ्वी से दूर जल-राज्य में; जहाँ कठोरता नहीं; केवल शीतल, कोमल और तरल आलिंगन है; प्रवञ्चना नहीं, सीधा आत्मविश्वास है; वैभव नहीं, सरल सौन्दर्य है।

धीरव-बाला ने हाथ पकड़कर सुदर्शन को नाव पर खींच लिया। दोनों हँसने लगे। चन्द्रमा और जलनिधि भी।

वैरागी

पहाड़ की तलहटी में एक छोटा-सा समतल भूमिखण्ड था। मौलसिरी, अशोक, कदम और आम के वृक्षों का एक हरा-भरा कुटुम्ब उसे आबाद किये हुए था। दो-चार छोटे-छोटे फूलों के पौधे कोमल मृत्तिका के थालों में लगे थे। सब आर्द्र और सरल थे। तपी हुई लू और प्रभात का मलय-पवन, एक क्षण के लिए इस निभृत कुञ्ज में विश्राम कर लेते। भूमि लिपी हुई स्वच्छ, एक तिनके का कहीं नाम नहीं और सुन्दर वेदियों और लता-कुञ्जों से अलंकृत थी।

यह एक वैरागी की कुटी थी, और तृण-कुटीर-उस पर लता-वितान, कुशासन और कम्बल, कमण्डल और वल्कल उतने ही अभिराम थे, जितने किसी राज-मन्दिर में कला-कुशल शिल्पी के उत्तम शिल्प।

एक शिला-खण्ड पर वैरागी पश्चिम की ओर मुँह किये ध्यान में निमग्न था। अस्त होने वाले सूर्य की अन्तिम किरणें उसकी बरौनियों में घुसना चाहती थीं, परन्तु वैरागी अटल, अचल था, बदन पर मुस्कराहट और अंग पर ब्रह्मचर्य की रुक्षता थी। यौवन की अग्नि निर्वेद की राख से ढँकी थी। शिलाखण्ड के नीचे ही पगडण्डी थी। पशुओं का झुण्ड उसी मार्ग से पहाड़ी गोचर-भूमि से लौट रहा था। गोधूलि मुक्त गगन के अंक में आश्रय खोज रही थी। किसी ने पुकारा-"आश्रय मिलेगा?"

वैरागी का ध्यान टूटा। उसने देखा, सचमुच मलिन-वसना गोधूलि उसके आश्रम में आश्रय मांग रही है। अञ्चल छिन्न बालों की लटें, फटे हुए कम्बल के समान मांसल वक्ष और स्कन्ध को ढँकना चाहती थीं। गैरिक वसन जीर्ण और मलिन। सौन्दर्य-विकृत आँखे कह रही थीं कि, उन्होंने उमँग की रातें जगते हुए बिताई हैं। वैरागी अकस्मात् आँधी के झोंके में पड़े हुए वृक्ष के समान तिलमिला गया। उसने धीरे से कहा-"स्वागत अतिथि! आओ।"

रजनी के घने अन्धकार में तृण-कुटीर, वृक्षावली, जगमगाते हुए नक्षत्र धुँधले चित्रपट के सदृश प्रतिभासित हो रहे थे। स्त्री अशोक के नीचे वेदी पर बैठी थी, वैरागी अपने कुटीर के द्वार पर।

स्त्री ने पूछा-"जब तुमने अपना सोने का संसार पैरों से ठुकरा दिया, पुत्र-मुख-दर्शन का सुख, माता का अंक, यशविभव, सब छोड़ दिया, तब तुच्छ भूमिखण्ड पर इतनी ममता क्यों? इतना परिश्रम, इतना यत्न किसलिए?"

"केवल तुम्हारे-जैसे अतिथियों की सेवा के लिए। जब कोई आश्रयहीन महलों से ठुकरा दिया जाता है, तब उसे ऐसे ही आश्रय-स्थान अपने अंक में विश्राम देते हैं। मेरा परिश्रम सफल हो जाता है-जब कोई कोमल शय्या पर सोनेवाला प्राणी इस मुलायम मिट्टी पर थोड़ी देर विश्राम करके सुखी हो जाता है।"

"कब तक तुम ऐसा करोगे?"

"अनन्त काल तक प्राणियों की सेवा का सौभाग्य मुझे मिले!"

"तुम्हारा आश्रय कितने दिनों के लिए है?"

"जब तक उसे दूसरा आश्रय न मिले।"

"मुझे इस जीवन में कहीं आश्रय नहीं, और न मिलने की सम्भावना है।"

"जीवन-भर?"-आश्चर्य से वैरागी ने पूछा।

"हाँ।"-युवती के स्वर में विकृति थी।

"क्या तुम्हें ठण्ड लग रही है?"- वैरागी ने पूछा।

"हाँ।"-उसी प्रकार उत्तर मिला।

वैरागी ने कुछ सूखी लकड़ियाँ सुलगा दीं। अन्धकार-प्रदेश में दो-तीन चमकीली लपटें उठने लगीं। एक धुँधला प्रकाश फैल गया। वैरागी ने एक कम्बल लाकर स्त्री को दिया। उसे ओढ़कर वह बैठ गई। निर्जन प्रान्त में दो व्यक्ति। अग्नि-प्रज्वलित पवन ने एक थपेड़ा दिया। वैरागी ने पूछा-'कब तक बाहर बैठोगी?"

"रात बिता कर चली जाऊँगी, कोई आश्रय खोजूँगी; क्योंकि यहाँ रहकर बहुतों के सुख में बाधा डालना ठीक नहीं। इतने समय के लिए कुटी में क्यों आऊँ?"

वैरागी को जैसे बिजली का धक्का लगा। वह प्राणपण से बल संकलित करके बोला-"नहीं-नहीं, तुम स्वतन्त्रता से यहाँ रह सकती हो।"

"इस कुटी का मोह तुमसे नहीं छूटा। मैं उसमें समभागी होने का भय तुम्हारे लिए उत्पन्न न करूँगी।"-कहकर स्त्री ने सिर नीचा कर लिया। वैरागी के हृदय में सनसनी हो रही थी। वह न जाने क्या कहने जा रहा था, सहसा बोल उठा-

"मुझे कोई पुकारता है, तुम इस कुटी को देखना!"-यह कहकर वैरागी अन्धकार में विलीन हो गया। स्त्री अकेली रह गई।

पथिक लोग बहुत दिन तक देखते रहे कि एक पीला मुख उस तृण-कुटीर से झाँककर प्रतीक्षा के पथ में पलक-पाँवड़े बिछाता रहा।

बनजारा

धीरे-धीरे रात खिसक चली, प्रभात के फूलों के तारे चू पड़ना चाहते थे। विन्ध्य की शैलमाला में गिरि-पथ पर एक झुण्ड बैलों का बोझ लादे आता था। साथ के बनजारे उनके गले की घण्टियों के मधुर स्वर में अपने ग्रामगीतों का आलाप मिला रहे थे। शरद ऋतु की ठण्ड से भरा हुआ पवन उस दीर्घ पथ पर किसी को खोजता हुआ दौड़ रहा था।

वे बनजारे थे। उनका काम था सरगुजा तक के जंगलों में जाकर व्यापार की वस्तु क्रय-विक्रय करना। प्राय: बरसात छोड़कर वे आठ महीनें यही उद्यम करते। उस परिचित पथ में चलते हुए वे अपने परिचित गीतों को कितनी ही बार उन पहाड़ी चट्टानों से टकरा चुके थे। उन गीतों में आशा, उपालम्भ, वेदना और स्मृतियों की कचोट, ठेस और उदासी भरी रहती।

सबसे पीछेवाले युवक ने अभी अपने आलाप को आकाश में फैलाया था; उसके गीत का अर्थ था-

"मैं बार-बार लाभ की आशा से लादने जाता हूँ; परन्तु है उस जंगल की हरियाली में अपने यौवन को छिपानेवाली कोलकुमारी, तुम्हारी वस्तु बड़ी महँगी है! मेरी सब पूँजी भी उसको क्रय करने के लिए पर्याप्त नहीं। पूँजी बढ़ाने के लिए व्यापार करता हूँ; एक दिन धनी होकर आऊँगा; परन्तु विश्वास है कि तब भी तुम्हारे सामने रंक ही रह जाऊँगा!"

आलाप लेकर वह जंगली वनस्पतियों की सुगन्ध में अपने को भूल गया। यौवन के उभार में नन्द अपरिचित सुखों की ओर जैसे अग्रसर हो गया था। सहसा बैलों की श्रेणी के अग्रभाग में हल-चल मची। तड़ातड़ का शब्द, चिल्लाने और कूदने का उत्पात होने लगा। नन्द का सुख-स्वप्न टूट गया, "बाप रे, डाका!"-कहकर वह एक पहाड़ी की गहराई में उतरने लगा। गिर पड़ा, लुढ़कता हुआ नीचे चला। मूर्च्छित हो गया।

हाकिम परगना और इंजीनियर का पड़ाव अधिक दूर न था। डाका पड़नेवाला स्थान दूसरे ही दिन भीड़ से भर गया। गोड़ैत और सिपाहियों की दौड़-धूप चलने लगी। छोटी-सी पहाड़ी के नीचे, फूस की झोपड़ी में, ऊषा किरणों का गुच्छा सुनहले फूल के सदृश झूलने लगा था। अपने दोनो हाथों पर झुकी हुई एक साँवली-सी युवती उस आहत पुरुष के मुख को एकटक देख रही थी। धीरे-धीरे युवती के मुख पर मुस्कराहट और पुरुष के मुख पर सचेष्टता के लक्षण दिखलाई देने लगे। पुरुष ने आँखे खोल दी। युवती पास ही धरा हुआ गरम दूध उसके मुँह में डालने लगी। और युवक पीने लगा।

युवक की उतनी चोट नहीं थी, जितना वह भय से आक्रान्त था। वह दूध पीकर स्वस्थ हो चला था। उठने की चेष्टा करते हुए पूछा-"मोनी, तुम हो!"

"हाँ, चुप रहो।"

"अब मैं चंगा हो गया हूँ, कुछ डरने की बात नहीं।" अभी युवक इतना ही कह पाया था कि एक कोल-चौकीदार की क्रूर आँखें झोपड़ी में झाँकने लगी। युवक ने उसे देखा। चौकीदार ने हँसकर कहा-"वाह मोनी! डाका भी डलवाती हो और दया भी करती हो! बताओ तो, कौन-कौन थे; साहब पूछ रहे हैं!"

मोनी की आँखें चढ़ गयीं। उसने दाँत पीसकर कहा-"तुम पाजी हो! जाओ, मेरी झोपड़ी में से निकल जाओ!"

"हाँ, यह कहो। तो तुम्हारा मन रीझ गया है इस पर, यह तो कभी-कभी तुम्हारा प्याज-मेवा लेने आता था न!"-चौकीदार ने कहा।

घायल बाघिनी-सी वह तड़प उठी। चौकीदार कुछ सहमा। परन्तु वह पूरा काइयाँ था, अपनी बात का रुख बदलकर वह युवक से कहने लगा-"क्यों जी, तुम्हारा भी तो लूटा गया है, कुछ तुम्हें भी चोट आई है! चलो, साहब से अपना हाल कहो। बहुत से माल का पता लगा है; चलकर देखो तो!"

"क्यों मोनी! अब जेल जाओगी न? बोलो; अब से भी अच्छा है। हमारी बात मान जाओ।"- चौकीदार ने पड़ाव से दूर हथकड़ी से जकड़ी हुई मोनी से कहा। मोनी अपनी आँखों की स्याही सन्ध्या की कालिमा में मिला रही थी। पेड़ों के उस झुरमुट में दूर वह बनजारा भी खड़ा था। एक बार मोनी ने उसकी ओर देखा, उसके ओठ फड़क उठे। वह बोली-"मैं किसी को नहीं जानती, और नहीं जानती थी कि उपकार करने जाकर यह अपमान भोगना पड़ेगा!" फिर जेल की भीषणता स्मरण करके वह दीनता से बोली-"चौकीदार! मेरी झोपड़ी और सब पेड़ ले लो; मुझे बचा दो!"

चौकीदार हँस पड़ा। बोला-मुझे वह सब न चाहिए; बोलो, तुम मेरी बात मानोगी, वही...."

मोनी ने चिल्लाकर कहा-"नहीं, कभी नहीं!"

नर-पिशाच चौकीदार ने बेदर्द होकर कई थप्पड़ लगाये, पर मोनी न रोई, न चिल्लायी। वह हठी लड़के की तरह उस मारनेवाले का मुँह देख रही थी।

हाकिम परगना एक अच्छे सिविलियन थे। वे कैम्प से टहलने के लिए गये थे; नन्द ने न-जाने उनसे हाथ जोड़ते हुए क्या कहा, वे उधर ही चल पड़े, जहाँ मोनी थी।

सब बातें समझकर साहब ने मोनी की हथकड़ी खोलते हुए चौकीदार की पीठ पर दो-तीन बेंत जमाये, और कहा-"देख बदमाश! आज तो तुझे छोड़ता हूँ, फिर इस तरह का कोई काम किया, तो तुझसे चक्की ही पिसवाऊँगा। असली डाकुओं का पता लगाओ।"

मोनी पड़ाव से चली गई। और नन्द अपना बैल पहचानकर ले चला! वह फिर बराबर अपने उस व्यापार में लगा रहा।

कई महीने बाद- एक दिन फिर प्याज-मेवा लेने की लालच में नन्द उसी मोनी की झोपड़ी की ओर पहुँचा। वहाँ जाकर उसने देखा-झोपड़ी से सब पत्ते के छाजन तितर-बितर होकर बिखर रहे हैं और पत्थर के ढोंके अब-तब गिरना चाहते हैं। भीतर कूड़ा है, जहाँ वह पहले जंगली वस्तुओं का ढेर देखा करता था। उसने पुकारा-"मोनी!" कोई उत्तर न मिला। नन्द लौटकर अपने पथ पर आने लगा।

सामने देखा-पहाड़ी नदी के तट पर बैठी हुई मोनी को! वह हँसता हुआ फूल कुम्हला गया था अपने दोनों पैर नदी में डाले बैठी थी। नन्द ने पुकारा-"मोनी!" वह फिर भी कुछ न बोली। अब वह पास आ गया। मोनी ने देखा। एक बार उसके मुँह पर कुछ तरावट-सी दौड़ गई, फिर सहसा कड़ी धूप निकल आने पर एक बौछार की गीली भूमि जैसे रूखी हो जाती है, वैसे ही उसके मुँह पर धूल उड़ने लगी।

नन्द ने पूछा-"मोनी! प्याज-मेवा है?"

मोनी ने रूखेपन से कहा-"अब मैं नहीं बटोरती, नन्द। बेचने के लिए नहीं इकट्ठा करती।"

नन्द ने पूछा-"क्यों, अब क्या हो गया?"

"जंगल में वही सब तो हम लोगों के भोजन के लिए है, उसे बेच दूँगी, तो खाऊँगी क्या?"

"और पहले क्या था?"

"वह लोभ था; व्यापार करने की, धन बटोरने की इच्छा थी।"

"अब वह इच्छा क्या हुई?"

"अब मैं समझती हूँ कि सब लोग न तो व्यापार कर सकते हैं और न तो सब वस्तु बाजार में बेची जा सकती है।"

"तो मैं लौट जाऊँ?"

"हाँ, लौट जाओ; जब तक ओस की बूंदों से ठण्डी धूल तुम्हारे पैरों में लगे, उतने समय में अपना पथ समाप्त कर लो!"

"लादना छोड़ दूँगा, मोनी!"

"ओहो! यह क्यों? मैं इस पहाड़ी पर निस्तब्ध प्रभाव में घण्टियों के मधुर स्वर की आशा में अनमनी बैठी रहती हूँ। वह पहुँचने का; बोझ उतारने के व्याकुल विश्राम का अनुभव करके सुखी रहती हूँ। मैं नहीं चाहती कि किसी को लादने के लिए मैं बोझ इकट्ठा करूँ; नन्द!"

नन्द हताश था। वह अपने बैलों की खाली पीठ पर हाथ धरे चुपचाप अपने पथ पर चलने लगा।

चूड़ीवाली

१

"अभी तो पहना गई हो।"

"बहूजी, बड़ी अच्छी चूड़ियाँ हैं। सीधे बम्बई से पारसल मँगाया है। सरकार का हुक्म है; इसलिए नयी चूड़ियाँ आते ही चली आती हूँ।"

"तो जाओ, सरकार को ही पहनाओ, मैं नहीं पहनती।"

"बहूजी! जरा देख तो लीजिए।" कहती मुस्कराती हुई ढीठ चूड़ीवाली अपना बक्स खोलने लगी। वह पचीस वर्ष की एक गोरी छरहरी स्त्री थी। उसकी कलाई सचमुच चूड़ी पहनाने के लिए ढली थी। पान से लाल पतले-पतले ओठ दो-तीन वक्रताओं में अपना रहस्य छिपाये हुए थे। उन्हें देखने का मन करता, देखने पर उन सलोने अधरों से कुछ बोलवाने का जी चाहता है। बोलने पर हँसाने की इच्छा होती और उसी हँसी में शैशव का अल्हड़पन, यौवन की तरावट और प्रौढ़ की-सी गम्भीरता बिजली के समान लड़ जाती।

बहूजी को उसकी हँसी बहुत बुरी लगती; पर जब पंजों में अच्छी चूड़ी चढ़ाकर, संकट में फँसाकर वह हँसते हुए कहती-"एक पान मिले बिना यह चूड़ी नहीं चढ़ती।" तब बहूजी को क्रोध के साथ हँसी आ जाती और उसकी तरल हँसी की तरी लेने में तन्मय हो जातीं।

कुछ ही दिनों से यह चूड़ीवाली आने लगी है। कभी-कभी बिना बुलाये ही चली आती और ऐसे ढंग फैलाती कि बिना सरकार के आये निबटारा न होता। यह बहूजी को असह्य हो जाता। आज उसको चूड़ी फँसाते देख बहूजी झल्लाकर बोलीं-"आज-कल दूकान पर ग्राहक कम आते हैं क्या?"

"बहूजी, आज-कल ख़रीदने की धुन में हूँ, बेचती हूँ कम।" इतना कहकर कई दर्जन चूड़ियाँ बाहर सजा दीं। स्लीपरों के शब्द सुनाई पड़े। बहूजी ने कपड़े सम्हाले, पर वह ढीठ चूड़ीवाली बालिकाओं के समान सिर टेढ़ा करके "यह जर्मनी की है, यह फराँसीसी है, यह जापानी है" कहती जाती थी। सरकार पीछे खड़े मुस्करा रहे थे।

"क्या रोज नयी चूड़ियाँ पहनाने के लिए इन्हें हुक्म मिला है?" बहूजी ने गर्व से पूछा।

सरकार ने कहा-"पहनो, तो बुरा क्या है?"

"बुरा तो कुछ नहीं, चूड़ी चढ़ाते हुए कलाई दुखती होगी।" चूड़ीवाली ने सिर नीचा किये कनखियों से देखते हुए कहा! एक लहर-सी लाली आँखों की ओर से कपोलों को तर करती हुई दौड़ जाती थी। सरकार ने देखा, एक लालसा-भरी युवती व्यंग कर रही है। हृदय में हलचल मच गयी, घबराकर बोले-"ऐसा है, तो न पहनें।"

"भगवान करें, रोज पहनें।" चूड़ीवाली आशीर्वाद देने के गम्भीर स्वर में प्रौढ़ा के समान बोली।

"अच्छा, तुम अभी जाओ।" सरकार और चूड़ीवाली दोनों की ओर देखते हुए बहूजी ने झुँझलाकर कहा।

"तो क्या मैं लौट जाऊँ? आप तो कहती थीं न, कि सरकार को ही पहनाओ, तो जरा उनसे पहनने के लिए कह दीजिए"

"निकल मेरे यहाँ से।" कहते हुए बहूजी की आँखे तिलमिला उठी। सरकार धीरे से निकल गये। अपराधी के समान सर नीचा किये चूड़ीवाली अपनी चूड़ियाँ बटोरकर उठी। हृदय की धड़कन में अपनी रहस्यपूर्ण निश्वास छोड़ती हुई चली गयी।

२

चूड़ीवाली का नाम था विलासिनी। वह नगर की एक प्रसिद्ध नर्तकी की कन्या थी। उसके रूप और संगीत-कला की सुख्याति थी, वैभव भी कम न था! विलास और प्रमोद का पर्याप्त सम्भार मिलने पर भी उसे सन्तोष न था। हृदय में कोई अभाव खटकता था, वास्तव में उसकी मनोवृत्ति उसके व्यवसाय के प्रतिकूल थी।

कुलवधू बनने की अभिलाषा हृदय में और दाम्पत्य-सुख का स्वर्गीय स्वप्न उसकी आँखों में समाया था। स्वछन्द प्रणय का व्यापार अरुचिकर हो गया। परन्तु समाज उससे हिंस्र पशु के समान सशंक था। उससे आश्रय मिलना असम्भव जानकर विलासिनी ने छल के द्वारा वही सुख लेना चाहा। यह उसकी सरल आवश्यकता थी, क्योंकि अपने व्यवसाय में उसका प्रेम क्रय करने के लिए बहुत-से लोग आते थे, पर विलासिनी अपना हृदय खोल कर किसी से प्रेम न कर सकती थी।

उन्हीं दिनों सरकार के रूप, यौवन और चारित्र्य ने उसे प्रलोभन दिया। नगर के समीप बाबू विजयकृष्ण की, अपनी जमींदारी में बड़ी सुन्दर अट्टालिका थी। वहीं रहते थे। उनके अनुचर और प्रजा उन्हें सरकार कहकर पुकारती थी। विलासिनी की आँखे विजयकृष्ण पर गड़ गयीं। अपना चिर-सञ्चित मनोरथ पूर्ण करने के लिए वह कुछ दिनों के लिए चूड़ीवाली बन गयी थी।

सरकार चूड़ीवाली को जानते हुए भी अनजान बने रहे। अमीरी का एक कौतुक था, एक खिलवाड़ समझकर उसके आने-जाने में बाधा न देते। विलासिनी के कला-पूर्ण सौन्दर्य ने जो कुछ प्रभाव उनके मन पर डाला था, उसके लिए उनके सुरुचिपूर्ण मन ने अच्छा बहाना खोज लिया था, वे सोचते, 'बहूजी का कुल-वधू-जनोचित सौन्दर्य और वैभव की मर्यादा देखकर चूड़ीवाली स्वयं पराजय स्वीकार कर लेगी और अपना निष्फल प्रयत्न छोड़ देगी, तब तक यह एक अच्छा मनोविनोद चल रहा है!'

चूड़ीवाली अपने कौतूहलपूर्ण कौशल में सफल न हो सकी थी, परन्तु बहूजी के आज के दुर्व्यवहार ने प्रतिक्रिया उत्पन्न कर दी और चोट खाकर उसने सरकार को घायल कर दिया।

३

अब सरकार प्रकाश्य रूप से उसके यहाँ जाने लगे। विलास-रजनी का प्रभात भी चूड़ीवाली के उपवन में कटता। कुल-मर्यादा, लोक-लाज और जमींदारी सब एक ओर और चूड़ीवाली अकेले। दालान में कुर्सियों पर सरकार और चूड़ीवाली बैठकर रात्रि-जागरण का खेद मिटा रहे थे। पास ही अनार का वृक्ष था, उसमें फूल खिले थे। एक बहुत ही छोटी काली चिड़िया उन फूलों में चोंच डालकर मकरन्द पान करती और कुछ केसर खाती, फिर हृदयविमोहक कल-नाद करती हुई उड़ जाती।

सरकार बड़ी देर से कौतुक देख रहे थे, बोले—"इसे पकड़कर पालतू बनाया जाय, तो कैसा?"

"उहूँ, यह फूलसुंघी है। पींजरे में जी नहीं सकती। उसे फूलों का प्रदेश ही जिला सकता है, स्वर्ण-पिञ्जर नहीं, उसे खाने के लिए फूलों की केसर का चारा और पीने के लिए मकरन्द-मदिरा कौन जुटायेगा?"

"पर इसकी सुन्दर-बोली संगीत-कला की चरम सीमा है; वीणा में भी कोई-कोई मीड़ ऐसी

निकलती होगी। इसे अवश्य पकड़ना चाहिए।"

"जिसमें बाधा नहीं, बन्धन नहीं, जिसका सौन्दर्य स्वच्छन्द है, उस असाधारण प्राकृतिक कला का मूल्य क्या बन्धन हैं? कुरुचि के द्वारा वह कलंकित भले ही हो जाय परन्तु पुरस्कृत नहीं हो सकती। उसे आप पिंजरे में बन्द करके पुरस्कार देंगे या दण्ड?" कहते हुए उसने विजय की एक व्यंग्य-भरी मुस्कान छोड़ी। सरकार की-उस वन-विहंगम को पकड़ने की लालसा बलवती हो उठी। उन्होंने कहा-"जाने भी दो, वह अच्छी कला नहीं जानती।" प्रसंग बदल गया। नित्य का साधारण विनोद-पूर्ण क्रम चला।

४

चूड़ीवाली अपने अभ्यास के अनुसार समझती कि यदि बहूजी की अपार प्रणय सम्पत्ति में से कुछ अंश मैं भी लेती हूँ, तो हानि क्या, परन्तु बहूजी को अपने प्रणय के एकाधिपत्य पर पूर्ण विश्वास था। वह निष्क्रिय प्रतिरोध करने लगीं। राजयक्ष्मा के भयानक आक्रमण से वह घुलने लगीं और सरकार वन-विहंगिनी विलासिनी को स्वायत्त करने में दत्तचित्त हुए। रोगी की शुश्रूषा और सेवा में कोई कमी न थी, परन्तु एक बड़े मुकदमे में सरकार का उधर सर्वस्वान्त हुआ, इधर बहूजी चल बसीं।

चूड़ीवाली ने समझा कि उसकी पूर्ण विजय हुई, पर बात कुछ दूसरी थी। विजयकृष्ण का वह एक विनोद था। जब सब कुछ चला गया, तब विनोद लेकर क्या होगा। एक दिन चूड़ीवाली से छुट्टी माँगी। उसने कहा-"कमी किस बात की है, मैं तुम्हारी ही हूँ और सब विभव भी तुम्हारा है।" विजयकृष्ण ने कहा-"मैं वेश्या की दी हुई जीविका से पेट पालने में असमर्थ हूँ।" चूड़ीवाली बिलखने लगी, विनय किया, रोई, गिड़गिड़ाई पर विजयकृष्ण चले ही गये! वह सोचने लगी कि-"अपना व्यवसाय और विजय की गृहस्थी बिगाड़कर जो सुख ख़रीदा था, उसका कोई मूल्य नहीं। मैं कुलवधू होने के उपयुक्त नहीं। क्या समाज के पास इसका कोई प्रतिकार नहीं? इतनी तपस्या और इतना स्वार्थ-त्याग व्यर्थ है?"

परन्तु विलासिनी यह न जानती थी कि स्त्री और पुरुष-सम्बन्धी समस्त अन्तिम निर्णय करने में समाज कितना ही उदार क्यों न हो; दोनों पक्षों को सर्वथा सन्तुष्ट नहीं कर सका और न कर सकने की आशा है। यह रहस्य सृष्टि को उलझा रखने की कुञ्जी है।

विलासिनी ने बहुत सोच-समझकर अपनी जीवनचर्या बदल डाली। सरकार से मिली हुई जो कुछ सम्पत्ति थी, उसे बेचकर पास ही के एक गाँव में खेती करने के लिए भूमि लेकर आदर्श हिन्द गृहस्थ की-सी तपस्या करने में अपना बिखरा हुआ मन उसने लगा दिया। उसके कच्चे मकान के पास एक विशाल वट-वृक्ष और निर्मल जल का सरोवर था। वहीं बैठकर चूड़ीवाली ने पथिकों की सेवा करने का संकल्प किया। थोड़े ही दिनों में अच्छी खेती होने लगी और अन्न से उसका घर भरा रहने लगा। भिखारियों को अन्न देकर उन्हें खिला देने में उसे अकथनीय सुख मिलता। धीरे-धीरे दिन ढलने लगा, चूड़ीवाली को सहेली बनाने के लिए यौवन का तीसरा पहर करुणा और शान्ति को पकड़ लाया। उस पथ से चलनेवाले पथिकों को दूर से किसी कला-कुशल कण्ठ की तान सुनाई पड़ती- अब लौं नसानी अब न नसैहौं।

वट-वृक्ष के नीचे एक अनाथ बालक नन्द को चना और गुड़ की दूकान चूड़ीवाली ने करा दी है। जिन पथिकों के पास पैसे न होते, उनका मूल्य वह स्वयं देकर नन्द की दूकान में घाटा न होने देती, और पथिक भी विश्राम किये बिना उस तालाब से न जाता। कुछ ही दिनों में चूड़ीवाली का तालाब विख्यात हो गया।

५

सन्ध्या हो चली थी। पखेरुओं का बसेरे की ओर लौटने का कोलाहल मचा और वट-वृक्ष में

चहल-पहल हो गई। चूड़ीवाली चरनी के पास खड़ी बैलों को देख रही थी। दालान में दीपक जल रहा था, अन्धकार उसके घर और मन में बरजोरी घुस रहा था। कोलाहल-शून्य जीवन में भी चूड़ीवाली को शान्ति मिली, ऐसा विश्वास नहीं होता था। पास ही उसकी पिण्डुलियों से सिर रगड़ता हुआ कलुआ दुम हिला रहा था। सुखिया उसके लिए घर में से कुछ खाने को ले आयी थी; पर कलुआ उधर न देखकर अपनी स्वामिनी से स्नेह जता रहा था। चूड़ीवाली ने हँसते हुए कहा-"चल, तेरा दुलार हो चुका। जा, खा ले।" चूड़ीवाली ने मन में सोचा, कंगाल मनुष्य स्नेह के लिए क्यों भीख माँगता है।? वह स्वयं नहीं करता, नहीं तो तृण-वीरुध तथा पशु-पक्षी भी तो स्नेह करने के लिए प्रस्तुत हैं। इतने में नन्द ने आकर कहा-"माँ, एक बटोही बहुत थका हुआ अभी आया है। भूख के मारे वह जैसे शिथिल हो गया है।"

"तूने क्यों नहीं दे दिया?"

"लेता भी नहीं, कहता है, तू बड़ा गरीब लड़का है, तुझसे न लूँगा।"

चूड़ीवाली वट-वृक्ष की ओर चल पड़ी। अँधेरा हो गया था। पथिक जड़ का सहारा लेकर लेटा था। चूड़ीवाली ने हाथ जोड़कर कहा-"महाराज, आप कुछ भोजन कीजिए।"

"तुम कौन हो?"

"पहले की एक वेश्या।"

"छिः, मुझे पड़े रहने दो, मैं नहीं चाहता कि तुम मुझसे बोलो भी, क्योंकि तुम्हारा व्यवसाय कितने ही सुखी घरों को उजाड़कर शमशान बना देता है।"

"महाराज, हम लोग तो कला के व्यवसायी हैं। यह अपराध कला का मूल्य लगानेवालों की कुरुचि और कुत्सित इच्छा का है। संसार में बहुत-से निर्लज्ज स्वार्थपूर्ण व्यवसाय चलते हैं। फिर इसी पर इतना क्रोध क्यों?"

"क्योंकि वह उन सबों में अधम और निकृष्ट है।"

"परन्तु वेश्या का व्यवसाय करके भी मैंने एक ही व्यक्ति से प्रेम किया था। मैं और धर्म नहीं जानती, पर अपने सरकार से जो कुछ मुझे मिला, उसे मैं लोक-सेवा में लगाती हूँ। मेरे तालाब पर कोई भूखा नहीं रहने पाता। मेरी जीविका चाहे जो रही हो, मेरे अतिथि-धर्म में बाधा न दीजिए।"

पथिक एक बार ही उठकर बैठ गया और आँख गड़ाकर अँधेरे में देखने लगा। सहसा बोल उठा-"चूड़ीवाली?"

"कौन, सरकार?"

"हाँ, तुमने शोक हर लिया। मेरे अपराधजनक तमाम त्याग में पुण्य का भी भाग था, यह मैं नहीं जानता।"

"सरकार! मैंने गृहस्थ-कुलवधू होने के लिए कठोर तपस्या की है। इन चार वर्षों में मुझे विश्वास हो गया है कि कुलवधू होने में जो महत्व है, वह सेवा का है, न कि विलास का।"

"सेवा ही नहीं, चूड़ीवाली! उसमें विलास का अनन्त यौवन है, क्योंकि केवल स्त्री-पुरुष के शारीरिक बन्धन में वह पर्यवसित नहीं है, बाह्य साधनों के विकृत हो जाने तक ही, उसकी सीमा नहीं, गार्हस्थ्य जीवन उसके लिए प्रचुर उपकरण प्रस्तुत करता है, इसलिए वह प्रेय भी है और श्रेय भी है। मुझे विश्वास है कि तुम अब सफल हो जाओगी।"

"मेरी सफलता आपकी कृपा पर है। विश्वास है कि अब इतने निर्दय न होंगे"-कहते-कहते चूड़ीवाली ने सरकार के पैर पकड़ लिये।

सरकार ने उसके हाथ पकड़ लिये।

अपराधी

१

वनस्थली के रंगीन संसार में अरुण किरणों ने इठलाते हुए पदार्पण किया और वे चमक उठीं, देखा तो कोमल किसलय और कुसुमों की पंखुरियाँ, बसन्त-पवन के पैरों के समान हिल रही थीं। पीले पराग का अंगराग लगने से किरणें पीली पड़ गई। बसन्त का प्रभात था।

युवती कामिनी मालिन का काम करती थी। उसे और कोई न था। वह इस कुसुम-कानन से फूल चुन ले जाती और माला बनाकर बेचती। कभी-कभी उसे उपवास भी करना पड़ता। पर, वह यह काम न छोड़ती। आज भी वह फूले हुए कचनार के नीचे बैठी हुई, अर्द्ध-विकसित कामिनी-कुसुमों को बिना बेधे हुए, फन्दे देकर माला बना रही थी। भँवर आये, गुनगुनाकर चले गये। बसन्त के दूतों का सन्देश उसने न सुना। मलय-पवन अञ्चल उड़ाकर, रूखी लटों को बिखराकर, हट गया। मालिन बेसुध थी, वह फन्दा बनाती जाती थी और फूलों को फँसाती जाती थी।

द्रुत-गति से दौड़ते हुए अश्व के पद-शब्द ने उसे त्रस्त कर दिया। वह अपनी फूलों की टोकरी उठाकर भयभीत होकर सिर झुकाये खड़ी हो गई। राजकुमार आज अचानक उधर वायु-सेवन के लिये आ गये थे। उन्होंने दूर ही से देखा, समझ गये कि वह युवती त्रस्त है। बलवान अश्व वहीं रुक गया। राजकुमार ने पूछा-"तुम कौन हो?"

कुरंगी कुमारी के समान बड़ी-बड़ी आँखे उठाकर उसने कहा-"मालिन!"

"क्या तुम माला बनाकर बेचती हो?"

"हाँ।"

"यहाँ का रक्षक तुम्हें रोकता नहीं?"

"नहीं, यहाँ कोई रक्षक नहीं है।"

"आज तुमने कौन-सी माला बनाई है?"

"यही कामिनी की माला बना रही थी।"

"तुम्हारा नाम क्या है?"

"कामिनी।"

"वाह! अच्छा, तुम इस माला को पूरी करो, मैं लौटकर-उसे लूँगा।" डरने पर भी मालिन ढीठ थी। उसने कहा-"धूप निकल आने पर कामिनी का सौरभ कम हो जायगा।"

"मैं शीघ्र आऊँगा"-कहकर राजकुमार चले गये।

मालिन ने माला बना डाली। किरणें प्रतीक्षा में लाल-पीली होकर धवल हो चलीं। राजकुमार लौटकर नहीं आये। तब उसी ओर चली-जिधर राजकुमार गये थे।

युवती बहुत दूर न गई होगी कि राजकुमार लौटकर दूसरे मार्ग से उसी स्थान पर आये। मालिन को न देखकर पुकारने लगे-"मालिन! ओ मालिन!"

दूरागत कोकिल की पुकार-सा वह स्वर उसके कान में पड़ा था। वह लौट आई। हाथों में कामिनी की माला लिये वह वन-लक्ष्मी के समान लौटी। राजकुमार उसी दिन-सौन्दर्य को सकुतूहल देख रहे थे। कामिनी ने माला गले में पहना दी। राजकुमार ने अपना कौशेय उष्णीश खोलकर मालिन के ऊपर फेंक दिया। कहा-"जाओ, इसे पहनकर आओ।" आश्चर्य और भय से लताओं की झुरमुट में जाकर उसने आज्ञानुसार कौशेय वसन पहना।

बाहर आई, तो उज्ज्वल किरणें उसके अंग-अंग पर हँसते-हँसते लोट-पोट हो रही थीं। राजकुमार मुस्कराये और कहा-"आज से तुम इस कुसुम-कानन की वन-पालिका हुई हो। स्मरण रखना।"

राजकुमार चले गये। मालिन किंकर्तव्यविमूढ़ होकर मधूक-वृक्ष के नीचे बैठ गई।

२

बसन्त बीत गया। गर्मी जलाकर चली गई। कानन में हरियाली फैल रही थी। श्यामल घटायें आकाश में और शस्य-शोभा धरणी पर एक सघन-सौन्दर्य का सृजन कर रही थी। वन-पालिका के चारों ओर मयूर घेरकर नाचते थे। सन्ध्या में एक सुन्दर उत्सव हो रहा था। रजनी आई। वन-पालिका के कुटीर को तम ने घेर लिया। मूसलाधार वृष्टि होने लगी। युवती प्रकृति का मद-विह्वल लास्य था। वन-पालिका पर्ण-कुटीर के वातायन से चकित होकर देख रही थी। सहसा बाहर कम्पित कण्ठ से शब्द हुआ-"आश्रय चाहिए!" वन-पालिका ने कहा-"तुम कौन हो?"

"एक अपराधी।"

"तब यहाँ स्थान नहीं है।"

"विचार कर उत्तर दो, कहीं आश्रय न देकर तुम अपराध न कर बैठो।" वन-पालिका विचारने लगी। बाहर से फिर सुनाई पड़ा-"विलम्ब होने से प्राणों की आशंका है।"

वन-पालिका निस्संकोच उठी और उसने द्वार खोल दिया। आगन्तुक ने भीतर प्रवेश किया। वह एक बलिष्ठ युवक था, साहस उसकी मुखाकृति थी। वन-पालिका ने पूछा-"तुमने कौन-सा अपराध किया है?"

"बड़ा भारी अपराध है, प्रभात होने पर सुनाऊँगा। इस रात्रि में केवल आश्रय दो।"-कहकर आगन्तुक अपना आर्द्र वस्त्र निचोड़ने लगा। उसका स्वर विकृत और वदन नीरस था। अन्धकार ने उसे और भी अस्पष्ट बना दिया था।

युवती वन-पालिका व्याकुल होकर प्रभात की प्रतीक्षा करने लगी। सहसा युवक ने उसका हाथ पकड़ लिया। वह त्रस्त हो गई, बोली-"अपराधी, यह क्या?"

"अपराधी हूँ सुन्दरी!"-अबकी बार उसका स्वर परिवर्तित था। पागल प्रकृति पर्णकुटी को घेरकर अपनी हँसी में फूटी पड़ती थी। वह करस्पर्श उन्मादकारी था। कामिनी की धमनियों में बाहर के बरसाती नालों के समान रक्त दौड़ रहा था। युवक के स्वर में परिचय था, परन्तु युवती की वासना के कुतूहल ने भय का बहाना खोज लिया! बाहर करकापात के साथ ही बिजली कड़की। वन-पालिका ने दूसरा हाथ युवक के कण्ठ में डाल दिया।

अन्धकार हँसने लगा।

३

बहुत दिन बीत गये। कितने ही बरस आये और चले गये। वह कुसुम-कानन-जिसमें मोर, शुक और पिक, फूलों से लदी झाड़ियों में विहार करते थे, अब एक जंगल हो गया। अब राजकुमार वहाँ नहीं आते थे। अब वे स्वयं राजा हैं। सुकुमार पौदे सूख गये। विशालकाय वृक्षों ने अपनी शाखाओं से जकड़ लिया। उस गहन वन में एक कोने में पर्णकुटी थी, उसमें एक स्त्री और उसका पुत्र, दोनो रहते थे।

दोनों बहेलियों का व्यवसाय करते; उसी से उनका जीवन-निर्वाह होता। पक्षियों को फँसाकर नागरिकों के हाथ वह बालक बेचा करता, कभी-कभी मृग-शावक भी पकड़ ले आता।

एक दिन वन-पालिका का पुत्र एक सुन्दर कुरंग पकड़कर नगर की ओर बेचने के लिए ले गया। उसकी पीठ पर बड़ी अच्छी बूटियाँ थीं। वह दर्शनीय था। राजा का पुत्र अपने टट् पर चढक़र घूमने निकला था, उसके रक्षक साथ थे। राजपुत्र मचल गया। किशोर मूल्य माँगने लगा। रक्षकों ने कुछ देकर उसे छीन लेना चाहा। किशोर ने कुरंग का फन्दा ढीला कर दिया। वह छलाँग भरता हुआ निकल गया। राजपुत्र अत्यन्त हठी था, वह रोने लगा। रक्षकों ने किशोर को पकड़ लिया। वे उसे राजमन्दिर की ओर ले चले।

वातायन से रानी ने देखा, उसका लाल रोता हुआ लौट रहा है। एक आँधी-सी आ गई। रानी ने समाचार सुनकर उस बहेलिये के लड़के को बेंतों से पीटे जाने की आज्ञा दी।

किशोर ने बिना रोये-चिल्लाये और आँसू बहाये बेंतों की चोट सहन की। उसका सारा अंग क्षत-विक्षत था, पीड़ा से चल नहीं सकता था। मृगया से लौटते हुए राजा ने देखा। एक बार दया तो आई, परन्तु उसका कोई उपयोग न हुआ। रानी की आज्ञा थी। वन-पालिका ने राजा के निकल जाने पर किशोर को गोद में उठा लिया। अपने आँसुओं से घाव धोती हुई, उसने कहा-"आह! वे कितने निर्दयी हैं!"

फिर कई वर्ष बीत गये। नवीन राजपुत्र को मृगया की शिक्षा के लिए, लक्ष्य साधने के लिए, वही नगरोपकण्ठ का वन स्थिर हुआ। वहाँ राजपुत्र हिरणों पर, पक्षियों पर तीर चलाता। वन-पालिका को अब फिर कुछ लाभ होने लगा। हिरणों को हाँकने से पक्षियों का पता बताने से, कुछ मिल जाता है। परन्तु उसका पुत्र किशोर राजकुमार की मृगया में भाग न लेता।

एक दिन बसन्त की उजली धूप में राजा अपने राजपुत्र की मृगया-परीक्षा लेने के लिए, सोलह बरस बाद, उस जंगल में आये। राजा का मुँह एक बार विवर्ण हो गया। उस कुसुम कानन के सभी सुकुमार पौधे सूखकर लोप हो गये हैं। उनकी पेड़ियों में कहीं-कहीं दो-एक अंकुर निकल कर अपने प्राचीन बीज का निर्देश करते थे। राजा स्वप्न के समान उस अतीत की कल्पना कर रहे थे।

अहेरियों के वेश में राजपुत्र और उसके समवयस्क जंगल में आये। किशोर भी अपना धनुष लिये एक ओर खड़ा था। कुरंग पर तीर छूटे। किशोर का तीर कुरंग के कण्ठ को बेधकर राजपुत्र की छाती में घुस गया। राजपुत्र अचेत होकर गिर पड़ा। किशोर पकड़ लिया गया।

इधर वन-पालिका राजा के आने का समाचार सुनकर फूल खोजने लगी थी। उस जंगल में अब कामिनी-कुसुम नहीं थे। उसने मधूक और दूर्वा की सुन्दर माला बनाई, यही उसे मिले थे।

राजा क्रोध से उन्मत्त थे। प्रतिहिंसा से कड़ककर बोले-मारो!-बधिकों के तीर छूटे? वह कमनीय-कलेवर किशोर पृथ्वी पर लोटने लगा। ठीक उसी समय मधूक-मालिका लिये वन-पालिका राजा के सामने पहुँची।

कठोर नियति जब अपना विधान पूर्ण कर चुकी थी, तब कामिनी किशोर के शव के पास पहुँची! पागल-सी उसने माला राजा के ऊपर फेंकी और किशोर को गोद में बैठा लिया। उसकी निश्चेष्ट आँखे मौन भाषा में जैसे माँ-माँ कह रही थीं! उसने हृदय में घुस जानेवाली आँखों से एक बार राजा की ओर

देखा। और भी देखा-राजपुत्र का शव!

राजा एक बार आकाश और पृथ्वी के बीच में हो गये। जैसे वह कहाँ-से-कहाँ चले आये। राजपुत्र का शोक और क्रोध, वेग से बहती हुई बरसाती नदी की धारा में बुल्ले के समान बह गया। उनका हृदय विषय-शून्य हो गया। एक बार सचेत होकर उन्होंने देखा और पहचाना-अपना वही-"जीर्ण कौशेय उष्णीश।"-"वन-पालिका!"

"राजा"-कामिनी की आँखों में आँसू नहीं थे।

"यह कौन था?"

गम्भीर स्वर में सर नीचा किये वन-पालिका ने कहा-"अपराधी।"

प्रणय-चिह्न

१

"क्या अब वे दिन लौट आवेंगे? वे आशाभरी सन्ध्यायें, वह उत्साह-भरा हृदय-जो किसी के संकेत पर शरीर से अलग होकर उछलने को प्रस्तुत हो जाता था-क्या हो गया?"

"जहाँ तक दृष्टि दौड़ती है, जंगलों की हरियाली। उनसे कुछ बोलने की इच्छा होती है, उत्तर पाने की उत्कण्ठा होती है। वे हिलकर रह जाते हैं, उजली धूप जलजलाती हुई नाचती निकल जाती है। नक्षत्र चुपचाप देखते रहते हैं,- चाँदनी मुस्कराकर घूँघट खींच लेती है। कोई बोलनेवाला नहीं! मेरे साथ दो बातें कर लेने की जैसे सबने शपथ ले ली है। रात खुलकर रोती भी नहीं-चुपचाप ओस के आँसू गिराकर चल देती है। तुम्हारे निष्फल प्रेम से निराश होकर बड़ी इच्छा हुई थी, मैं किसी से सम्बन्ध न रखकर सचमुच अकेला हो जाऊँ। इसलिए जन-संसर्ग से दूर इस झरने के किनारे आकर बैठ गया, परन्तु अकेला ही न आ सका, तुम्हारी चिन्ता बीच-बीच में बाधा डालकर मन को खींचने लगी। इसलिए फिर किसी से बोलने की, लेन-देन की, कहने-सुनने की कामना बलवती हो गई।

"परन्तु कोई न कुछ कहता है और न सुनता है। क्या सचमुच हम संसार से निर्वासित हैं-अछूत हैं! विश्व का यह नीरव तिरस्कार असह्य है। मैं उसे हिलाऊँगा; उसे झकझोरकर उत्तर देने के लिए बाध्य करूँगा।"

कहते-कहते एकान्तवासी गुफा के बाहर निकल पड़ा। सामने झरना था, उसके पार पथरीली भूमि। वह उधर न जाकर झरने के किनारे-किनारे चल पड़ा। बराबर चलने लगा, जैसे समय चलता है।

सोता आगे बढ़ते-बढ़ते छोटा होता गया। क्षीण, फिर क्रमश: और क्षीण होकर मरुभूमि में जाकर विलीन हो गया। अब उसके सामने सिकता-समुद्र! चारों ओर धू-धू करती हुई बालू से मिली समीर की उत्ताल तरंगें। वह खड़ा हो गया। एक बार चारों ओर आँख फिरा कर देखना चाहा, पर कुछ नहीं, केवल बालू के थपेड़े।

साहस करके पथिक आगे बढ़ने लगा। दृष्टि काम नहीं देती थी, हाथ-पैर अवसन्न थे। फिर भी चलता गया। विरल छाया-वाले खजूर-कुञ्ज तक पहुँचते-पहुँचते वह गिर पड़ा। न जाने कब तक अचेत पड़ा रहा।

एक पथिक पथ भूलकर वहाँ विश्राम कर रहा था। उसने जल के छींटे दिये। एकान्तवासी चैतन्य हुआ। देखा, एक मनुष्य उसकी सेवा कर रहा है। नाम पूछने पर मालूम हुआ-"सेवक।"

"तुम कहाँ जाओगे?"-उसने पूछा।

"संसार से घबराकर एकान्त में जा रहा हूँ।"

"और मैं एकान्त से घबराकर संसार में जाना चाहता हूँ।"

"क्या एकान्त में कुछ सुख नहीं मिला?"

"सब सुख था-एक दुःख, पर वह बड़ा भयानक दुःख था। अपने सुख को मैं किसी से प्रकट नहीं कर सकता था, इससे बड़ा कष्ट था।"

"मैं उस दुःख का अनुभव करूँगा।"

"प्रार्थना करता हूँ, उसमें न पड़ो।"

"तब क्या करूँ?"

"लौट चलो; हम लोग बातें करते हुए जीवन बिता देंगे!"

"नहीं, तुम अपनी बातों में विष उगलोगे।"

"अच्छा, जैसी तुम्हारी इच्छा।"

दोनों विश्राम करने लगे। शीतल पवन ने सुला दिया। गहरी नींद लेने पर जागे। एक दूसरे को देखकर मुस्कराने लगे। सेवक ने पूछा-"आप तो इधर से आ रहे हैं, कैसा पथ है?"

"निर्जन मरुभूमि।"

"तब तो मैं न जाऊँगा; नगर की ओर लौट जाऊँगा। तुम भी चलोगे?"

"नहीं, इस खजूर-कुञ्ज को छोड़कर मैं नहीं जाऊँगा। तुमसे बोलचाल कर लेने पर और लोगों से मिलने की इच्छा जाती रही। जी भर गया।"

"अच्छा, तो मैं जाता हूँ। कोई काम हो, तो बताओ, कर दूँगा।"

"मेरा! मेरा कोई काम नहीं।"

"सोच लो।"

"नहीं, वह तुमसे न होगा।"

"देखूँगा, सम्भव है, हो जाय।"

"लूनी नदी के उस पार रामनगर के जमींदार की एक सुन्दर कन्या है; उससे कोई संदेश कह सकोगे?"

"चेष्टा करूँगा। क्या कहना होगा?"

"तीन बरस से तुम्हारा जो प्रेमी निवार्सित है, वह खजूर-कुञ्ज में विश्राम कर रहा है। तुमसे एक चिह्न पाने की प्रत्याशा में ठहरा है। अब की बार वह अज्ञात विदेश में जायगा। फिर लौटने की आशा नहीं है।"

सेवक ने कहा-"अच्छा, जाता हूँ, परन्तु ऐसा न हो कि तुम यहाँ से चले जाओ; वह मुझे झूठा समझे।"

"नहीं, मैं यहीं प्रतीक्षा करूँगा।"

सेवक चला गया। खजूर के पत्तों से झोपड़ी बनाकर एकान्त-वासी फिर रहने लगा। उसको बड़ी इच्छा होती कि कोई भूला-भटका पथिक आ जाता, तो खजूर और मीठे जल से उसका आतिथ्य करके वह एक बार गृहस्थ बन जाता।

परन्तु कठोर अदृष्ट-लिपि! उसके भाग्य में एकान्तवास ज्वलन्त अक्षरों में लिखा था। कभी-कभी पवन के झोंके से खजूर के पत्ते खड़खड़ा जाते, वह चौंक उठता। उसकी अवस्था पर वह क्षीणकाय स्रोत रोगी के समान हँस देता। चाँदनी में दूर तक मरुभूमि सादी चित्रपटी-सी दिखाई देती।

२

माँ भूखी थी। बुढ़िया झोपड़ी में दाने ढूँढ रही थी। उस पार नदी के कगारे पर दोनों की धुँधली प्रतिकृति दिखाई दे रही थी। पश्चिम के क्षितिज में नीचे अस्त होता हुआ सूर्य बादलों पर अपना रंग फेंक रहा था। बादल नीचे जल पर छाया-दान कर रहा था। नदी में धूप-छाँह बिछी थी। 'सेवक' डोंगी लिये, इधर यात्री की आशा में, बालू के रूखे तट से लगा बैठा था।

उसके केवल माँ थी। वह युवक था। स्वामी-कन्या से वह किसी प्रेमी का सन्देश कह रहा था; राजा (जमींदार) को सन्देह हुआ। वे क्रुद्ध हुए, बिगड़ गये, परन्तु कन्या के अनुरोध से उसके प्राण बच गये। तब से वह डोंगी चलाकर अपना पेट पालता था।

तमिस्रा आ रही थी। निर्जन प्रदेश नीरव था। लहरियों का कल-कल बन्द था। उसकी दोनों आँखे प्रतीक्षा की दूती थीं। कोई आ रहा है! और भी ठहर जाऊँ-नहीं, लौट चलूँ। डाँडे डोंगी से जल में गिरा दिये। 'छप' शब्द हुआ। उसे सिकतातट पर भी पद-शब्द की भ्रान्ति हुई। रुककर देखने लगा।

"माँझी, उस पार चलोगे?" एक कोमल कण्ठ, वंशी की झनकार।

"चलूँगा क्यों नहीं, उधर ही तो मेरा घर है। मुझे लौटकर जाना है।"

"मुझे भी आवश्यक कार्य है। मेरा प्रियतम उस पार बैठा है। उससे मिलना है। जल्द ले चलो।"- यह कहकर एक रमणी आकर बैठ गई। डोंगी हलकी हो गई, जैसे चलने के लिए नाचने लगी हो। सेवक सन्ध्या के गहरे प्रकाश में उसे आँखें गड़ाकर देखना चाहता था। रमणी खिलखिलाकर हँस पड़ी। बोली-"सेवक, तुम मुझे देखते रहोगे कि खेना आरम्भ करोगे।"

"मैं देखता चलूँगा, खेता चलूँगा। बिन देखे भी कोई खे सकता है।"

"अच्छा, वही सही। देखो, पर खेते भी चलो। मेरा प्रिय कहीं लौट न जाय, कहीं लौट न जाय; शीघ्रता करो।"-रमणी की उत्कण्ठा उसके उभरते हुए वक्ष-स्थल में श्वास बनकर फूल रही थी। सेवक डाँडे चलाने लगा। दो-चार नक्षत्र नील गगन से झाँक रहे थे। अवरुद्ध समीर नदी की शीतल चादर पर खुलकर लोटने लगा। सेवक तल्लीन होकर खे रहा था। रमणी ने पूछा-"तुम्हारे और कौन है?"

"कोई नहीं, केवल माँ है।"

नाव किनारे पहुँच गई। रमणी उतरकर खड़ी हो गई। बोली-"तुमने बड़े ठीक समय से पहुँचाया। परन्तु मेरे पास क्या है, जो तुम्हें पुरस्कार दूँ।"

वह चुपचाप उसका मुँह देखने लगा।

रमणी बोली-"मेरा जीवन-धन जा रहा है। एक बार उससे अन्तिम भेंट करने आई हूँ। एक अँगूठी उसे अपना चिह्न देने के लिए लाई हूँ और कुछ नहीं। परन्तु तुमने इस अन्तिम मिलन में बड़ी सहायता की है, तुम्हीं ने उसका सन्देश पहुँचाया। तुम्हें कुछ दिये बिना हमारा मिलन असफल होगा, इसलिए, यह चिह्न अँगूठी तुम्हीं ले लो।"

सेवक ने अँगूठी लेते हुए पूछा- "और तुम अपने प्रियतम को क्या चिह्न दोगी?"

"अपने को स्वयं दे दूँगी। लौटना व्यर्थ है। अच्छा, धन्यवाद!" रमणी तीर-वेग से चली गई।

वह हक्का-बक्का खड़ा रह गया। आकाश के हृदय में तारा चमकता था; उसके हाथ में अँगूठी का रत्न। उससे तारे का मिलान करते-करते झोपड़ी में पहुँचा। माँ भूखी थी। इसे बेचना होगा, यही चिन्ता थी। माँ ने जाते ही कहा-"कब से भोजन बनाकर बैठी हूँ, तू आया नहीं। बड़ी अच्छी मछली मिली थी। ले, जल्द खा ले।" वह प्रसन्न हो गया।

३

एकान्तवासी बैठा हुआ खजूर इकट्ठा कर रहा था। अभी प्रभात का कोमल सूर्य खगोल में बहुत ऊँचा नहीं था। एक सुनहली किरण-सी रमणी सामने आ गई। आत्मविस्मृत होकर एकान्तवासी देखने लगा।

"स्वागत अतिथि! आओ बैठो।"

रमणी ने आतिथ्य स्वीकार किया। बोली-"मुझे पहचानते हो?"

"तुम्हें न पहचानूँगा, प्रियतमे! अनन्त पथ का पाथेय कोई प्रणय-चिह्न ले आई हो; तो मुझे दे दो! इसीलिए ठहरा हूँ।"

"लौट चलो। इस भीषण एकान्त से तुम्हारा मन नहीं भरा?"

"कहाँ चलूँगा? तुम्हारे साथ जीवन व्यतीत करने का साधन नहीं; करने भी न पाऊँगा, लौटकर क्या करुँगा? मुझे केवल चिह्न दे दो, उसी से मन बहलाऊँगा।"

"मैं उसे पुरस्कार-स्वरूप दे आई हूँ। उसे पाने के लिए तो लूनी तट तक चलना होगा।"

"तो चलूँगा।"

यात्रा की तैयारी हुई। दोनों लौट चले। सेवक जब सन्ध्या को डोंगी लेकर लौटता है; तब उसके हृदय में उस रमणी की सुध आ जाती है। वह अँगूठी निकालकर देखता और प्रतीक्षा करता है कि रमणी लौटे, तो उसे दे दूँ। उसे विश्वास था, कभी तो वह आवेगी।

डोंगी नीचे बँधी थी। वह झोपड़ी से निकलकर चला ही था कि सामने रमणी आती दिखाई पड़ी। साथ में एक पुरुष था। न जाने क्यों, वह डोंगी पर जा बैठा। दोनों तीर पर आकर खड़े हो गये। रमणी ने पूछा- "मुझे पहचानते हो?"

"अच्छी तरह।"

"मैंने तुम्हें कुछ पुरस्कार दिया था। वह मेरा प्रणय-चिह्न था। मेरा प्रिय मुझे नहीं लेगा, उसी चिह्न को लेगा। इसीलिए तुमसे विनती करती हूँ कि उसे दे दो।"

"यह अन्याय है। मेरी मजूरी मुझसे न छीनो।"

"मैं भीख माँगती हूँ।"

"मैं दरिद्र हूँ, देने में असमर्थ हूँ।"

निरुपाय होकर रमणी ने एकान्तवासी की ओर देखा। उसने कहा-"तुमने तो उसे लौटा देने के लिए ही रख छोड़ा है। वह देखो, तुम्हारी उँगली में चमक रहा है, क्यों नहीं दे देते?"

"मैं समझ गया, इसका मूल्य परिश्रम से अधिक है। तो चलो, अबकी दोनों की सेवा करके इसका मूल्य पूरा कर दूँ परन्तु दया करके इसे मेरे ही पास रहने दो। जिन्हें विदेश जाना है, उनको नौका की यात्रा बड़ी सुखद होती है।"-कहकर एक बार उसने झोपड़ी की ओर देखा। बुढ़िया मर चुकी थी। ख़ाली झोपड़ी की ओर से उसने मुँह फिरा लिया। डाँडे जल में गिरा दिये।

रमणी ने कहा-"चलो, यात्रा तो करनी ही है, बैठ जायँ।"

एकान्तवासी हँस पड़ा। दोनों नाव पर बैठ गये। नाव धारा में बहने लगी। रमणी ने हँसकर पूछा-"केवल देखोगे या खेओगे भी?"

"नाव स्वयं बहेगी; मैं केवल देखूँगा ही।"

रूप की छाया

काशी के घाटों की सौध-श्रेणी जाह्नवी के पश्चिम तट पर धवल शैलमाला-सी खड़ी है। उनके पीछे दिवाकर छिप चुके। सीढ़ियों पर विभिन्न वेष-भूषावाले भारत के प्रत्येक प्रान्त के लोग टहल रहे हैं। कीर्तन, कथा और कोलाहल से जान्हवी-तट पर चहल-पहल है।

एक युवती भीड़ से अलग एकान्त में ऊँची सीढ़ी पर बैठी हुई भिखारी का गीत सुन रही है, युवती कानों से गीत सुन रही है, आँखों से सामने का दृश्य देख रही है। हृदय शून्य था, तारा-मण्डल के विराट् गगन के समान शून्य और उदास। सामने गंगा के उस पार चमकीली रेत बिछी थी। उसके बाद वृक्षों की हरियाली के ऊपर नीला आकाश, जिसमें पूर्णिमा का चन्द्र, फीके बादल के गोल टुकड़े के सदृश, अभी दिन रहते ही गंगा के ऊपर दिखाई दे रहा है। जैसे मन्दाकिनी में जल-विहार करने वाले किसी देव-द्वंद्व की नौका का गोल पाल। दृश्य के स्वच्छ पट में काले-काले विंदु दौड़ते हुए निकल गए। युवती ने देखा, वह किसी उच्च मन्दिर में से उड़े कपोतों का एक झुण्ड था। दृष्टि फिरकर वहाँ गई, जहाँ टूटी काठ की चौकी पर विवर्ण-मुख, लंबे असंयत बाल और कोट पहने एक युवक कोई पुस्तक पढ़ने में निमग्न था।

युवती का हृदय फड़कने लगा। वह उतरकर एक बार युवक के पास तक आई, फिर लौट गई। सीढ़ियों के ऊपर चढ़ते-चढ़ते उसकी एक प्रौढ़ा संगिनी मिल गई। उससे बड़ी घबराहट में युवती ने कुछ कहा और स्वयं वहाँ से चली गई प्रौढ़ा ने आकर युवक के एकान्त अध्ययन में बाधा दी और पूछा-"तुम विद्यार्थी हो?"

"हाँ, मैं हिन्द-स्कूल में पढ़ता हूँ।"

"क्या तुम्हारे घर के लोग यहीं हैं?"

"नहीं, मैं एक विदेशी, निस्सहाय विद्यार्थी हूँ।"

"तब तुम्हें सहायता की आवश्यकता है?"

"यदि मिल जाय, मुझे रहने के स्थान का बड़ा कष्ट है।"

"हम लोग दो-तीन स्त्रियाँ हैं। कोई अड़चन न हो, तो हम लोगों के साथ रह सकते हो।"

"बड़ी प्रसन्नता से, आप लोगों का कोई छोटा-मोटा काम भी कर दिया करूँगा।"

"अभी चल सकते हो?"

"कुछ पुस्तक और सामान है, उन्हें लेता आऊँ।"

"ले आओ, मैं बैठी हूँ।"

युवक चला गया।

गंगा-तट पर एक कमरे में उज्ज्वल प्रकाश फैल रहा था। युवक विद्यार्थी बैठा हुआ ब्यालू कर रहा था। अब वह कालेज के छात्रों में है। उसका रहन-सहन बदल गया है। वह एक सुरुचि-सम्पन्न युवक हो गया है। अभाव उससे दूर हो गये थे।

प्रौढ़ा परसती हुई बोली-"क्यों शैलनाथ! तुम्हें अपनी चाची का स्मरण होता है?"

"नहीं तो, मेरे कोई चाची नहीं है।"

दूर बैठी हुई युवती ने कहा-"जो अपनी स्मृति के साथ विश्वासघात करता है, उसे कौन स्मरण दिला सकता है।"

युवक ने हँसकर इस व्यंग को उड़ा दिया। चुपचाप घड़ी का टिक-टिक शब्द सुनता और मुँह चलाता जा रहा था। मन में मनोविज्ञान का पाठ सोचता जाता था-"मन क्यों एक बार ही एक विषय का विचार कर सकता है?"

प्रौढ़ा चली गई। युवक हाथ-मुँह धो चुका था। सरला ने पान बना कर दिया और कहा-"क्या एक बात मैं भी पूछ सकती हूँ?"

"उत्तर देने ही में तो छात्रों का समय बीतता है, पूछिये।"

"कभी तुम्हें रामगाँव का स्मरण होता है? यमुना की लोल लहरियों में से निकलता हुआ अरुण और उसके श्यामल तट का प्रभात स्मरण होता है? स्मरण होता है, एक दिन हम लोग कार्तिक पूर्णिमा-स्नान को गये थे, मैं बालिका थी, तुमने मुझे फिसलते देखकर हाथ पकड़ लिया था, इस पर साथ की स्त्रियाँ हँस पड़ी थीं, तुम लज्जित हो गये थे।"

पचीस वर्ष के बाद युवक छात्र ने अपने जीवन-भर में जैसे आज ही एक आश्चर्य की बात सुनी हो, वह बोल उठा-"नहीं तो।"

कई दिन बीत गये।

गंगा के स्थिर जल में पैर डाले हुए, नीचे की सीढ़ियों पर सरला बैठी हुई थी। कारुकार्य-खचित-कञ्चकी के ऊपर कन्धे के पास सिकुड़ी हुई साड़ी; आधा खुला हुआ सिर, बंकिम ग्रीवा और मस्तक में कुंकुम-बिन्द-महीन चादर में-सब अलग-अलग दिखाई दे रहे थे। मोटी पलकोंवाली बड़ी-बड़ी आँखें गंगा के हृदय में से मछलियों को ढूँढ निकालना चाहती थीं। कभी-कभी वह बीच धारा में बहती हुई डोंगी को देखने लगती। खेनेवाला जिधर जा रहा है उधर देखता ही नहीं। उलटे बैठकर डाँड़ चला रहा है। कहाँ जाना है, इसकी उसे चिन्ता नहीं।

सहसा शैलनाथ ने आकर पूछा- "मुझे क्यों बुलाया है?"

"बैठ जाओ।"

शैलनाथ पास ही बैठ गया। सरला ने कहा-"अब तुम नहीं छिप सकते। तुम्हीं मेरे पति हो, तुम्हीं से मेरा बाल-विवाह हुआ था, एक दिन चाची के बिगड़ने पर सहसा घर से निकलकर कहीं चले गये, फिर न लौटे। हम लोग आजकल अनेक तीर्थों में तुम्हें खोजती हुई भटक रही हैं। तुम्हीं मेरे देवता हो; तुम्हीं मेरे सर्वस्व हो। कह दो-हाँ!"

सरला जैसे उन्मादिनी हो गई है। यौवन की उत्कण्ठा उसके बदन पर बिखर रही थी। प्रत्येक अंग में अँगड़ाई, स्वर में मरोर, शब्दों में वेदना का सञ्चार था। शैलनाथ ने देखा, कुमुदों से प्रफुल्लित शरत्काल के ताल-सा भरा यौवन। सर्वस्व लुटाकर चरणों में लोट जाने के योग्य सौन्दर्य-प्रतिमा। मन को मचला देनेवाला विभ्रम, धैर्य को हिलानेवाली लावण्यलीला। वक्षस्थल में हृदय जैसे फैलने लगा। वह 'हाँ' कहने ही को था परन्तु सहसा उसके मुँह से निकल पड़ा- "यह सब तुम्हारा भ्रम है। भद्रे! मुझे हृदय के साथ ही मस्तिष्क भी है।"

"गंगाजल छूकर बोल रहे हो! फिर से सच कहो!"

युवक ने देखा, गोधूलि-मलिना-जाह्नवी के जल में सरला के उज्ज्वल रूप की छाया चन्द्रिका के समान पड़ रही है। गंगा का उतना अंश मुकुट-सदृश धवल था। उसी में अपना मुख देखते हुए

शैलनाथ ने कहा- "भ्रम है सुन्दरी, तुम्हें पाप होगा।"

"हाँ, परन्तु वह पाप, पुण्य बनने के लिये उत्सुक है।"

"मैं जाता हूँ। सरला, तुम्हें रूप की छाया ने भ्रान्त कर दिया है। अभागों को सुख भी दुःख ही देता है। मुझे और कहीं आश्रय खोजना पड़ा।"

शैलनाथ उठा और चला गया।

विमूढ़ सरला कुछ न बोल सकी। वह क्षोभ और लज्जा से गड़ी जाने लगी। क्रमशः घनीभूत रात में सरला के रूप की छाया भी विलीन हो गई।

ज्योतिष्मती

तामसी रजनी के हृदय में नक्षत्र जगमगा रहे थे। शीतल पवन की चादर उन्हें ढँक लेना चाहती थी, परन्तु वे निविड़ अन्धकार को भेदकर निकल आये थे, फिर यह झीना आवरण क्या था!

बीहड़, शैल-संकुल वन्य-प्रदेश, तृण और वनस्पतियों से घिरा था। वसंत की लताएँ चारों ओर फैली हुई थीं। हिमदान की उच्च उपत्यका प्रकृति का एक सजीव, गम्भीर और प्रभावशाली चित्र बनी थी!

एक बालिका, सूक्ष्म कँवल-वासिनी सुन्दरी बालिका चारों ओर देखती हुई चुपचाप चली जा रही थी। विराट् हिमगिरि की गोद में वह शिशु के समान खेल रही थी। बिखरे हुए बालों को सम्हाल कर उन्हें वह बार-बार हटा देती थी और पैर बढ़ाती हुई चली जा रही थी। वह एक क्रीड़ा-सी थी। परन्तु सुप्त हिमाञ्चल उसका चुम्बन न ले सकता था। नीरव प्रदेश उस सौन्दर्य से आलोकित हो उठता था। बालिका न जाने क्या खोजती चली जाती थी। जैसे शीतल जल का एक स्वच्छ सोता एकाग्र मन से बहता जाता हो।

बहुत खोजने पर भी उसे वह वस्तु न मिली, जिसे वह खोज रही थी। सम्भवत: वह स्वयं खो गई। पथ भूल गया, अज्ञात प्रदेश में जा निकली। सामने निशा की निस्तब्धता भंग करता हुआ एक निर्झर कलरव कर रहा था। सुन्दरी ठिठक गई। क्षण भर के लिए तमिस्रा की गम्भीरता ने उसे अभिभूत कर लिया। हताश होकर शिला-खण्ड पर बैठ गई।

वह श्रान्त हो गयी थी। नील निर्झर का तम-समुद्र में संगम, एकटक वह घण्टों देखती रही। आँखें ऊपर उठती, तारागण झलझला जाते थे। नीचे निर्झर छलछलाता था। उसकी जिज्ञासा का कोई स्पष्ट उत्तर न देता। मौन प्रकृति के देश में न स्वयं कुछ कह सकती और न उनकी बात समझ में आती। अकस्मात् किसी ने पीठ पर हाथ रख दिया। वह सिहर उठी, भय का सञ्चार हो गया। कम्पित स्वर से बालिका ने पूछा, "कौन?"

"यह मेरा प्रश्न है। इस निर्जन निशीथ में जब सत्व विचरते हैं, दस्यु घूमते हैं, तुम यहाँ कैसे?" गम्भीर कर्कश कण्ठ से आगन्तुक ने पूछा।

सुकुमारी बालिका सत्वों और दस्युओं का स्मरण करते ही एक बार काँप उठी। फिर सम्हल कर बोली-

"मेरी वह नितान्त आवश्यकता है। वह मुझे भय ही सही, तुम कौन हो?"

"एक साहसिक-" "साहसिक और दस्यु तो क्या, सत्व भी हो, तो उसे मेरा काम करना होगा।"

"बड़ा साहस है! तुम्हें क्या चाहिए, सुन्दरी? तुम्हारा नाम क्या है?"

"वनलता!"

"बूढ़े वनराज, अन्धे वनराज की सुन्दरी बालिका वनलता?"

"हाँ।"

"जिसने मेरा अनिष्ट करने में कुछ भी उठा न रखा, वही वनराज!" क्रोध-कम्पित स्वर से आगन्तुक ने कहा।

"मैं नहीं जानती, पर क्या तुम मेरी याचना पूरी करोगे?"

शीतल प्रकाश में लम्बी छाया जैसे हँस पड़ी और बोली- "मैं तुम्हारा विश्वस्त अनुचर हूँ। क्या चाहती हो, बोलो?"

"पिताजी के लिए ज्योतिष्मती चाहिये।"

"अच्छा चलो, खोजें।" कहकर आगन्तुक ने बालिका का हाथ पकड़ लिया। दोनो बीहड़ वन में घुसे। ठोकरें लग रही थीं। अँगूठे क्षत-विक्षत थे। साहसिक की लम्बी डगों के साथ बालिका हाँफती हुई चली जा रही थी।

सहसा साथी ने कहा-"ठहरो, देखो, वह क्या है?"

श्यामा सघन, तृण-संकुल शैल-मण्डप पर हिरण्यलता तारा के समान फूलों से लदी हुई मन्द मारुत से विकम्पित हो रही थी। पश्चिम में निशीथ के चतुर्थ प्रहर में अपनी स्वल्प किरणों से चतुर्दशी का चन्द्रमा हँस रहा था। पूर्व प्रकृति अपने स्वप्न-मुकुलित नेत्रों को आलस से खोल रही थी। वनलता का वदन सहसा खिल उठा। आनन्द से हृदय अधीर होकर नाचने लगा। वह बोल उठी-"यही तो है।"

साहसिक अपनी सफलता पर प्रसन्न होकर आगे बढ़ाना चाहता था कि वनलता ने कहा-"ठहरो, तुम्हें एक बात बतानी होगी।"

"वह क्या है?"

"जिसे तुमने कभी प्यार किया हो, उससे कोई आशा तो नहीं रखते?"

"सुन्दरी! पुण्य की प्रसन्नता का उपभोग न करने से वह पाप हो जायगा।"

"तब तुमने किसी को प्यार किया है?"

"क्यों? तुम्हीं को!" कहकर आगे बढ़ा!

"सुनो, सुनो; जिसने चन्द्रशालिनी ज्योतिष्मती रजनी के चारों पहर कभी बिना पलक लगे प्रिय की निश्छल चिन्ता में न बिताये हों, उसे ज्योतिष्मती न छूनी चाहिए। इसे जंगल के पवित्र प्रेमी ही छूते हैं, ले आते हैं, तभी इसका गुण...."

वनलता की इन बातों को बिना सुने हुए वह बलिष्ठ युवक अपनी तलवार की मूँठ दृढ़ता से पकड़ कर वनस्पति की ओर अग्रसर हुआ।

बालिका छटपटा कर कहने लगी-"हाँ-हाँ, छूना मत, पिता जी की आँखें, आह!" तब तक साहसिक लम्बी छाया ने ज्योतिष्मती पर पड़ती हुई चन्द्रिका को ढँक लिया। वह एक दीर्घ निश्वास फेंककर जैसे सो गई। बिजली के फूल मेघ में विलीन हो गये। चन्द्रमा खिसककर पश्चिमी शैल-माला के नीचे जा गिरा।

वनलता-झंझावात से भग्न होते हुए वृक्ष की वनलता के समान वसुधा का आलिंगन करने लगी और साहसिक युवक के ऊपर कालिमा की लहर टकराने लगी।

रमला

साजन के मन में नित्य वसन्त था। वही वसन्त जो उत्साह और उदासी का समझौता कराता, वह जीवन के उत्साह से कभी विरत नहीं, न-जाने कौन-सी आशा की लता उसके मन में कली लेती रहती। तिस पर भी उदासीन साजन उस बड़ी-सी झील के तट पर, प्राय: निश्श्रेष्ट अजगर की तरह पड़ा रहता। उसे स्मरण नहीं, कब से वहाँ रहता था। उसका सुन्दर सुगठित शरीर बिना देख-रेख के अपनी इच्छानुसार मलिनता में भी चमकता रहता। उस झील का वह एकमात्र स्वामी था, रक्षक था, सखा था।

शैलमाला की गोद में वह समुद्र का शिशु कलोल करता, उस पर से अरुण की किरणें नाचती हुईं, अपने को शीतल करती चली जातीं। मध्यान्ह में दिवस ठहर जाता-उसकी लघु वीचियों का कम्पन देखने के लिए। सन्ध्या होते, उसके चारों ओर के वृक्ष अपनी छाया के अञ्चल में छिपा लेना चाहते; परन्तु उसका हृदय उदार था, मुक्त था, विराट था। चाँदनी उसमें अपना मुँह देखने लगती और हँस पड़ती।

और साजन! वह भी अपने निर्जन सहचर का उसके शान्त सौन्दर्य में अभिनन्दन करता। हुलस कर उसमें कूद पड़ता, यही उसका स्नेहातिरेक था।

साजन की साँसें उसकी लहरियों से स्वर-सामञ्जस्य बनाये रहतीं। यह झील उसे खाने के लिए कमलगट्टे देती, सिंघाड़े देती, कोंईबेरा, और भी कितनी वस्तु बिखेरती। वही साजन की गृहिणी थी, स्नेहमयी, कभी-कभी वह उसे पुकार उठता, बड़े उल्लास से बुलाता-'रानी!' प्रतिध्वनि होती, ई-ई-ई। वह खिलखिला उठता, आँखें विकस जातीं, रोएँ-रोएँ हँसने लगते। फिर सहसा वह अपनी उदासी में डूब जाता, तब तारा छाई रात उस पर अपना श्याम अञ्चल डाल देती। कभी-कभी वृक्ष की जड़ से ही सिर लगाकर सो रहता।

ऐस ही कितने बरस बीत गये।

उधर पशु चराने के लिए गोप-बालक न जाते। दूर-दूर के गाँव में यह विश्वास था कि रमला झील पर कोई जलदेवता रहता है। उधर कोई झाँकता भी नहीं। वह संसर्ग से वञ्चित देश अपनी विभूति में अपने ही मस्त था।

रमला भी बड़ी ढीठ थी। वह गाँव-भर में सबसे चञ्चल लडक़ी थी। लडक़ी क्यों, वह युवती हो चली थी। उसका ब्याह नहीं हुआ था; वह अपनी जाति भर में सबसे अधिक गोरी थी, तिस पर भी उसका नाम पड़ गया था रमला! वह ऐसी बाधा थी कि ब्याह होना असम्भव हो गया। उसमें सबसे बड़ा दोष यह था कि वह बड़े-बड़े लडक़ों को भी उनकी ढिठाई पर चपत लगाकर हँस देती थी। झील के दक्षिण की पहाड़ी से कोसों दूर पर उसका गाँव था।

मञ्जल भी कम दुष्ट न था, वह प्राय: रमला को चिढ़ाया करता। उसने सब लडक़ों से सलाह की-"रमला की पहाड़ी पर चला जाय।"

बालक इकट्ठे हुए। रमला भी आज पहाड़ी पर पशु चराने को ठहरी। सब चढऩे लगे; परन्तु रमला सबके पहले थी। सबसे ऊँची चोटी पर खड़ी होकर उसने कहा-"लो, मैं सबके आगे ही पहुँची,"- कहकर पास के लड़के को चपत लगा दी।

मञ्जल ने कहा-"उधर तो देखो! वह क्या है?"

रमला ने देखा सुन्दर झील! वह उसे देखने में तन्मय हो गई थी। प्रतिहिंसा से भरे हुए लड़के ने एक हल्का-सा धक्का दिया, यद्यपि वह उसके परिणाम से पूरी तरह परिचित नहीं था; फिर भी रमला को तो कष्ट भोगने के लिए कोई रुकावट न थी। वह लुढ़क चली, जब तक एक झाड़ को पकड़ती और वह उखड़कर गिरता, तब तक दूसरे पत्थर का कोना उसे चोट पहुँचाने पर अवलम्ब दे ही देता; किन्तु पतन रुकना असम्भव था। वह चोट खाते-खाते नीचे आ ही पड़ी। बालक गाँव की ओर भगे। रमला के घरवालों ने भी सन्तोष कर लिया।

साजन कभी-कभी रमला झील की फेरी लगाता। वह झील कई कोस में थी। जहाँ स्थल-पथ का पहाड़ी की बीहड़ शिलाओं से अन्त हो जाता, वहाँ वह तैरने लगता। बीच-बीच में उसने दो-एक स्थान विश्राम के लिए बना लिये थे; वह स्थान और कुछ नहीं; प्राकृतिक गुहायें थीं। उसने दक्षिण की पहाड़ी के नीचे पहुँचकर देखा, एक किशोरी जल में पैर लटकाये बैठी है।

वह आश्चर्य और क्रोध से अपने होंठ चबाने लगा; क्योंकि एक गुफा वहीं पर थी। अब साजन क्या करे! उसने पुष्ट भुजा उठाकर दूर से पूछा-"तुम कौन? भागो।"

रमला एक मनुष्य की आकृति देखते ही प्रसन्न हो गई, हँस पड़ी। बोली- "मैं हूँ, रमला!"

"रमला! रमला रानी।"

"रानी नहीं, रमला।"

"रमला नहीं, रानी कहो, नहीं पीटूँगा, मेरी रानी!"-कहकर साजन झील की ओर देखने लगा।

"अच्छा, अच्छा, रानी! तुम कौन हो?"

"मैं साजन, रानी का सहचर।"

"तुम सहचर हो? और मैं यहाँ आई हूँ, तुम मेरा कुछ सत्कार नहीं करते?"-हँसोड़ रमला ने कहा।

"आओ तुम!"-कहकर विस्मय से साजन उस किशोरी की ओर देखने लगा।

"हाँ मैं, तुम बड़े दुष्ट हो साजन! कुछ खिलाओ, कहाँ रहते हो? वहीं चलूँ।"

साजन घबराया, उसने देखा कि रमला उठ खड़ी हुई। उसने कहा-तैरकर चलना होगा, आगे पथ नहीं है।

वह कूद पड़ी और राजहंसी के समान तैरने लगी। साजन क्षणभर तक उस सुन्दर सन्तरण को देखता रहा। उसकी दृष्टि का यह पहला महोत्सव था। उसे भी तो तैरने का विनोद था न। मन का विरोध उन लहरों के आन्दोलन से घुलने लगा, अनिच्छा होने पर भी वह साथ देने के लिए कूद पड़ा। दोनों साथ-साथ तैर चले।

बहुत दिन बीत गये। रमला और साजन एकत्र रहने पर भी अलग थे। रमला का सब उत्साह उस एकान्त नीरवता में धीरे-धीरे विलीन हो चला।

वह ऊब चली। उसकी गुफा में ढेर-के-ढेर कमलगट्टे फल पड़े रहते, उसे उन सब पदार्थों से वितृष्णा हो चली। साजन पालतू पशु के समान अपनी स्वामिनी से आज्ञा की अपेक्षा करता; परन्तु रमला का उत्साह तो उस बन्दीगृह से भाग जाने के लिए उत्सुक था।

साजन ने एक दिन पूछा- "क्या ले आऊँ?"

"कुछ नहीं।"

"कुछ नहीं? क्यों?"

"मैं अब जाऊँगी?"

"कहाँ?"

"जिधर जा सकूँगी।"

"तब यहीं क्यों नहीं रहती हो?"-अचानक साजन ने कहा।

रमला कुछ न बोली। उस झील पर रात आई, अपना जगमगाता चँदवा तानकर विश्राम करने लगी। रमला अपनी गुफा में सोने चली गई और साजन अपनी गुफा के पास बैठा एकटक रजनी का सौन्दर्य देखने लगा। आज जैसे उसे स्मृति हुई- रमला के आ जाने से वह जिस बात को भूल गया था, उसके अन्तर की वही भावना जाग उठी। साजन पुकार उठा-'रानी!' बहुत दिन के बाद उस झील की पहाड़ियाँ प्रतिध्वनि से मुखरित हो उठीं- ई-ई-ई।

रमला चौंक कर जाग पड़ी। बाहर चली आई। उसने देखा, साजन झील की ओर मुँह किये पुकार रहा है-'रानी!' रानी!'-उसका कण्ठ गद्गद है। चाँदनी आज निखर पड़ी थी। रमला ने सुना। साजन के स्वर में रुदन था। व्याकुलता थी; रमला ने उसके कन्धे पर हाथ रख दिया-साजन सिहर उठा। उसने कहा-"कौन, रमला!"

"रमला नहीं-रानी।"

साजन विस्मय से देखने लगा। उसने पूछा-"तुम रानी हो?"

"हाँ, मुझी को तो तुम पुकारते थे न?"

"तुम्हीं ... तुम्हीं ... हाँ, तुम्हीं को तो, मेरी प्यारी रानी!"

दोनो ने देखा, आकाश के नक्षत्र रमला-झील में डुबकियाँ ले रहे थे, और खिलखिला रहे थे।

कितना समय बीत गया-

साजन की सब सोई वासनायें जाग उठीं-भूले हुए पाठ की तरह अच्छे गुरु के सामने स्मरण होने लगी थीं!

उसे अब शीत लगने लगा-रमला के कपड़ों की आवश्यकता वह स्वयं अनुभव करने लगा।

अकस्मात् एक दिन रमला ने कहा-"चलो, कहीं घूम आवें।"

साजन ने भी कह दिया-"चलो।"

वही गिरिपथ, जिसने बहुत दिनों से मुनष्य का पद-चिह्न भी नहीं देखा था-साजन और रमला के पैर चूमने लगा। दोनों उसे रौंदते चले गये।

रमला अपनी फटी साड़ी में लिपटी थी और साजन वल्कल बाँधे था। वे दरिद्र थे पर उनके मुख पर एक तेज था। वे जैसे प्राचीन देवकथाओं के कोई पात्र हों। सन्ध्या हो गयी थी-गाँव का जमींदार का प्रांगण अभी सूना न था। जमींदार भी बिल्कुल युवक था। उसे इस जोड़े को देखकर कुतूहल हुआ। उसने वस्त्र और भोजन की व्यवस्था करके उन्हें टिकने की आज्ञा दे दी।

प्रात: आँखें खोल रहा था। किसान अपने खेतों में जाने की तैयारी में थे। रमला उठ बैठी थी, पास ही साजन पड़ा सो रहा था। कपड़ों की गरमी उसे सुख में लपेटे थी। उसे कभी यह आनन्द न मिला था। कितने ही प्रभात रमला झील के तट उस नारी ने देखे। किन्तु यह गाँव का दृश्य उसके मन में सन्देह, कुतूहल, आशा भर रहा था। युवक जमींदार अपने घोड़े पर चढ़ना ही चाहता था कि उसकी दृष्टि मलिन, वस्त्र में झांकती हुई दो आँखों पर पड़ी। वह पास आ गया, पूछने लगा-"तुम लोगों को कोई कष्ट तो नहीं हुआ?"

"नहीं"-कहते हुए रमला ने अपने सिर का कपड़ा हटा दिया और युवक को आश्चर्य से देखने लगी। युवक घबड़ाकर बोला-"कौन? रमला?"

"हाँ, मञ्जल!"

युवक की साँस भारी हो चली।

उसने कहा-"रमला, मुझे क्षमा करो, मैंने तुम्हें..."

"हाँ, धक्का देकर गिरा दिया था। तब भी मैं बच गई।"

युवक ने सोये हुए मनुष्य की ओर देखकर पूछा-"वह तुम्हारा कौन है?"

रमला ने रुकते हुए उत्तर दिया-"मेरा-कोई नहीं।"

"तब भी, यह है कौन?"

"रमला झील का जल-देवता।"

युवक एक बार झनझना गया।

उसने पूछा-"तुम क्या फिर चली जाओगी, रमला?"-उसके कण्ठ में बड़ी कोमलता थी।

"तुम जैसा कहो"-रमला जैसे बेबसी से बोली।

युवक-"अच्छा, जाओ पहले नहा-धो लो"-कहता हुआ घोड़े पर चढक़र चला गया। रमला सलज्ज उठी-गाँव की पोखरी की ओर चली।

उसके जाते ही साजन जैसे जग पड़ा। एक बार अँगड़ाई ली और उठ खड़ा हुआ। जिस पथ से आया था, उससे लौटने लगा।

गोधूलि थी और वही उदास रमला झील! साजन थका हुआ बैठा था। आज उसके मन में, न-जाने कहाँ का स्नेह उमड़ा था। प्रशान्त रमला में एक चमकीला फूल हिलने लगा; साजन ने आँख उठाकर देखा-पहाड़ी की चोटी पर एक तारिका रमला के उदास भाल पर सौभाग्यचिह्न-सी चमक उठी। देखते-देखते रमला का वक्ष नक्षत्रों के हार से सुशोभित हो उठा।

साजन ने उल्लास से पुकारा-"रानी!"

बिसाती

उद्यान की शैल-माला के नीचे एक हरा-भरा छोटा-सा गाँव है। वसन्त का सुन्दर समीर उसे आलिंगन करके फूलों के सौरभ से उसके झोपड़ों को भर देता है। तलहटी के हिम-शीतल झरने उसको अपने बाहुपाश में जकड़े हुए हैं। उस रमणीय प्रदेश में एक स्निग्ध-संगीत निरन्तर चला करता है, जिसके भीतर बुलबुलों का कलनाद, कम्प और लहर उत्पन्न करता है।

दाड़िम के लाल फूलों की रँगीली छाया सन्ध्या की अरुण किरणों से चमकीली हो रही थी। शीरीं उसी के नीचे शिलाखण्ड पर बैठी हुई सामने गुलाबों की झुरमुट देख रही थी, जिसमें बहुत से बुलबुल चहचहा रहे थे, वे समीरण के साथ छूल-छुलैया खेलते हुए आकाश को अपने कलरव से गुञ्जित कर रहे थे।

शीरीं ने सहसा अवगुण्ठन उलट दिया। प्रकृति प्रसन्न हो हँस पड़ी। गुलाबों के दल में शीरीं का मुख राजा के समान सुशोभित था। मकरन्द मुँह में भरे दो नील-भ्रमर उस गुलाब से उड़ने में असमर्थ थे, भौंरों के पद पर निस्पन्द थे। कँटीली झाड़ियों की कुछ परवा न करते हुए बुलबुलों का उसमें घुसना और उड़ भागना शीरीं तन्मय होकर देख रही थी।

उसकी सखी जुलेखा के आने से उसकी एकान्त भावना भंग हो गई। अपना अवगुण्ठन उलटते हुए जुलेखा ने कहा-"शीरीं! वह तुम्हारे हाथों पर आकर बैठ जानेवाला बुलबुल, आज-कल नहीं दिखलाई देता?"

आह खींचकर शीरीं ने कहा-"कड़े शीत में अपने दल के साथ मैदान की ओर निकल गया। वसन्त तो आ गया पर वह नहीं लौट आया।"

"सुना है कि ये सब हिन्दुस्तान में बहुत दूर तक चले जाते हैं। क्या यह सच है, शीरीं?"

"हाँ प्यारी! उन्हें स्वाधीन विचरना अच्छा लगता है। इनकी जाति बड़ी स्वतन्त्रता-प्रिय है।"

"तूने अपनी घँघराली अलकों के पाश में उसे क्यों न बाँध लिया?"

"मेरे पाश उस पक्षी के लिए ढीले पड़ जाते थे।"

"अच्छा लौट आवेगा-चिन्ता न कर। मैं घर जाती हूँ।" शीरीं ने सिर हिला दिया।

जुलेखा चली गई।

जब पहाड़ी आकाश में सन्ध्या अपने रंगीले पट फैला देती, जब विहंग केवल कलरव करते पंक्ति बाँधकर उड़ते हुए गुञ्झान झाड़ियों की ओर लौटते और अनिल में उनके कोमल परों से लहर उठती, जब समीर अपनी झोंकेदार तरंगों मे बार-बार अन्धकार को खींच लाता, जब गुलाब अधिकाधिक सौरभ लुटाकर हरी चादर में मुँह छिपा लेना चाहते थे; तब शीरीं की आशा-भरी दृष्टि कालिमा से अभिभूत होकर पलकों में छिपने लगी। वह जागते हुए भी एक स्वप्न की कल्पना करने लगी।

हिन्दुस्तान के समृद्धिशाली नगर की गली में एक युवक पीठ पर गट्ठर लादे घूम रहा है। परिश्रम और अनाहार से उसका मुख विवर्ण है। थककर वह किसी के द्वार पर बैठ गया है। कुछ बेचकर उस

दिन की जीविका प्राप्त करने की उत्कण्ठा उसकी दयनीय बातों से टपक रही है। परन्तु वह गृहस्थ कहता है-"तुम्हें उधार देना हो तो दो, नहीं तो अपनी गठरी उठाओ। समझे आगा?"

युवक कहता है-"मुझे उधार देने की सामर्थ्य नहीं।"

"तो मुझे भी कुछ नहीं चाहिए।"

शीरीं अपनी इस कल्पना से चौंक उठी। काफिले के साथ अपनी सम्पत्ति लादकर खैबर के गिरि-संकट को वह अपनी भावना से पदाक्रान्त करने लगी।

उसकी इच्छा हुई कि हिन्दुस्तान के प्रत्येक गृहस्थ के पास हम इतना धन रख दें कि वे अनावश्यक होने पर भी उस युवक की सब वस्तुओं का मूल्य देकर उसका बोझ उतार दें। परन्तु सरला शीरीं निस्सहाय थी। उसके पिता एक क्रूर पहाड़ी सरदार थे। उसने अपना सिर झुका लिया। कुछ सोचने लगी।

सन्ध्या का अधिकार हो गया। कलरव बन्द हुआ। शीरीं की साँसों के समान समीर की गति अवरुद्ध हो उठी। उसकी पीठ शिला से टिक गई।

दासी ने आकर उसको प्रकृतिस्थ किया। उसने कहा-"बेगम बुला रही हैं। चलिए, मेंहदी आ गई है।"

महीनों हो गये। शीरीं का ब्याह एक धनी सरदार से हो गया। झरने के किनारे शीरीं के बाग में शवरी खींची है। पवन अपने एक-एक थपेड़े में सैकड़ों फलों को रुला देता है। मधु-धारा बहने लगती है। बुलबुल उसकी निर्दयता पर क्रन्दन करने लगते हैं। शीरीं सब सहन करती रही। सरदार का मुख उत्साहपूर्ण था। सब होने पर भी वह एक सुन्दर प्रभात था।

एक दुर्बल और लंबा युवक पीठ पर गट्टर लादे सामने आकर बैठ गया। शीरीं ने उसे देखा पर वह किसी ओर देखता नहीं। अपना सामान खोलकर सजाने लगा।

सरदार अपनी प्रेयसी को उपहार देने के लिए काँच की प्याली और काश्मीरी सामान छाँटने लगा।

शीरीं चुपचाप थी, उसके हृदय-कानन में कलरवों का क्रन्दन हो रहा था। सरदार ने दाम पूछा। युवक ने कहा-"मैं उपहार देता हूँ। बेचता नहीं। ये विलायती और काश्मीरी मैंने चुनकर लिये हैं। इनमें मूल्य ही नहीं, हृदय भी लगा है। ये दाम पर नहीं बिकते।"

सरदार ने तीक्ष्ण स्वर में कहा-"तब मुझे न चाहिए। ले जाओ- उठाओ।"

"अच्छा, उठा ले जाऊँगा। मैं थका हुआ आ रहा हूँ, थोड़ा अवसर दीजिए, मैं हाथ-मुँह धो लूँ।" कहकर युवक भरभराई हुई आँखों को छिपाते, उठ गया।

सरदार ने समझा, झरने की ओर गया होगा। विलम्ब हुआ पर वह न आया। गहरी चोट और निर्मम व्यथा को वहन करते कलेजा हाथ से पकड़े हुए, शीरीं गुलाब की झाड़ियों की ओर देखने लगी। परन्तु उसकी आँसू-भरी आँखों को कुछ न सूझता था। सरदार ने प्रेम से उसकी पीठ पर हाथ रखकर पूछा- "क्या देख रही हो?"

"मेरा एक पालतू बुलबुल शीत में हिन्दुस्तान की ओर चला गया था। वह लौटकर आज सवेरे दिखलाई पड़ा, पर जब वह पास आ गया और मैंने पकड़ना चाहा, तो वह उधर कोहकाफ की ओर भाग गया!"-शीरीं के स्वर में कम्पन था, फिर भी वे शब्द बहुत सम्भलकर निकले थे। सरदार ने हँसकर कहा-"फूल को बुलबुल की खोज? आश्चर्य है!"

बिसाती अपना सामान छोड़ गया। फिर लौटकर नहीं आया। शीरीं ने बोझ तो उतार लिया, पर दाम नहीं दिया।

LECTOR HOUSE LLP
E-MAIL: lectorpublishing@gmail.com

www.ingramcontent.com/pod-product-compliance
Lightning Source LLC
Chambersburg PA
CBHW051451130726

47987CB00005B/2271